フランスにおける産業と福祉

1815–1914

齊藤佳史

日本経済評論社

はしがき

　最初に、本書の主題を現代社会との関係で説明しておきたいと思う。

　本書は19世紀初頭から20世紀初頭までのフランスを対象として、工業化局面における「産業」と「福祉」の相互連関を論じている。一見して、それをフランス経済史という限定された領域の一研究と捉える読者もいるかもしれない。なるほど本書が社会経済史的アプローチに軸足を置いているのは間違いない。しかしながら、その背景には今日の「社会問題」への絶えざる眼差しがある。

　ここでいう「社会問題」とは、公的秩序の存立を根本から揺るがす問題を指している。いうまでもなく、「社会問題」の前提となるのは「社会」の存在である。そもそも「社会」は「どこに」あるのだろうか。先人たちは「社会」をいかに捉え、今日の私たちは「社会」といかに向き合うべきなのだろうか。そして私たちは「社会問題」にいかに対処すべきなのだろうか。正直なところ、著者自身、そうした一連の問いに的確に答える術を持っていないし、本書を通じて鋭敏に問題を提起するといった自負心も持っていない。とはいえ、本書の主題と連関づけながら、将来に向けた私たちの課題にわずかながらも言及することは許されるのではないかと考えている。ここでは本書の議論を若干先取りし、19世紀フランスと現代日本を行き来することで、①「社会」領域の編成、②企業の社会的役割という二つの観点から「社会問題」を考えてみたい。

　18世紀末に起こったフランス革命は、旧来の封建的諸特権を廃止し、市民の普遍的権利に関わる「人権宣言」を採択した点で、大きな一歩を歴史に刻んだ。とはいえ、革命が完全に円満な解決をもたらしたわけではない。なるほど時に不条理な封建制度下の「縦の関係」（例えば領主－農民関係）は解消に向かったといえるかもしれない。しかし、人々を水平的に結びつける「横の関係」もまた大きな変容をこうむらざるを得なかった。革命は「同業組合の廃止」と同

時に「労働者による結社の禁止」をも掲げていたからである。その結果、「個人」はそれまで自らが属していた団体から半ば暴力的に解き放たれ、「国家」と直接に向き合うことを余儀なくされた。革命は「国家」を公共性の主体として肥大化させ、理念的には「社会」を消し去ってしまった。もちろん現実の世界では、その後、さまざまな形で集団の結成が見られたものの、「偉大な国家」に公共性のすべてを委ねる政治文化は、19世紀フランスにおける「社会」の不在をもたらすことになった。

　孤立した「個人」に対して、「国家」を唯一の拠り所として提示する政治文化。当然のことながら、「全能の国家」の称揚には無理が伴う。本来、「社会」とは人と人との結びつきを担う空間なのだから、「社会」の存在の否認は大きな歪みを生み出す。実際、革命後の「社会」の不在を前にして、19世紀前半からフランスの人々は思想的立場を越えて危機感を抱き始めた。すなわち、人的結びつきの弱体化、大衆の貧困化、モラルの喪失といった現象は、公的秩序の根幹に関わる問題として認識され、「社会」の不在の克服が課題として提起されるに至ったのである。こうして「社会問題」が出現するとともに、「個人」と「国家」の中間領域の再編を目指す多様な動きが活発化することになった。その潮流の一つとして特筆すべきはフランス社会学である。フランス社会学は、「社会」に自律性を与えるための中間集団論を通じて、思想と実践の両面から「産業」と「福祉」の相互連関にも決定的な影響を及ぼした。工業化局面での生存保障に直結した人的関係の構築は、社会学において絶えず問い直され続けたからである。19世紀末になると、こうした動向は「連帯」概念を軸として、社会保障制度の理念的基礎を形成しながら、「個人」・「社会」・「国家」の間の相互補完的な関係を再構築していった。

　フランス革命後の「社会」の再編は、企業の社会的役割にも密接に関連している。フランスの19世紀は、工業化とともに市場での自由競争の弊害が認識され始めた時代であった。特に当時の大企業経営者の間で強く自覚されたのは、「従業員の日常生活や一生涯をいかに支援するか」、「従業員に解雇の不安を感

じさせない労働環境をいかに整えるか」といった課題であった。たしかにそうした姿勢は、経営者の絶対的権威を前提とする点で限界を抱えていた。また労働力の調達や育成をめぐって、経営上の現実的利害が働いていた点も忘れてはならない。とはいえ、そこには技術革新と労働者福祉の両立に向けたフランス経営者の苦心が表現されていた。ましてや第一次世界大戦以前のフランスは、本格的な社会保障制度が未整備の段階にあった。そうした中で私企業が従業員の生存保障に率先して関わり、公共性の一端を担い始めたことは注目に値する。そもそも私企業は、私的領域の活動主体の一つにすぎない。そうした企業が人々の間で存在自体を高く評価され、その諸活動の意義を広く認められるためには、単なる採算性確保や利潤追求とは異なる行動規範を自発的に示さなければならなかった。それは「社会」の再編に関与しようとする経営者の大いなる自負心であった。名誉欲に動かされていた部分もあったにせよ、「名誉」は「社会」に関する洞察なくしては成り立たなかった。企業が「自立した個人」育成の場となるまでには長い道程が残っていたとはいえ、フランス革命後の「社会」の再編は、企業という私的空間を公的空間に転換する多くの試みを引き出すことになったのである。

　経営者による従業員の保護や支援は、もちろんフランスに限られた事柄ではない。第一次世界大戦から第二次世界大戦後にかけての日本でも、労使関係の安定化や労働力の確保のために、大企業では良質な雇用機会を提供する動きが見られた。良質な雇用機会の提供は企業の公共性の根幹を成すものであり、企業の社会的責任は「雇用責任」に求められていた。企業の雇用責任は生活保障の安定化と密接に結びつき、生活保障は「公共的サービスの肩代わり」の次元を越えて、従業員の退職後も含めたライフプラン全体に関わっていた。特に企業内教育は、離職後もその企業での勤務歴自体に積極的意味を持たせるような社会的評価を伴うものであった。こうした日本企業のあり方は、高度成長期に至るまで、雇用に関する経営側の基本的態度を特徴づけることになった。

　さて、今日の日本に目を移した場合、私たちの前にはどのような光景が広が

っているのだろうか。「グローバル化」を錦の御旗に、大企業経営者たちは「労働力の流動化」が「日本経済の活性化」につながることを力説する。「成長」の要件として、彼らは企業の社会的負担（法人税や社会保険料など）の軽減を要求する。企業の社会的責任における生活保障の比重は低下する一方で、「企業価値」の上昇に効果的なコスト削減が優先的に追求される。

　こうした一連の動向は、日本での雇用状況に何をもたらしたのだろうか。解雇の不安を抱えることなく、公正な賃金で労働に従事することは、「社会」の一構成員としての人間の尊厳に関わる問題である。しかるに、規制緩和の下で「労働力の流動化」は非正規雇用の大幅な増加をもたらし、非正規雇用労働者は景気変動に伴っていとも簡単に解雇される存在となった（例えば「派遣切り」の事例）。仮に雇用が確保されたとしても、「同一労働同一賃金」の原則が機能していない現状では、非正規雇用労働者の賃金は極めて低い水準に抑制されている（例えば「ワーキングプア」の存在）。こうして「企業は社会の公器」という言葉は光を失い、空洞化した「社会」の表層で漂流を続けている。

　「社会」の空洞化に対する危機感の希薄さもまた、現代日本が直面する深刻な問題である。例えば私たちは時に次のような言説に遭遇する。「市場経済において各人は常に自己責任の下で行動することを求められる。資本主義の根幹を成す市場経済は、たゆまぬ努力で計画的に行動する有能な個人に最適の環境を提供し、有能な人々は経済成長に貢献している。したがって、昨今における「格差社会」の出現、あるいは「勝ち組」と「負け組」の分化は不可避かつ不可欠である」。

　本書との関連で見るならば、こうした言説には重大な疑問が生じる。そもそも「自己責任」に基づく「格差社会」は、「社会」と呼称される資格を有しているのだろうか。また、「負け組」という実体は本当に存在するのだろうか。それらはいずれも極めて怪しいといわざるを得ない。

　格差が「公正」理念と人的紐帯を連鎖的に破壊しつつある空間は、「社会」の存立要件を喪失し始めている。その行きつく先は、現代版の「社会」の不在

であろう。問題の核心は「格差が存在する事実」にはなく、「格差が公正と人的紐帯を破壊し続ける事実」にあるから、「格差は過去の時代にも存在したではないか」という類の主張は「社会」の歴史的本質を理解したものではない。したがって、「負け組」という用語法もまた、「社会」の基本要素である人的紐帯への無知を露呈したものにすぎない。「組」が人的紐帯の存在を前提とするのに対して、「負け組」の人々は「組」を構成することさえままならない状況に置かれているからである。これらは単なるレトリックの問題ではない。「社会」の組織化に苦心した先人たちの膨大な労力に思いをめぐらすならば、今日の私たちは「自己責任」を金科玉条として「格差社会」や「勝ち組」・「負け組」を安易に口にする危うさに気づくべきであろう。

　上述したように、現代日本の「社会」の空洞化は、規制緩和に基づく市場経済の加速的展開と結びついている。産業界が市場経済の法制的規制を回避する動きは、今日に特有の現象ではない。本書に登場するフランス経営者たちもまた、経済活動の自由を求めて、市場経済への国家介入にしばしば厳しい批判を向けていた。しかし彼らは、「技術革新と労働者福祉の両立」という観点から市場経済の二面性を常に意識した上で行動していた。彼らは市場経済の「効率性」を是認して活用しながらも、その「暴力性」への警戒を決して怠ることがなかった。実際のところ、19世紀の市場規範は経営者の自己規制的な慣行によって強く支えられていたのである。20世紀に入り、両大戦間期以降のヨーロッパでは法制的規制の比重が高まることになったが、それでもなお自己規制の理念は「公正競争」や「公正取引」といった形で継承された。

　他方、今日の日本では、市場経済原理を可能な限り広汎な分野に適用することを目指す論調が勢いを増してきている。それらの中には、「規制の緩和や撤廃によって市場経済の円滑な展開が保証されれば、「負け組」のための救済措置も有効に機能する」といった主張さえも見られる。現行の法制的規制が緩和・撤廃されれば、たしかに数値としての生産性や生産量が向上する可能性は高い。しかしその場合、労働者は総生産増大の「おこぼれ」にあずかる受動的

存在にすぎず、実際には「おこぼれ」にあずかれる保証さえもない。法制的規制が完全に撤廃された後、自己規制原則（＝「公正」の重視）の新たな確立を期待することは極めて困難だからである。現在の非正規雇用問題が、その一端を明白に示している。したがって、私たちが「社会」を歴史的に捉えるならば、市場経済原理に関する楽観的見解に説得力を見出すことはできないだろう。

「公正」理念と人的紐帯の再構築。現代日本の「社会問題」に対処するために、企業の責任として、また公共性空間の規範として、これからの私たちが取り組まねばならない課題であろう。その際、私たちには市場経済と「社会」の関係を問い直し続けることが求められている。たしかに市場経済は生産増大に関わる効率的な発明物であるものの、使用法を誤ると瞬く間に「社会」を崩壊に至らしめる劇薬でもある。だからこそ、先人たちは経済活動の自由を希求しながらも、自己規制を通じて市場経済を厳格に人間の手の内に収めようと努めたのである。

さて、歴史的視点から過去と現代を対比した時、いったい私たちはどれだけの「社会」の進歩を実現したと胸を張って断言できるのだろうか。

注：はしがきの執筆にあたっては、特に以下の文献から示唆を与えられた。
　　ピエール・ロザンヴァロン（北垣徹訳）『連帯の新たなる哲学——福祉国家再考——』勁草書房、2006年、訳者あとがき。
　　武田晴人「日本経済史の視点から（コメント3）」（『歴史と経済』第203号〈2008年度政治経済学・経済史学会秋季学術大会特集〉、2009年4月）。
　　重田園江『連帯の哲学Ⅰ——フランス社会連帯主義——』勁草書房、2010年。

目　　次

はしがき　i

資料略語一覧　xiii

組織略語一覧　xiii

地図　xv

序　章　問題の所在 ……………………………………………… 1

　　第1節　フランス資本主義の「二重の遅滞」　1
　　第2節　工業化と社会的保護の連関の規定要因　5
　　　　(1)　中間団体　5
　　　　(2)　社会問題　6
　　　　(3)　経済的規範　8
　　第3節　本書の構成　9

第1章　1841年児童労働法をめぐる生産と福祉 ………………… 17

　　はじめに　17
　　第1節　アルザス地方における児童労働の実態　19
　　第2節　1841年児童労働法の制定理念　23
　　第3節　1841年児童労働法の施行状況　29
　　第4節　ミュルーズ工業協会における児童労働規制の意義　33
　　　　(1)　社会問題と企業内秩序　33
　　　　(2)　工業危機と企業間競争秩序　35

おわりに 41

第2章　アルザス地方におけるパテルナリスムの成立と展開 …… 51

はじめに 51

第1節　七月王政末期における食糧危機の様相 54
　（1）　凶作と食糧援助 54
　（2）　1847年食糧騒動の勃発 57
　（3）　食糧問題とモラル・エコノミー 59

第2節　アルザス地方のパテルナリスムの規定要因 61
　（1）　大衆的貧困とモラル化 61
　（2）　市場経済と社会的保護 62
　（3）　企業規模と福利事業 63
　（4）　農工業の連関 64
　（5）　企業家の社会的・系譜的特質 65
　（6）　1850年代以降の社会経済状況 67

第3節　産業界主導の福利事業 68
　（1）　児童・成人教育および技術教育 69
　（2）　労働者住宅 70
　（3）　消費協同組合 72
　（4）　共済組合 74
　（5）　年金金庫 74
　（6）　工場事故防止協会 75
　（7）　パテルナリスムとモラル・エコノミー的規範 77

おわりに 78

第3章　ル・プレェ学派のパトロナージュ論と社会改革 …… 87

　はじめに　87
　第1節　フレデリック・ル・プレェのパトロナージュ論　89
　第2節　1867年パリ万国博覧会におけるパトロナージュ論と産業福利事業　96
　第3節　エミール・シェイソンのパトロナージュ論　100
　おわりに　107

第4章　第三共和政期におけるパテルナリスムの社会的位置 …… 117

　はじめに　117
　第1節　パテルナリスムの成立要因と基本理念　119
　　(1)　労働力供給に関する問題　119
　　(2)　労働者の社会的生存問題　121
　　(3)　国家介入をめぐる問題　121
　第2節　ポン＝タ＝ムソン社における生産と福祉　122
　　(1)　1905年ストライキと経営者　123
　　(2)　言説におけるパテルナリスム　124
　　(3)　福利事業の展開　127
　　　a.　連帯厚生事業諮問委員会　127
　　　b.　疾病・労災に関する支援　128
　　　c.　貯蓄金庫　128
　　　d.　住宅取得支援制度　130
　　　e.　消費協同組合　131

　　　　　　f.　家政学校　132

　　　　　　g.　年金制度　132

　　　（4）　生産拡大への指向性　133

　第3節　社会改革におけるパテルナリスム　136

　　　（1）　1889年パリ万国博覧会と社会的経済展覧会　137

　　　（2）　社会的経済としての産業福利事業　138

　　　（3）　社会的経済をめぐるパトロナージュ論と連帯主義　142

　おわりに　146

第5章　労働局の設立と活動　157

　はじめに　157

　第1節　労働局の機能　160

　第2節　労働局と国家介入　165

　第3節　労働局と経済近代化　168

　第4節　1906年週休法をめぐる問題　171

　　　（1）　パトロナージュ論と週休問題　171

　　　（2）　労働局とフランス鉄鋼協会　175

　おわりに　180

第6章　世紀転換期における労災問題の展開　189

　はじめに　189

　第1節　労災補償をめぐる問題　192

　　　（1）　1898年労災補償法の制定理念　192

　　　（2）　産業界と労災補償制度　196

　第2節　労災防止をめぐる問題　198

　　　　（1）産業界と労災防止活動　198
　　　　（2）労働監督局と労災防止活動　201
　　第3節　社会改革における労災問題　204
　　　　（1）レオン・ブルジョワにおける労災問題　204
　　　　（2）エミール・シェイソンにおける労災問題　206
　　　　（3）労災事故国際会議の結成と活動　208
　　第4節　労働生理学と労災問題　210
　　おわりに　215

終　章　総括　227

　　第1節　工業化・社会的保護の展開と市場経済原理　227
　　第2節　生産・福祉の展開局面における産業界と国家　230
　　第3節　展望　234

参考文献　239
あとがき　255
索　引　259

資料略語一覧

ADHR: Archives départementales du Haut-Rhin.

ADMM: Archives départementales du Meurthe-et-Moselle.

AMM: Archives municipales de Mulhouse.

AN: Archives nationales.

BAIF: Bulletin de l'Association des industriels de France pour préserver les ouvriers des accidents de fabrique.

BAS: Bulletin des Assurances sociales.

BLPRD: Bulletin de la Ligue populaire pour le repos du dimanche en France.

BSIM: Bulletin de la Société industrielle de Mulhouse.

CAMT: Centre des Archives du Monde du Travail.

CIAT, BC: Congrès international des accidents du travail. Bulletin du Comité permanent.

EU1867, RJI: Exposition universelle de 1867 à Paris, Rapports du jury international.

EU1889, CIAT, CR: Exposition universelle internationale de 1889, Congrès international des accidents du travail, tome2, Comptes rendus des séances et visites du Congrès.

EU1889, RJI, GES: Exposition universelle internationale de 1889 à Paris, Rapports du jury international, Groupe de l'Economie sociale.

EU1900, CIAT, CR: Exposition universelle de 1900, Congrès international des accidents du travail et des assurances sociales, tome2, Comptes rendus des séances et visites du Congrès.

EU1900, CIES: Exposition universelle de 1900, Congrès international de l'éducation sociale.

JO: Journal officiel de la République française.

MU: Le Moniteur universel.

RAL: Rapports sur l'application pendant l'année... des lois réglementant le travail.

SGA: Saint-Gobain Archives.

組織略語一覧

AIF: Association des industriels de France contre les accidents du travail（フランス労災事故防止企業家協会）.

CF: Comité des Forges de France（フランス鉄鋼協会）.

CFMM: Comité des Forges et Mines de Fer de Meurthe-et-Moselle（ムルト＝エ＝モーゼル鉄鋼・鉱山協会）.

CIAT: Congrès international des accidents du travail et des assurances sociales（労災事故・社会保険国際会議）.

CIES: Congrès international de l'éducation sociale（社会教育国際会議）.

CIHD: Congrès international d'hygiène et de démographie（衛生・人口学国際会議）.

CSAMF: Caisse syndicale d'assurance mutuelle des Forges de France（フランス鉄鋼相互保険組合金庫）.

EES: Exposition d'économie sociale（社会的経済展覧会）.

LPRD: Ligue populaire pour le repos du dimanche en France（フランス日曜休息国民連盟）.

PAM: Société anonyme des hauts fourneaux et fonderies de Pont-à-Mousson（ポン゠タ゠ムソン製鉄・鋳造株式会社）.

SIM: Société industrielle de Mulhouse（ミュルーズ工業協会）.

地図1：本書に登場する県

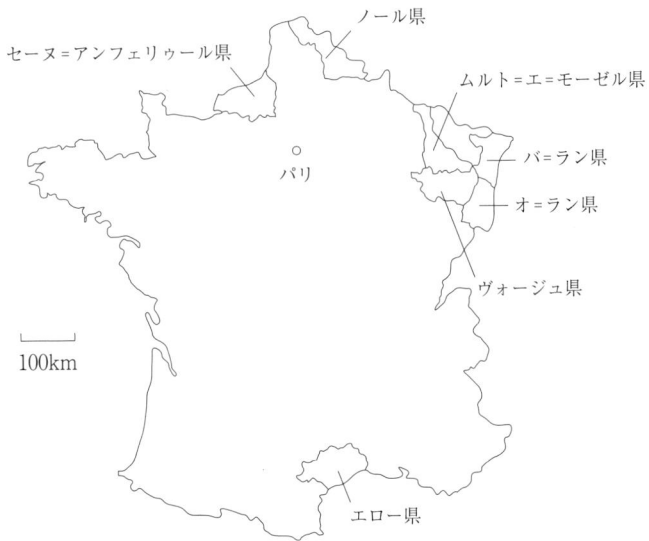

注：セーヌ＝アンフェリゥール県は現在のセーヌ＝マリティム県。

地図2：オ＝ラン県

注：19世紀のオ＝ラン県は現在のテリトワール＝ドゥ＝ベルフォール県を含む。

序　章　問題の所在

　本書は次のような問いを出発点としている。19世紀初頭から20世紀初頭にかけてのフランスの工業化は、社会的保護 protection sociale[1] の視角からいかに把握されるのか。当時のフランス産業界は、いかなる形で社会的保護に関与していったのか。フランス資本主義において、「産業」と「福祉」の間にはいかなる関係が取り結ばれたのか。

　問題の所在をより明確にするために、本章においてわれわれは次の手順に沿って叙述を進めていく。第一に、工業化および社会的保護に関わる各領域での研究史を概観した上で、本書の基本的な分析視角を提示する。第二に、基本的分析視角の補完を目的として、19-20世紀フランスにおける工業化と社会的保護の連関を規定した諸要因に言及する。第三に、以上の分析視角と諸要因を念頭に置きつつ、本書全体の構成を説明する。

第1節　フランス資本主義の「二重の遅滞」

　これまでのフランス経済史研究において、「19-20世紀の工業化」という論題は、何よりもフランス資本主義の歴史的解釈と緊密に結びついてきた。理解の手がかりとなるのは、フランス革命後の経済発展をめぐって繰り広げられた欧米での論争である[2]。論争はフランス経済「停滞」論の提起とそれへの反論を経た後に、停滞か成長かの二者択一を越えたフランス資本主義成長モデルの提唱へと推移した。かかる過程は次の三段階に区分される。①企業家の「反産業主義」や「経済的マルサス主義」（生産量制限に基づく価格引き上げと利益確保）に特徴づけられるフランス経済の長期的停滞性の指摘[3]。②19-20世紀

フランスの経済成長や構造変化に関わる実証研究（統計分析、金融史、経営史など）の側から示された「停滞」論批判[4]。③国際比較における優劣の序列化を退けて、ダイナミズムと阻害要因の緊張関係から経済成長のフランス的「独自の道」を析出する「修正主義 révisionnisme」の登場と定説化[5]。

1980年代後半から続く「修正主義」の研究成果の一つは、フランス固有の動態的な経済・社会システムを視野に収めつつ、経済成長への指向性を企業と国家の双方において検証した点にある。市場経済の活動主体である企業の合理性・革新性のみならず、市場経済を管理する国家＝官僚の構想・機構・政策実践にも積極的役割を与えたことは、フランス国民経済の成長過程を解明するのに大きく寄与した。近年の「修正主義」は「順調な経済発展」を与件とする硬直性を呈し始め、反省と模索の段階に入りつつあるものの[6]、その研究潮流はフランス資本主義における産業界と国家の関係を絶えずわれわれに問い直させている。「産業界と国家の間にはいかなる公式・非公式な諸関係が取り結ばれ、それは歴史的な諸局面でいかなる変容を遂げていったのか」という問題関心は、現在でもなお有効性を失っていない[7]。

他方、フランス社会政策史の研究領域に目を移すならば、上述した論争との形態的相違こそあれ、国際比較に基づく「遅滞」や「停滞」の問題を同様に確認することができる。例えば、他のヨーロッパ主要工業国と比較した場合、フランスでの社会保険制度化の時期が後になった事実[8]はいかに解釈されるのか。この問題を先駆的に扱ったのが、1970年代初頭のアッツフェルド H. Hatzfeld によるフランス社会保障史研究である。彼は、ドイツやイギリスとの比較において、フランスでの社会保険導入の「遅滞」を指摘し、その一因を「産業化の遅滞」や「旧態依然の経済構造の持続」に求めた。彼の議論の特徴は、「生産力や産業福利を向上させる大企業」に「旧式技術や社会的負担回避に固執する中小企業」を対置しながら、フランス社会保障の形成過程を両者の力関係の中で捉えた点にある。彼によれば、大企業は福利事業の領域への国家介入を警戒しつつも、中小企業よりも社会保険制度に親和的であったから、社会保障の進

展は大企業の台頭と中小企業の衰退にかかっていた。ゆえに、フランス社会保険制度の「遅滞」は、そうした工業社会における企業淘汰の漸進性として理解される[9]。

アッツフェルドのフランス社会保険「遅滞」論が本格的に俎上に載せられたのは、1990年代半ばのことである。コット S. Kott は「遅滞」論の再検討を次のように提起している[10]。アッツフェルドの先駆的業績は長らく定説的位置を占めてきた。たしかに共済組合史研究は社会保険制度と共済制度を対立的に捉えたし[11]、博愛運動史研究は国家からの自律性の表現として博愛主義を理解したから[12]、社会保険形成の契機を正面から問う姿勢はなかなか見られなかった。しかし、現在の歴史研究では、私的制度と公的制度の相互補完性や連続性が強調されるようになり、社会保険の「フランス的遅滞」は相対化される傾向にある。地域レベルでの私的イニシアティヴによる公的救貧事業支援や[13]、全国レベルでの「民間部門のアクター＝社会・慈善事業」と「官僚＝国家」のネットワークが検証されることで[14]、相互補完性は一層明白に示されている。「フランス的遅滞」論のもう一つの問題は、保険関連以外の社会立法を軽視する点にあった。これに対して近年では、第三共和政下の扶助・労働保護に関わる社会立法の意義を問う実証研究によって、国家の積極的役割が解明されつつあり[15]、フランス社会保険「遅滞」論は見直しを迫られていると。

さて、工業化と社会的保護の相互連関という観点から、われわれはアッツフェルドの研究をいかに評価すべきだろうか。コットの提起に沿って見るならば、国際比較に基づく社会保険「遅滞」論は「単線的発展」論に陥る危険を孕んでおり、たしかに「遅滞」は相対化されるべきであろう。とはいえ、アッツフェルドが私的制度と公的制度を対立的に捉えたり、国家の枠組みを軽視したりしたわけではない。彼は社会保障の起源を産業界の福利事業に見出していたし、彼の著作は、社会的保護史研究に社会構造史的アプローチを導入した点で、社会国家 Etat social 形成史の画期を成すものであった[16]。他方、「修正主義」の見地に立つならば、「産業化の遅滞」、「旧態依然の経済構造の持続」、「中小企業の守旧性」といった理解に関しては、たしかに妥当性を欠く部分もあろう。

しかし、それらを根拠にアッツフェルドの主張を単なる経済「停滞」論に帰することは適当ではない。大企業と中小企業の二分法には再考の余地があるものの、高い生産力を有する企業が社会保障整備の過程で果たした役割を彼は的確に指摘したからである。

　以上のように、フランス資本主義の歴史像は、経済発展と社会保障整備の観点から「二重の遅滞」の評価を与えられて以来、今日に至るまでに変貌を遂げてきた。ここでわれわれは、上述した研究動向を念頭に置きながら、いかなる分析視角を提示できるだろうか。分析視角を導く鍵は、企業活動の合理性や革新性を把握する方法に求められる。すなわち、「修正主義」は経済成長に向けた合理性や革新性を企業の生産活動に見出し、アッツフェルドは企業の生産力と産業福利の相関性を示唆した。それらを受けて、われわれは19-20世紀フランス産業の旧弊・限界に留意しつつも、その合理性・革新性を「生産拡大と福利拡充の両立」への指向性として捉え直したい。かかる立場からは、以下の二つの論点が提示される。

　一つめは、工業化・社会的保護の展開と市場経済原理の関係である。企業活動の合理性・革新性を「生産拡大と福利拡充の両立」として捉え直す作業に伴い、われわれは工業化・社会的保護の展開を市場経済原理との関係において問い直さなければならない。特に産業界は市場経済における中心的役割を演じながらも、「生産と福祉」の展開過程で「非市場的調整」に関与し続けたからである[17]。では、工業化・社会的保護の展開は、市場経済原理をめぐる思想・実践といかに連関づけられるのか。また、産業界はいかなる形で市場経済原理に対応し、その動向は当時の思想潮流といかに結びついていたのか。

　二つめは、生産・福祉の展開局面における産業界と国家の関係である。経済史、社会政策史いずれの研究領域でも、国家の機能が積極的に評価されるとともに、私的部門のアクターと公的部門のアクターを取り結ぶネットワークへの関心が高まってきた。われわれもまた、産業界－国家関係を生産と福祉の複合的視角から捉えることに努めたい。すなわち、工業化過程において、産業界は

生産活動や社会的保護の領域における国家介入をいかに理解し、国家といかなる形で関わったのか。また、生産と福祉をめぐる産業界と国家の関係は、思想的観点からいかに把握されるのか。

第2節　工業化と社会的保護の連関の規定要因

フランス資本主義の「二重の遅滞」問題から導出された分析視角に基づき、次にわれわれは、19-20世紀フランスにおける工業化と社会的保護の連関を規定した諸要因に言及しておきたい。すなわち、①中間団体、②社会問題、③経済的規範である。それらの規定要因は、上述した分析視角を明確化しつつ、次章以降の考察を先導する役割を担っている。

(1)　中間団体

19-20世紀フランスにおける工業化と社会的保護の展開は、中間団体 corps intermédiaires に関わる歴史的状況によっていかに規定されたのか。その起点となるのは、18世紀末のフランス革命である。フランス革命は旧体制 ancien régime 下の中間団体[18]を徹底的に解体し、ル・シャプリエ Le Chapelier 法（1791年6月14-17日のデクレ）によって労働者・事業者の結社を禁止した。ル・シャプリエ法は革命後も効力を維持したから、19世紀フランスの工業化は、中間団体に依拠しない形で開始されなければならなかった。ただし、ル・シャプリエ法の理念が現場の経済活動を全面的に制御したわけではない。産業界では、地域的に認可された経営者団体を通じて情報交換や協議の場が形成されたし、司法当局の目を逃れて業者間の非公式の協定（統一的賃金設定や入札操作など）を結ぶ場も存在していた[19]。労働者・職人の間でも、「社会的結合 sociabilité」や「アソシアシオン association」に立脚した多様な人的関係によって、法的規制に縛られない自律的世界が成立していた[20]。新たな組織化に向けての転換点となったのは、1884年の職業組合法（1884年3月21日の法律）制定である。これによって職業利益擁護のための恒常的な組織が承認され、労

使双方において職業組合の結成がもたらされた(21)。さらに、共済組合憲章（1898年4月1日の法律）による共済組合の法的認知や、アソシアシオン法（1901年7月1日の法律）による「結社の自由」の保障を経て、経済・社会活動における中間団体の再編が進行し始めた(22)。

　フランス革命以降の中間団体の状況を社会構造論の観点から捉えるならば、ル・シャプリエ法制定は「個人＝特殊利益 intérêt particulier」と「国家＝一般利益 intérêt général」が直接に対峙する二極モデルの確立を意味した。中間団体の否認によって、国家は公共的領域を自らの内に凝縮し、社会的結合の創出主体として現れたから、個人と国家を媒介する「社会」が措定されることはなかった(23)。かかる「社会の空白状態 vide social」を前にして、「社会」に自律性を付与すべく、個人と国家の中間領域の復権・再編を課題に掲げたのが社会学である。ル・シャプリエ法は1884年に廃止されるが、19世紀フランス社会学の潮流は社会集団論・中間集団論としての一貫性と持続性を示しつつ、伝統と近代の関係について特有の社会有機体論を生み出した(24)。とりわけル・プレ学派とデュルケム学派は、理論体系の相違こそあれ、19-20世紀の社会的保護に思想的影響を及ぼした。フレデリック・ル・プレ F. Le Play やエミール・シェイソン E. Cheysson は、中央集権的な近代国家体制への対抗として、中間集団再建を通じた社会の再編成を提言するとともに、「パトロナージュ patronage」の観点から産業福利事業に社会的意義を与えた(25)。他方、エミール・デュルケム E. Durkheim は国家の統括的役割を是認しながらも、「政治的領域」に拮抗する「社会的領域」の創造を唱え、彼の「連帯 solidarité」理論は第三共和政下の社会政策理念としての「連帯主義 solidarisme」に応用されていった(26)。

(2)　社会問題

　19-20世紀のフランスにおいて、工業化と社会的保護を媒介した「社会問題 question sociale」はいかなる様相を呈していたのか。社会問題を「公的秩序の存立に関わる問題」と定義するならば、その内実は歴史的局面に応じて変化し得る(27)。本書の考察対象時期において、社会問題の高まりは七月王政期と第

三共和政期の二度にわたって観察される。

　1815年以降のフランスは、緩慢ながらも持続的な経済成長を開始した。この時期には、伝統的な農業部門や手工業部門が温存されつつ、綿工業における機械化の推進や、製鉄業での近代的生産方法の導入が行われた。他方で、工業化に伴う経済活動の拡大は、都市における人口増加、貧民地区の形成、衛生環境・治安の悪化などを引き起こした[28]。こうして七月王政期に入ると、従来の個別的・散発的な「貧困 pauvreté」とは異なる、労働者階層の全般的・継続的貧困＝「大衆的貧困 paupérisme」が発見された。支配階層は「大衆的貧困」を工業体制との連関で把握し、公的秩序における恒常的問題として認識し始めた[29]。社会問題の登場である。公的秩序の実態把握としての社会調査（人口統計学、社会統計学、公衆衛生学など）や、公的秩序の保全手段としての社会的保護（慈善活動、博愛運動、産業福利事業など）は、いずれも社会問題の射程に収められる。支配階層は社会調査によって貧困現象の内に公的秩序の攪乱要因を見出し、改善策として「モラル化 moralisation」（集合心性の観察に基づく民衆への指導と介入）を軸とする社会的保護を推進した[30]。

　もう一つの社会問題は、第三共和政期の経済・社会変動と連関している。1870年代以降の「大不況」は、繊維業や製鉄業での工場生産を低迷させるとともに、農村家内工業の解体や都市手工業の危機をもたらした。農民層の苦境と都市手工業者層の没落は、フランス経済の伝統的な発展様式に対する打撃であった[31]。他方、1884年に職業組合法が制定されると、労働者の組織化が徐々に進行した。労働組合の組織率は必ずしも高くなかったが、労働運動は社会主義の影響の下で顕在化し、新たに階級対立的な様相を呈し始めた[32]。かかる経済的・社会的状況を背景として、19世紀末には一連の社会調査や社会的保護が共和政の統治技術として展開した。ただし、この時期の社会問題の把握に関して、必ずしも支配階層における視角の一致が存在したわけではない。たしかに労使対立や労働運動は問題の中心的位置を占めたものの、小所有者・中間層の停滞もまた危機的に認識されたからである。ゆえに、世紀転換期には、労働・社会立法、各種社会改良団体、慈善・扶助事業、産業福利事業などが、多

様な社会改革思想と絡み合いながら、「改革の星雲 nébuleuse réformatrice」を形成することになった[33]。

(3) 経済的規範

フランスにおける工業化と社会的保護の連関を基礎づけた経済的規範は、19-20世紀を通じていかに展開したのか。市場経済の進展を念頭に置くならば、まず民衆と支配階層の関係は、「モラル・エコノミー moral economy」と「ポリティカル・エコノミー political economy」の交錯の内に把握される。前工業化の時代から存続するモラル・エコノミー的規範[34]の特徴は、生存権を所有権に優越させつつ、公的秩序の基礎となる「公正」を市場外的要因によって実現する点にある。例えば、地域内の穀物流通や繊維業での出来高払い設定は、民衆の生存を保障する「公正価格」によって制御されていた。伝統的には、かかる暗黙の共同体的規制に準拠した保護措置を講じることで、支配階層は統治の正統性に関わる民衆の支持を取りつけていた。これに対して19世紀のフランスでは、市場経済進行に伴う経済的自由主義＝ポリティカル・エコノミーの浸透とともに、旧来の共同体的規制が後退し始めた。すなわち、1830年代頃から、支配階層は経済活動の規準を「流通の自由」や「契約の自由」に移動させつつ、民衆の心性を徐々に市場経済に適合させていった。民衆のモラル・エコノミー的規範もまた、新たな経済的・社会的慣行を通じて、支配階層のポリティカル・エコノミー的規範に統合される趨勢を示した[35]。ゆえに、19世紀の市場経済を軸とする支配階層－民衆関係からは、モラル・エコノミーに対するポリティカル・エコノミーの優勢的状況が描かれ得る。

しかし他方で、上述した社会問題の展開が示唆するように、19世紀の支配階層内部における経済的規範は必ずしも「ポリティカル・エコノミーの優勢」に収斂したわけではなかった[36]。たしかに七月王政期には、多くの自由主義経済学者が政権に関与したり[37]、『経済学者雑誌 Journal des économistes』（1841年創刊）や政治経済学協会 Société d'économie politique（1842年設立）を通じて経済的自由主義の一大勢力が台頭したりした。しかし、ポリティカル・エコ

ノミーが高等教育・研究機関や知識層において本格的に受容＝制度化されるためには、19-20世紀転換期を待たねばならない。かかる緩慢さを規定した要因は、工業化過程での社会問題の影響力、農工商業の均衡的発展の重視、小規模所有形態の社会的持続などに求められるであろう[38]。また、革命後のフランスでは「社会」の自律性が鋭敏に意識され続けたから[39]、七月王政期の社会問題はポリティカル・エコノミーへの対抗的思想潮流の形成を支配階層に促した。すなわち「社会的経済＝エコノミー・ソシアル économie sociale」の出現である。この経済的規範はモラル・エコノミー的枠組みをも継承しつつ、市場経済の下で民衆の生存保障に主要な関心を向けていた[40]。ただし、社会的経済は特定の学派に支持基盤を見出さなかったため、19世紀を通じて明確に一貫した原則を有することなく、長らく理念的自律性を欠いた状態に置かれた。そうした中で、19世紀末に新たな社会問題が顕在化し始めると、社会的経済は科学的理論として第三共和政の統治技術と結合し、本格的な制度化を伴いながら進展することになった[41]。

第3節　本書の構成

　最後にわれわれは、工業化と社会的保護をめぐる分析視角と諸要因の提示に基づいて、本書を構成する各章の考察目的に言及しておきたい。
　第1章では、1841年の児童労働法に焦点を絞り、同法律の提案から制定に至る過程の特徴や、同法律を提案したアルザス産業界における児童労働規制の意義を考える。児童労働規制は生産活動と労働者福祉の両者に直結しており、産業界と市場経済原理の連関や、産業界における国家介入の認識を明らかにする上で有効な検討対象である。また、1841年児童労働法が実現する過程は、特に七月王政期の中間団体・社会問題・経済的規範に関わる一連の史実を通じて、われわれに多くの示唆を与えると思われる。
　第2章では、復古王政期から第二帝政期にかけてのアルザス地方を事例として、経営家父長主義＝パテルナリスム paternalisme の展開について考察する。

パテルナリスムの具体的形態としての福利事業は、市場経済の下で雇主が労働者の生存問題に自発的に関与した点で、「生産と福祉」や「産業界と国家」といった要素を内包している。また、アルザスでの民衆運動とパテルナリスムの交錯状況は、19世紀前半におけるモラル・エコノミーとポリティカル・エコノミーの関係を探る手がかりとなるであろう。

　第3章では、19世紀以降の社会改革の提言と実践に関わったル・プレェ学派のパトロナージュ論を検討する。ル・プレェ学派はパトロナージュ論を通じて産業界主導の福利事業に社会的機能を付与するとともに、フランス革命後の中間団体・社会問題・経済的規範に関する鋭敏な問題意識を示し続けた。工業化や市場経済化に伴う「社会」の組織化の中に産業福利を思想的に位置づけ、19-20世紀におけるパテルナリスムの進展を社会改革の動向と連関づけて理解するためには、パトロナージュ論の解明が不可欠である。

　第4章では、第2章と第3章での考察を受けて、第三共和政期におけるパテルナリスムの展開を取り上げる。具体例としてロレーヌ地方の製鉄業で採用されたパテルナリスムを検討するとともに、社会的経済の観点から産業福利事業を世紀転換期の社会改革の中に位置づける。とりわけ、生産現場と社会改革運動の両面からパトロナージュ論と連帯主義の相互関係を分析し、第三共和政下の中間団体・社会問題・経済的規範の様相を明らかにすることが目指されている。

　第5章では、第三共和政期の社会問題を念頭に置きながら、19世紀末設立の労働局を主題として、社会改革局面での公的部門と私的部門の関係を検討する。すなわち、労働局の活動を通じて形成された国家介入の理念的特質や、国家官僚と産業界の交錯状況が考察の主眼となる。また、社会改革への労働局の関与を「経済近代化」理念との連関で検証し、工業化と社会的保護における国家介入と私的イニシアティヴの相互補完性に接近することも意図されている。

　第6章では、世紀転換期の労災問題を社会改革の文脈において考察する。労災問題は工業化と社会的保護の結節点を成しており、第三共和政下の社会問題が先鋭に現れた領域であった。われわれは労災補償と労災防止における国家介

入への産業界の対応を検証するとともに、中間団体論の観点から労災補償制度の思想的意義を明らかにしたい。また、第5章での考察を前提としながら、労災問題を労働時間規制や経済近代化と結びつけて把握することも試みる。

注
(1) 本書での「社会的保護」とは、公的秩序の存立に関わる問題=「社会問題」の視角から社会構成員の生存保障を目的とする措置の総体を指す。
(2) 革命後のフランス工業化に関する研究動向として今一つ特筆すべきは、1960年代の日本におけるフランス産業革命論であろう。遠藤輝明はフランス革命との連関を念頭に置きつつ、中産的生産者層主導による「ノルマンディ型」と商人・金融業者主導による「アルザス型」の二類型の対抗という観点からフランス産業革命を把握した(遠藤輝明「フランス産業革命の展開過程」高橋幸八郎編『産業革命の研究』岩波書店、1965年)。これに対して、市民革命と産業革命を切り離して考える服部春彦は、それら二類型の併存と融合を主張し、フランス産業革命の最大の規定要因を担い手よりも国際的諸条件に求めた(服部春彦『フランス産業革命論』未来社、1968年)。今日でもなお、類型論の有効性や国際的契機の比重の評価に関しては、依然として検討課題が残されている。小田中直樹「産業革命 フランス」(馬場哲・小野塚知二編『西洋経済史学』東京大学出版会、2001年)、143-149ページ。
(3) 例えば、D. Landes, "French Entrepreneurship and Industrial Growth in the Nineteenth-Century", *Journal of Economic History,* vol. 9, 1949; A. Sauvy, *Histoire économique de la France entre deux guerres,* 4 vol., Paris, 1965-1975.
(4) 代表的な研究として、M. Lévy-Leboyer, «La croissance économique en France au XIXe siècle. Résultats préliminaires», *Annales E. S. C.,* 23e année, no. 4, 1968; J. Bouvier, *Le Crédit lyonnais de 1863 à 1882. Les années de formation d'une banque de dépôt,* 2 vol., Paris, 1961; F. Caron, *Histoire de l'exploitation d'un grand réseau. La Compagnie du chemin de fer du Nord, 1846-1937,* Paris, 1973.
(5) 「修正主義」の嚆矢となった研究として、P. Fridenson et A. Strauss (dir.), *Le capitalisme français, XIXe-XXe siècle, blocages et dynamismes d'une croissance,* Paris, 1987.「停滞」論から「修正主義」に至るまでの経緯に関しては、廣田功『現代フランスの史的形成——両大戦間期の経済と社会——』東京大学出版会、1994年、1-4ページ;小田中「産業革命 フランス」、149-151ページ。
(6) 矢後和彦「両大戦間期のヨーロッパ経済 フランス——比較経済史と「修正史

観」を中心に——」（馬場・小野塚編『西洋経済史学』）、353-354ページ。

（7） 例えば、フリダンソン P. Fridenson の「ネットワーク組織論」は、組織が生み出す「情報」と、組織を支える「ネットワーク」に着目しつつ、計画当局と民間企業の関係への歴史的接近なども示唆している（P. Fridenson, «Les organisations, un nouvel objet», *Annales E. S. C.*, 44ᵉ année, no. 6, novembre-décembre 1989）。矢後「両大戦間期のヨーロッパ経済 フランス」、354-355ページ。

（8） ドイツの疾病・老齢・労災保険諸制度が1880年代に整備され、イギリスの国民健康法が1911年に成立したのに対して、フランスで本格的な老齢・疾病保険制度が実現したのは1930年代である。また、失業保険制度が、イギリスで1911年、ドイツで1927年に成立したのに対して、フランスで労使協定に基づく実質的な失業保険が制度化されるのは1958年を待たねばならない。

（9） アッツフェルドは、社会保障への対応に関する大企業と中小企業の対照性を、経営者層のみならず、労働者層においても見出している。彼によれば、大企業の労働者が従業員としての待遇改善に関心を示したのに対して、中小企業の労働者は独立事業主を目指す傾向にあった。ゆえに、中小企業の労働者よりも、大企業の労働者の方が社会保険制度に適合的な性格を有していた。H. Hatzfeld, *Du paupérisme à la sécurité sociale, 1850-1940. Essai sur les origines de la Sécurité sociale en France*, Paris, 1971, pp. 47, 263-267, 322-327.

（10） S. Kott, «Vers une historiographie européenne de l'Etat social? Recherches récentes sur les cas français et allemand au XIXᵉ siècle», *Archiv für Sozialgeschichte*, Bd. 35, 1995.

（11） M. Dreyfus, *La mutualité. Une histoire maintenant accessible*, Paris, 1988; B. Gibaud, *De la mutualité à la sécurité sociale. Conflits et convergences*, Paris, 1986.

（12） C. Duprat, *Usage et pratiques de la philanthropie: pauvreté, action sociale et lien social à Paris au cours du premier XIXᵉ siècle*, 2 vol., Paris, 1997.

（13） Y. Marec, *Bienfaisance communale et protection sociale à Rouen, 1796-1927. Expériences locales et liaisons nationales*, 2 vol., Paris, 2002.

（14） C. Bec, C. Duprat, J.-N. Luc et J.-G. Petit (dir.), *Philanthropies et politiques sociales en Europe (XVIIIᵉ-XXᵉ siècles)*, Paris, 1994.

（15） C. Bec, *Assistance et République. La recherche d'un nouveau contrat social sous la Troisième République*, Paris, 1994; J. Luciani (dir.), *Histoire de l'Office du travail, 1890-1914*, Paris, 1992; V. Viet, *Les voltigeurs de la République. L'Inspection du travail en France jusqu'en 1914*, 2 vol., Paris, 1994.

（16） これに対して、1970年代に影響力を持っていた社会史研究では、労働者の行動

様式や社会運動に主要な関心が向けられ、国家の役割や労働・社会立法の意義などが積極的に問われることはなかった。A. Chatriot, O. Join-Lambert et V. Viet (dir.), *Les politiques du Travail（1906-2006）. Acteurs, institutions, réseaux*, Rennes, 2006, p. 12.

(17)　こうした分析視角に関しては、20世紀フランスの労働と福祉の特徴を「非市場的調整」の発展として捉える深澤敦の論考から示唆を与えられている。「非市場的調整」はレギュラシオン理論のパリ学派に由来する概念である。パリ学派は、資本主義分析にあたって「構造的諸形態」（諸制度として編成された複合的な社会諸関係）の概念を提起し、市場以外の諸制度による事前的調整＝「非市場的調整」の役割を経済理論に組み込んだ。パリ学派によれば、構造的諸形態の一つを成す賃労働関係は、「生産・労働のノルム」（労働過程の編成、熟練のレベル、企業への労働者の定着や離職の態様など）と「消費・生活のノルム」（直接・間接賃金所得の決定原則、所得の活用方法、労働者の生活様式など）の総体的関係を意味する。「ノルム norme」とは、生産・労働様式と消費・生活様式の双方において基準となる平均的状態を意味し、これらノルムが制度や慣習の総体として労働力の使用とその再生産を規定する。深澤敦「非市場的調整の発展――20世紀フランスにおける労働と福祉――」（『土地制度史学』別冊〔20世紀資本主義――歴史と方法の再検討――創立五十周年記念大会報告集〕、1999年9月）；深澤敦「レギュラシオン理論――「非市場的調整」の政治経済学――」（山本広太郎・大西広・揚武雄・角田修一編『経済学史』青木書店、1995年）。

(18)　社団＝中間団体に媒介された旧体制の社会経済構造については、二宮宏之「フランス絶対王政の統治構造」（吉岡昭彦・成瀬治編『近代国家形成の諸問題』木鐸社、1979年）。

(19)　J.-P. Hirsch, *Les deux rêves du commerce. Entreprise et institution dans la région lilloise (1780-1860)*, Paris, 1991, pp. 373-378；ジャン＝ピエール・イルシュ（齊藤佳史・廣田功訳）「フランスにおける競争をめぐる言説と行為――19世紀から今日までを振り返って――」（『歴史と経済』第189号、2005年10月）、65ページ。

(20)　谷川稔『フランス社会運動史――アソシアシオンとサンディカリスム――』山川出版社、1983年；喜安朗『近代フランス民衆の〈個と共同性〉』平凡社、1994年。

(21)　職業組合法の制定は、集団的組織を通じた利害調整＝「コルポラティスム corporatisme」展開の新たな契機としても把握される。19世紀末から第二次世界大戦にかけてのコルポラティスム・モデルを「自由」と「組織化」の観点から扱った研究として、権上康男・廣田明・大森弘喜編『20世紀資本主義の生成――自由と組織化――』東京大学出版会、1996年。

(22) フランス革命から1901年アソシアシオン法制定までの中間団体に関わる問題を法社会学的アプローチから解明した研究として、高村学人『アソシアシオンへの自由──〈共和国〉の論理──』勁草書房、2007年。

(23) P. Rosanvallon, *L'Etat en France de 1789 à nos jours*, Paris, 1990, pp. 95-97; J. Donzelot, *L'invention du social. Essai sur le déclin des passions politiques*, Paris, 1994, pp. 57-58. ロザンヴァロン P. Rosanvallon はフランス革命による「個人」と「国家」の二極モデルの創出を「一般性の政治文化 culture politique de la généralité」の成立として捉えている。「一般性の政治文化」は、①「社会的形態」（中間団体否認に伴う「偉大な国家全体」の称揚）、②「政治的性質」（一般意思の表明に関わる「無媒介性の美徳」の信奉）、③「規制手順」（一般意思と合理性に基づく「効果的・正当的規範および政治的操作主体としての法律」の崇拝）の三つの局面から構成される。P. Rosanvallon, *Le modèle politique français. La société civile contre le jacobinisme de 1789 à nos jours*, Paris, 2004, pp. 12-15. こうした革命由来の「政治文化」を革命以後の「コルポラティスムの強迫観念 hantise du corporatisme」と連関づけ、18-20世紀フランスにおけるコルポラティスムの実践と強迫観念の交錯を検討した研究として、S. L. Kaplan et P. Minard (dir.), *La France, malade du corporatisme? XVIII-XXe siècles*, Paris, 2004.

(24) 廣田明「フランス革命以後における中間集団の再建──ル・プレェ学派を中心として──」（『土地制度史学』第127号、1990年4月）、1ページ。

(25) F. Ewald, *L'Etat providence*, Paris, 1986, pp. 122-129; 廣田「フランス革命以後における中間集団の再建」。

(26) 北垣徹「「連帯」の理論の創出──デュルケームを中心として──」（『ソシオロジ』第37巻第3号、1993年2月）、66-73ページ。

(27) 社会学的アプローチに基づく19世紀の「社会問題」と「社会的領域」の関係については、北垣「「連帯」の理論の創出」、60-66ページ。

(28) A. Beltran et P. Griset, *La croissance économique de la France, 1815-1914*, Paris, 1994, pp. 11-17, 49-68, 91-112; G. Noiriel, *Les ouvriers dans la société française, XIXe-XXe siècle*, Paris, 1986, pp. 26-27; C. Charle, *Histoire sociale de la France au XIXe siècle*, Paris, 1991, p. 57.

(29) Ewald, *L'Etat providence*, pp. 91-94.

(30) R. Castel, *Les métamorphoses de la question sociale. Une chronique du salariat*, Paris, 1995, pp. 25, 371-386; A. Dewerpe, *Le monde du travail en France, 1800-1950*, Paris, 1998, pp. 85-89; 田中拓道『貧困と共和国──社会的連帯の誕生──』人文書院、2006年、67-86ページ。

(31) Noiriel, *Les ouvriers*, pp. 83-88.
(32) 例えば1884-1897年の組合組織率は、タバコ・マッチ製造業（公企業部門）55％、鉱山業12％、化学工業4％、繊維工業3％である。Charle, *Histoire sociale*, pp. 300-305; Noiriel, *Les ouvriers*, pp. 99-106.
(33) Y. Cohen et R. Baudouï, «Gouverner le social, 1890-1945», Y. Cohen et R. Baudouï (dir.), *Les chantiers de la paix sociale（1900-1940）*, Fontenay/Saint-Cloud, 1995; C. Topalov (dir.), *Laboratoires du nouveau siècle. La nébuleuse réformatrice et ses réseaux en France, 1880-1914*, Paris, 1999;廣田功「「大戦」とフランス経済社会の再編」（『歴史と経済』第191号、2006年4月）、22-23ページ。
(34) 「モラル・エコノミー」概念に関しては、E. P. Thompson, *Customs in Common. Studies in Traditional Popular Culture*, London, 1991.
(35) W. M. Reddy, *The Rise of Market Culture. The Textile Trade and French Society, 1750-1900*, Cambridge, 1984;遠藤輝明「「産業の規律」と独占──フランスにおける労働と資本と国家──」（『社会経済史学』第56巻第2号、1990年8月）、9-26ページ；小田中直樹『フランス近代社会1814～1852──秩序と統治──』木鐸社、1995年。
(36) 小田中直樹は秩序原理や社会経済政策をめぐる民衆から支配階層への持続的な働きかけを重視しつつ、支配階層内部でのポリティカル・エコノミー受容過程の多様性を指摘している。例えば穀物流通政策に関して、全国的支配階層が19世紀初頭から「流通の自由」＝ポリティカル・エコノミーへの純化傾向を示したのに対して、地域支配階層はモラル・エコノミーとポリティカル・エコノミーの狭間で揺れ動きながら、徐々に流通の自由放任に向かっていった。かかる過程で、支配階層における「民衆への配慮」は、社会経済政策から救貧政策を経由して教育政策へと移動することになった。小田中『フランス近代社会』。
(37) Y. Breton, «Les économistes, le pouvoir politique et l'ordre social en France entre 1830 et 1851», *Histoire, économie et société*, 4e année, no. 2, 1985.
(38) L. Le Van-Lemesle, «L'institutionnalisation de l'économie politique en France», Y. Breton et M. Lutfalla (dir.), *L'économie politique en France au XIXe siècle*, Paris, 1991; L. Le Van-Lemesle, *Le juste ou le riche. L'enseignement de l'économie politique, 1815-1950*, Paris, 2004.
(39) 経済的自由主義＝ポリティカル・エコノミーはフランス自由主義の中心的位置を占めることもなかった。フランスでは革命によって個人の社会的結合が政治的次元に集約された結果、自由主義の焦点が政治的自由主義に絞られたからである。かかる文脈において、革命以後のフランス自由主義は、近代的個人の社会的結合

と独立をめぐってジャコバン主義 jacobinisme＝「一般性の政治文化」に対抗した。「政治的自由」の源泉は「社会」や「社会的自由」に求められ、「社会」への着目は19世紀後半以降の自由主義思想においても共有されている。P. Rosanvallon, *Le moment Guizot*, Paris, 1985; Rosanvallon, *Le modèle politique français*; 安藤隆穂『フランス自由主義の成立——公共圏の思想史——』名古屋大学出版会、2007年；W. Logue, *From Philosophy to Sociology: The Evolution of French Liberalism, 1870-1914*, De Kalb, 1983（南充彦・堀口良一・山本周次・野田裕久訳『フランス自由主義の展開1870〜1914——哲学から社会学へ——』ミネルヴァ書房、1998年）.

(40) G. Procacci, *Gouverner la misère. La question sociale en France (1789-1848)*, Paris, 1993, pp. 161-199. 例えば、ル・プレェ学派のパトロナージュは社会的経済の一潮流を成しており、トパロヴ C. Topalov は名望家支配の観点からパトロナージュをモラル・エコノミーの延長線上に位置づけている。C. Topalov, «Patronages», Topalov (dir.), *Laboratoires*, p. 363.

(41) Donzelot, *L'invention*, pp. 125-129; C. Topalov, «Les «réformateurs» et leurs réseaux: enjeux d'un objet de recherche», Topalov (dir.), *Laboratoires*, pp. 29-38; C. Vienney, *L'économie sociale*, Paris, 1994. 19世紀の社会的経済を形成した思想の多様性については、A. Gueslin, *L'invention de l'économie sociale. Idées, pratiques et imaginaires coopératifs et mutualistes dans la France du XIXe siècle*, Paris, 1998.

第 1 章　1841年児童労働法をめぐる生産と福祉

はじめに

　19世紀前半の自由主義的な国内経済政策に立脚したフランスの工業化は、工場制生産を普及させつつ、長時間・低賃金を基調とする労働条件を放置することになった。そうした中で、児童の劣悪な労働環境は七月王政下の社会的関心を集め始め、改革の動きは1841年児童労働法（1841年3月22日の法律）の制定として一応の帰結を見た。

　1841年法に関する従来の研究においては、その法制的規制の限界にしばしば焦点が絞られてきた。ル・ゴフ J. Le Goff は、19世紀前半の国家介入が思想と実践の両面で最小限に抑えられたという理解に基づき、1841年法をめぐる規制理念・実態の限定性を強調した[1]。またリンチ K. A. Lynch は、1841年法の法的介入に関する言説に比べて、実際の拘束力がはるかに弱かった点を指摘した[2]。ヘイウッド C. Heywood によれば、児童労働問題は当時の経済システムに根差したものであったから、その根本的解決には、行政的介入のみならず、労働者の家計的余裕をもたらす経済発展も不可欠であった[3]。

　こうした法制的規制の限界を強調する研究は、1841年法制定の意義を過小に評価する嫌いがある。では、同法律の歴史的意義はどこに見出されるのか。例えばワイスバーク L. S. Weissbach は、19世紀前半の児童労働改革の限界を認めながらも、1841年法によって実現した国家介入の理念に注目した。すなわち、工業化初期における児童労働規制という形での政府介入の原則の合法化は、19世紀末から20世紀初頭にかけての介入的な家族政策や労働規制の導入を容易に

することになった⁽⁴⁾。またエヴァルド F. Ewald によれば、それまで治安維持に役割を限定していた国家は、1841年法によって「将来への配慮」を自らの機能に付加していった。彼は、児童労働法を提案したアルザス地方の産業界の役割にも着目し、法制化を「社会的」雇主の「産業・社会政策」の勝利と見做した⁽⁵⁾。あるいは清水克洋は、1841年法の児童労働規制がリレー制度の導入を促し、機械化推進を軸とする労働力編成に結びついた点を指摘した⁽⁶⁾。

以上の研究状況を踏まえ、われわれは、アルザス地方オ＝ラン県 Haut-Rhin の綿工業⁽⁷⁾における児童労働問題を中心に、1841年法をめぐる生産と福祉の交錯状況を検討する。その際、われわれは特に次の二つの点に留意しておきたい。

一つめは、1841年法の提案から制定までの過程に見られる歴史的特質である。児童労働規制成立の過程は多様なアクターの相互関係の中で把握されねばならないが、その実証的検討はこれまで十分に試みられてこなかった。たしかにエヴァルドの研究は、児童労働規制への積極的関与を国家と産業界の双方に見出した点で評価され得る。しかし、彼は1841年法制定を「社会的」雇主＝法律提案者の勝利と見做したがゆえに、提案局面＝議会外部と制定局面＝議会内部の間に存在する法制的規制理念の「ずれ」を看過してきた。そもそも1841年法の実現過程において、特定の利害が貫徹されたといえるのか。あるいは、法律提案の主要アクターと法律制定の主要アクターの間には、児童労働規制の解釈に関していかなる共通点と相違点が観察されるのか。かかる問いに答えるために、われわれは1841年法を構成する二つの要素に着目したい。すなわち工業生産活動と労働者福祉である。七月王政期は趨勢として製造業者における経済的自由主義の全盛期を示した一方で⁽⁸⁾、市場経済への対応の必要性を支配階層に認識させ始めた時期でもあった。ゆえに、児童労働規制における工業生産活動と労働者福祉の位置づけは、市場経済原理をめぐる支配階層の思想と実践を探る上で、われわれに多くの示唆を与えると思われる。

二つめは、産業界にとって1841年法の法制的規制が有した意義である。そもそも、アルザス産業界による児童労働法提案は、いかなる社会経済状況を反映

していたのか。あるいは、当時の社会経済状況において、児童労働規制は産業界の利害といかに連関していたのか。こうした問いに関しては、依然として検討の余地が残されている。エヴァルドは雇主の「産業・社会政策」の役割に言及するものの、実態分析を欠いているため、雇主における規制意義の多面性を明らかにするには至っていない。また、清水の研究は児童労働規制に機械化推進要因を見出した点で興味深いが、彼も断っているように、その考察対象は工場体制を中心とした資本賃労働関係に限定されている。これに対してわれわれは、市場経済原理に対する支配階層の認識を念頭に置きながら、アルザス産業界における児童労働規制の意義を二つの側面から捉えたい。すなわち社会問題と工業危機である。それらの問題は七月王政期の経済的自由主義と緊密に連関しており、市場経済の下での工業化と社会的保護の展開形態や、生産と福祉をめぐる産業界と国家の相互関係を解明する上で、有効な手がかりとなるであろう。

以下においては、まずアルザス地方での児童労働の実態を中心に、児童労働法案の審議が開始されるまでの過程を検証する。次いで、議会での法案審議過程における言説をもとに、1841年法の制定理念を考察する。さらに法律の施行状況を跡づけ、最後にアルザス産業界における児童労働規制の意義を明らかにしたい。

第1節　アルザス地方における児童労働の実態

19世紀前半の工業化の過程における児童労働問題はいかなる様相を呈していたのであろうか。まず本節では、1841年法制定以前のアルザス地方での児童労働の実態を検討しつつ、法律提案の主要アクターとなったミュルーズ工業協会（SIM）の活動を跡づけてみたい。

児童の雇用は、最も早く機械制生産に移行した紡績業において顕著であった。打綿機や梳綿機の導入による作業の単純化と省力化は児童労働力の使用を可能とした上に、糸繋ぎ工には指の細い労働者が最適とされていたからである。通

常、糸繋ぎ工の賃金支払いや解雇に関する権限は紡績工にあり、そこでは二重雇用制が成立していた[9]。1805年から1826年にかけてアルザスではミュール紡績機を備えた工場の建設の波が見られ、安価な児童労働力に対する需要は増大し続けた。1820年代初頭の紡績工場において16歳未満の児童は労働者全体の30-40％を占めていた[10]。他方、織布業での本格的な機械化は1840年代以降であり[11]、捺染業では機械化の困難性により職人的技術への依存が大きかったため、いずれも紡績業に比べて児童雇用の規模が限定されていた。紡績業において児童は通常8歳から労働に従事したが、労働力調達の困難な場所では7歳の児童が父親とともに雇用され、彼らに17時間労働が課せられる事例も稀ではなかった。その間の休息は昼食時の30分と夕食時の1時間にすぎなかった。原料が飛散しないように密閉された場所で梳綿工は多量の埃と機械油にまみれ、糸繋ぎ工は指を機械に巻き込まれて切断する場合もあった。さらに、アルザス最大の工業都市ミュルーズ Mulhouse の工場の場合、1-2リュー（1リューは約4km）離れた近隣農村から通勤する労働者も多く、児童でも朝の3-4時に家を出て、夜の10-11時に帰宅する生活を強いられた[12]。

　児童の劣悪な労働条件には農村地帯の貧困問題も絡んでいる。19世紀のアルザスはフランスの中でも低収入・低賃金地帯に位置づけられ、窮乏化した民衆の健康状態は極めて悪かった。例えば、1831年から1840年までのミュルーズ小郡 canton de Mulhouse における徴兵適齢期の不合格退役者の比率は34.6％に達している[13]。その背景には、18世紀半ば以来の急速な人口増加および農地分割相続の進行に伴う一経営あたりの耕地面積の縮小と、土地なし農民層の広汎な滞留があった[14]。こうした農村過剰人口の存在は工場での労働条件の改善を妨げ、収入の低さは家計の補填として児童が工場での長時間労働に従事することを余儀なくさせた。子どもを働かせる親の貪欲はしばしば批判の対象とされたが[15]、それは家庭の貧困と表裏一体を成していたと考えるべきであろう。

　児童労働のかかる惨状にいち早く関心を示したのが SIM[16] である。1827年11月の定例会においてブルカール J.-J. Bourcart は、紡績業における最低雇用

年齢の設定と成人労働者も含めた最大労働時間の法制化を提案した。彼によれば、法制化は児童およびその他すべての労働者の健康と精神的向上をもたらすものであった[17]。しかし、この提案がすべての会員の賛同を直ちに得たわけではない。ズィケル Zickel は翌月の報告で採択決定の引き延ばしを主張し、その理由として三つの問題点を指摘した。すなわち、①人間が自らの能力を自由に活用する権利との両立の問題、②父権に関する立法の原則への抵触の問題、③産業の自由との両立の問題である[18]。他方、提案への見解を求められた自由主義経済学者のデュノワイエ C. Dunoyer は、人間自身の労働提供能力に関わる法制的規制を否定しつつも、児童に関しては父権概念の修正によって雇用年齢と労働時間の法制的規制を適用し得ることを認めた[19]。デュノワイエの見解を受けて、ブルカールは1828年12月に修正案を提示した。その趣旨は、9歳未満の労働者に対して9時間、9歳以上21歳未満の労働者に対して12時間の最大労働時間を設けるものであった。SIM はこの修正案を再検討し、紡績業の児童労働者の最大労働時間を12時間に規制する法律の提案を翌年1月に決定した[20]。さらに SIM は、1833年2月の定例会において、8歳未満の児童の就労禁止、8歳以上16歳未満の児童の年齢層に応じた10-13時間の最大労働時間の設定、児童労働者への読み書きの義務づけなどを盛り込んだ、より具体的な法案を採択した。しかし、SIM の一連の活動に対する政府の反応は鈍いものであった[21]。

こうした状況下で、1830年代には都市を中心に大衆的貧困が顕在化し始めた。七月王政期には労働者の状態に関する多くの報告が行われたが、中でもヴィルレメ L.-R. Villermé の調査は特筆に値する。彼は1835年から1837年にかけて国内の繊維工業地域を視察し、大衆的貧困の主な原因を労働者自身の生活規律の喪失に求めた。自由競争原理を是認する立場から、彼は労働規制を要求せず、雇主によるモラル化を通じた改善を主張した[22]。ただし、児童労働問題は唯一の例外として法制的規制の対象と認識された。調査において児童労働者の心身の疲弊に強い衝撃を受けた彼は、1837年5月の報告で児童の超過労働問題を取り上げ、児童労働法の制定を訴えた[23]。道徳・政治科学アカデミー Académie des sciences morales et politiques 会員という立場に加え、医師としての公衆衛生学の知識と統計に基づく調査手法によって、彼の主張は行政当局にも少なからぬ影響を及ぼした。

かくして、児童労働問題に対する社会的関心が高まりつつある中、1837年にSIM は児童労働法制定の請願書を議会および政府に提出した。請願書は過酷な工場労働による児童の健康状態の悪化を訴え、それに歯止めをかけるための法律制定の要求を企業家の「義務」と表現した。すなわち、政府が法制的強制化に踏み切らない限り、一部の企業家による自発的な児童労働規制も生産競争の激しさゆえに放棄せざるを得ないと(24)。

請願を受けた政府は、各地の商業会議所 chambre de commerce、工芸諮問会議所 chambre consultative des arts et manufactures、労働審判所 conseil de prud'hommes に宛てた1837年7月31日の通達によって、児童労働に関するアンケートを実施した。アンケートの第一部は、雇用最低年齢、労働時間、賃金、児童雇用の利点など、児童労働の現状に関する質問から構成され、第二部は、雇用最低年齢、夜間労働最低年齢、労働時間、規制対象の年齢などにおいて望ましいとされる基準を尋ねている。これに対して、ミュルーズの商業会議所と労働審判所およびサント＝マリー＝オ＝ミーヌ Sainte-Marie-aux-Mines の工芸諮問会議所から寄せられた回答は、12-14時間の児童労働の慣行や6-7歳児の雇用の存在を概ね認めていた。しかし児童労働に関しては、生産現場における技術的・経済的必要性、児童における労働・秩序精神の涵養、児童労働の家計補助機能などに焦点が絞られ、上述したような児童の惨状が強調されることはなかった。特に児童労働規制に関して、ミュルーズ商業会議所とサント＝マリー＝オ＝ミーヌ工芸諮問会議所はかろうじて好意的態度を示したものの、ミュルーズ労働審判所は反対の立場を表明した(25)。

したがって、児童労働の過酷さを強調するSIMの請願が必ずしも地元企業家の一致した見解に基づいていたわけではない。とはいえ、1837年アンケートの実施は、児童労働問題に対する政府の認識の変化を示すものであった。ゆえに、1830年代末にル・グラン D. Le Grand やフレジエ H.-A. Frégier などの改

革論者が児童労働保護を唱え始め[26]、1839年に再びSIMから請願書が提出されると[27]、政府は法案検討を約束するに至った。上院では特別委員会が発足し、かくして児童労働法制定に向けての動きが加速した。

第2節　1841年児童労働法の制定理念

　アルザス地方で始まった児童労働法制定の動きはようやく中央政府を動かし、議論の場は議会に移された。議会では、1840年2月にデュパンC. Dupinを中心とする特別委員会からの法案提出が行われた後、3月に上院、12月に下院での主要な審議が行われ、翌年3月22日に最終的な法律の制定を見た。では、そこでは児童労働規制はいかなる論理によって正当化されたのか。本節では議会における1841年法の制定理念を検討してみたい。

　何よりもまず、審議を通じての一大争点は工業活動に対する国家介入の問題であった。リベラリスムの全盛期たる七月王政期において、児童労働法が「危険を免れ得ない道に踏み出す最初の一歩」であり、「活動のために自由を必要とし、……政府の計画の内に保護を見出すことが許されている工業……を規制する初めての法律である」という見解は根強く存在していた[28]。この立場は企業の独立不可侵性に主要な根拠を見出した。すなわち、「企業は父親の家と同様に侵すべからざる聖域」であり、「企業家は一人の独立した人間であって、自分の所では主権者である」というゲェ＝リュサックGay-Lussacの主張である。彼によれば、企業家は「労働者を公共の場に捨て去る代わりに彼らに仕事を確保してやっている」のだから「国家における真の父親」であり、公職者ではないのだから児童の雇用は自由であって、その本拠地への法制的介入はできない[29]。他方、児童労働規制が労働者家庭に与える経済的損失も、介入反対派によって頻繁に言及された。すなわち、児童労働者は大概、労働者家庭に属しており、労働時間の削減は家計にもたらす給料を著しく減少させるという意見や[30]、厳格すぎる雇用条件は児童労働者の工場からの排除を誘発し、貧困家庭への打撃になるという主張である[31]。

では、法案賛成派は国家介入の正当性をどこに見出したのか。賛成派における介入の根拠の一つは、工場労働をめぐる生活環境の頽廃性に求められた。すなわち、「あらゆる年齢の人々を集積し、男女を混在させる」工業生活は「家庭生活をほぼ完全に消し去り」、「個人を必然的に窮乏化させ、種を退化させる」。また、「ほとんど教養のない、粗野な人間たちの集まりにおいては常に悪の伝染が善の広まりに勝る」のだから、「教育や道徳の光が少しも差し込まない、全く機械的な生活の中で児童を愚鈍化させる」工場労働は規制されるべきであると[32]。工業に対する道徳的批判は、法案実現の主要アクターとなった社会カトリシスム勢力[33]によっても支持された。例えばモンタランベール C. de Montalembert によれば、「農村地帯への工業の導入は混乱と不道徳と不幸をもたらすこと」になる「フランスの惨禍」である。工業は「貧困者とその妻子を家庭の習慣や農業生活から引き離し、不健康な兵営型施設、全くの監獄に閉じ込め、そこではあらゆる年齢の男女が徹底的かつ漸進的な堕落を余儀なくされる」。したがって、法案は「少なくともこれらの危険の著しい部分から児童を守る」ものであると[34]。こうした解釈は、労働者を対象とするモラル化の主張に連なっていく。モログ B. de Morogues においては、「労働者階級の健康の維持よりもさらに重要な繁栄のもう一つの条件、それは彼らの道徳性の維持である」[35]と見做された。またジェランド J.-M. de Gérando も、「この法律は児童を強く丈夫にするためだけに制定されるのではなく、労働者階級の道徳的再生のためでもある」と主張した[36]。

　議会での社会カトリシスム勢力は、英仏比較を念頭に置きつつ、イギリスのポリティカル・エコノミー économie politique anglaise に厳しい批判の矛先を向けた。その代表的論者として挙げられるのがヴィルヌーヴ=バルジュモン A. de Villeneuve-Bargemont である。彼によれば、イギリス経済学 science économique anglaise は国家や一部の者を富裕化させるだけで、労働生産物の公正な社会的分配という現代の最大の問題を解決していない。それが提示する市場原理は、生産競争激化による賃金切り下げと超過労働を必然化し、労働者の貧困化を惹起している。また、「労働者の金銭的・資本的価値を冷徹に算定

する」イギリス経済学派 école économique anglaise は、道徳、善行、宗教を「商工業的秤」にかけ、人間を「交換可能な価値を生産ないし消費する創造物」としか見做していないと。ヴィルヌーヴ＝バルジュモンは工業を通じた生活水準の向上や労働手段の発展を指摘しながらも、「不幸に身を捧げ、生活習慣、健康、生存が最も無分別な偶然に委ねられる一種の賤民層」が工業従事者の間で形成されることは認められないと説いた。ゆえに、工場労働者の道徳心回復のために成人労働時間の規制をも考えていた彼にとって、児童労働を規制する法案は状態改善に向けての「大きな一歩」であった[37]。

　市場経済原理をめぐる七月王政期の支配階層の認識を考える上で、イギリスのポリティカル・エコノミーに対する批判は示唆に富んでいる。著書の中で、ヴィルヌーヴ＝バルジュモンはイギリスの経済原理を大衆的貧困の元凶と見做し、イギリス由来の経済原理と大衆的貧困がヨーロッパ全土を席捲しつつあるという見解を示していた[38]。かかる文脈において、彼は規範的な経済理念の再構築を提起した。彼によれば、そもそもポリティカル・エコノミーという名称は、語源的には「公共的問題の管理 administration de la chose publique に適用された家政 gouvernement de la maison」を意味している。他方でポリティカル・エコノミーは、国家や社会体を構成する部分の分配と調和に関わる領域にも属するから、ジャン＝バティスト・セェ J.-B. Say も指摘するように、「社会的経済 économie sociale」という名称の方が理に適っていた[39]。真の社会的経済とは、労働と慈善を同時に生じさせ、富の産出よりも福祉の分配と全国的普及を奨励し、需要を無限に増大させずに抑制するよう命じ、工業の拡大を適切な規模に定め、国民的産業、すなわち土壌の産物に働きかける産業の発展に専念するものであると[40]。このように、国富の総体的増大に関わる生産局面よりも、民衆の福祉増進に関わる分配局面を重視する理念として、「社会的経済」はイギリスのポリティカル・エコノミーに対置されることになった[41]。

　議会では、労働者の貧困問題が工場体制や市場経済原理との関連で論じられたことで、児童労働規制の積極的根拠が提示された。こうした貧困問題の「社会化」は、工場施設を社会的空間として捉えるデュパンの主張を補強するもの

であった。すなわち、「時には300、400人を集める工場は家庭の内部とは全く異なる建物である。労働者のまさにその多様性によって工場は私的以上の性格を呈する建物であり、公権力は、そこで雇用されている人民の児童の幸福、衛生、方正な品行や健康状態を確認するために特別な方法で介入する権利を有する」[42] と。かくして、児童労働規制は彼らの生存保障の問題へとつながっていく。「一日中、同じ動作の繰り返しを強制されている」児童労働者には、「いつか一人の成人、一人の市民となる意識を獲得するためのわずかな時間も残されていない」[43] のだから、「児童の諸権利を犠牲にし、各世代に課せられた、成長する世代に対する社会的保護の義務を忘れて労働の現在の増大を手に入れるならば、それは工業的専制政治であり、政治的予見能力の欠如というものであろう」[44]。ゆえに「社会はこの問題に介入する権利を有するのみならず、介入は社会の義務でもあり」[45]、「工業は……全員の個人的権利の尊重とそれ自身の権利行使を両立させねばならない」[46]。さらに、法案は労働者全体に対する社会的保障を展望していた。ルヌアール Renouard によれば、労働者の諸利益の実現のためには「不断の忍耐力で長い年月をかけて取り組まねばならず、非常に重要かつ困難な一連の法が必要とされる」のであるから、「ここで普遍的解決策を提示しようとする大それた考えはない。……今日われわれは、まず児童の諸権利を尊重させることから始めたのである」[47]。

　法案のもう一つの特徴は、労働者家庭の父権の制限である。反対派にとって法案は、「父権および労働の自由を初めて制限することを目的とする」[48] ものであった。例えばテランディエ Taillandier は、「家庭の敷居を越え、家庭の問題に介入する権利をひとたび公権力に認めると、その原則の逸脱に対してはいかなる壁を築いて防御することができるのだろうか」[49] と批判した。これに対して賛成派は、父権制限の正当性を父性義務遂行の怠慢に求めた。デュパンによれば、「道徳心を失っているのは子どもたちの前にまず父親たち」であり、「父親が社会に背くように（健全な養育という）自然に背くならば、法が一種の父親となる必要がある」[50]。またコルヌ Corne は、父親が父権を濫用した場合には社会が介入する権利を持つことを認め、「法が、あまりに忘れられてい

る義務を人々に思い出させ、家庭の掟、すなわち父性の真剣な義務を彼らの目の前に再び提示することは非常に有益」と主張した(51)。

さらに、法案賛成派が介入の根拠として頻繁に言及したのは、国家の将来的人材確保の問題であった。すなわち、児童労働者の酷使は「個人的不幸であるのみならず、国に与える深い傷でもある」。なぜなら国家は、「事業や軍隊のための頑強な人間や、国家活動の発展のための聡明な人間、全体秩序と公安の維持のための誠実で良心的な人間を必要とする」からである(52)。また「法律は、労働者階級を再生させ、残りの人生において長い労働の疲労に耐えられる健康で丈夫な青年を養成することを目指す意味で工業に有利となるであろう」(53)。ラプラス Laplace は訴える。「私はわれわれの兵士がプロシアの兵士と同じように強靭であってほしい。……私はわれわれの労働者がイギリスの労働者と同じように頑丈であってほしい」(54)。まさに、児童労働規制は「収穫をするために種を蒔くことなのである」(55)。こうした観点は、児童労働において例外的に国家の介入を容認する自由主義経済学者や公衆衛生学者の立場との重なりを見せている。例えばアドルフ・ブランキ A. Blanqui は、「(児童保護の領域における)政府の介入はよい結果しかもたらし得ない」と児童労働法の正当性を認め、「国家は若者に犠牲を要求し、徴兵する。よって国家は彼らの世話をし、その健康と体力を保護し、教育の利益を保証すべきである」と主張した(56)。また上述したように、ヴィレルメも原則的には自由競争を肯定しながらも、児童労働に関しては法制的規制を要求していた。

最後に、監督官任命をめぐる問題について検討しておきたい。法案の条文内容の審議において、それは意見の対立を最も際立たせた問題であった。制度として挙げられた選択肢の一つは、中央政府から派遣される官吏としての有給監督官制度、いま一つは、地元の名望家層から選ばれる無給監督官制度である。

前者の支持派は、名望家層における利害の対立や専門知識の欠如を指摘した。すなわち、競合関係あるいは地域的影響力や政治的影響力の親密性が常に渦巻く工業地域では、複数の名望家による監督委員会は諸利害の対立を引き起こし、強力で統一的な活動を妨げる。また名望家の大部分は、各工業で採用される労

働様式に関する科学的知識を持たないため、臨検監督に際して適切な判断を下すことができない⁽⁵⁷⁾。これに対して後者の支持派は、政府官吏による臨検監督の非効率性を主張した。すなわち、政府官吏による臨検監督は、頻度が限定されて不徹底なものとなる上に、その日程を予め察知されやすいため、違反摘発に大きな効果を上げることができない⁽⁵⁸⁾。また、いずれの支持派も監督官へのコミューン首長の登用には強く反対した。首長自らが企業経営者で、臨検監督対象の企業と競合関係にある場合、恣意的な判断による不公正な摘発を招いたり、あるいは逆に、地域の企業家に依存している場合には、摘発に対して消極的になったりする可能性があるからである⁽⁵⁹⁾。

商務大臣は、卸売商人や法制的規制の対象外の企業家、現役を退いた経済学者などを監督委員会に含めることを提案し、監督制度の有効性と中立性を強調した⁽⁶⁰⁾。結局、上下院ともに結論には至らず、最終的な決定は政府の判断に委ねられることになった。

児童労働法案は1841年2月23日に104対2で上院を通過し、3月11日には下院でも218対17の圧倒的多数で可決された後、3月22日に公布された⁽⁶¹⁾。全13条から成る同法は、機械動力ないし連続式加熱炉を備えつけた製作所・工場・作業場および20人以上の労働者を雇用するすべての製造所に適用され（第1条）、8歳という最低雇用年齢を定めるとともに、8歳以上12歳未満の児童に対しては一日8時間、12歳以上16歳未満の児童に対しては一日12時間の最大労働時間を設けた（第2条）。午後9時から午前5時までの夜間労働は13歳以上の労働者に限り条件つきで認められ（第3条）、休日労働はすべての児童に対して禁止される（第4条）。また、12歳未満の労働者には公立ないし私立学校への通学が義務づけられ、12歳以上の労働者に関してはコミューン首長の交付する初等教育修了証によって通学が免除される（第5条）。コミューン首長は、児童の氏名、年齢、出生地、住所、初等教育受講期間を明記した手帳を交付し、雇主は手帳に児童の雇用期間を記すとともに、手帳内容に関する登録簿を作成しなければならない（第6条）。さらに、第7条および第8条は児童労働者保護のために行政当局が自由裁量権を行使することを確認し、第9条は企業家に対

して法律条文を施設内に掲示することを義務づけた。監督制度は政府によって定められ（第10条）、監督官は違反に対する調書を作成する（第11条）。違反した企業の所有者ないし経営者が初犯の場合には、治安判事によって罰金が課せられる。罰金額は最低雇用年齢および最大労働時間の違反に対しては200フラン以下、それ以外に関しては最高15フランとされる。また、再犯者は違警罪裁判所に召喚され、最低雇用年齢および最大労働時間の違反に関しては500フラン以下、その他の違反には16フラン以上100フラン以下の罰金が課せられる（第12条）。なお、法律は公布の6カ月後より施行される（第13条）。

第3節　1841年児童労働法の施行状況

　1841年児童労働法は、児童労働者の生存保障と将来の人材確保の問題を喚起することによって、工業活動における国家介入の正当性を提示した。では、実際の運用過程において法律はどの程度まで徹底されたのか。

　児童労働法は施行直後から多くの困難に直面した。まず最大の問題は第2条の法定労働時間の遵守であった。8歳以上12歳未満の児童に対する一日8時間の労働規制によって、午前5時から午後9時までの労働時間帯におけるリレー制度が導入された。しかし、ミュルーズのように工場の集中する地域では、リレー制度に必要な数の児童労働者の調達が困難であり、法の厳格な適用はほぼ不可能な状態といわれた[62]。紡績業では12歳未満の児童の雇用を回避する動きが見られたものの、成人と同じ時間帯で児童を働かせる慣行は企業家のみならず児童の親の間でも根強く残り、12歳未満の児童における10-11時間労働も稀ではなかった[63]。また、12歳以上の児童労働者に関しても、監視の目が十分に行き届かない峡谷地帯では12時間以上の労働が横行した[64]。

　他方、臨検監督時における児童労働者自身の対応も、法律の効力を著しく低下させた。労働時間に関する質問に対して曖昧な返事をしたり、監督官から逃げたりする彼らの態度はしばしば臨検監督の妨げとなった[65]。「沈黙の手口があまりに見事に定着しているゆえに、私は真実を知り得なかった」[66]と臨検

監督に参加した知事は嘆いた。

さらに、企業家独自の法解釈も法律の形骸化をもたらした。例えば、30分の超過労働を指摘されたヴィレル Willer のケシュラン I. Koechlin によれば、その時間は作業の開始および終了時の準備に伴う実質的遅れを補うものであるから、批判は「根拠を欠いた不公正なもの」であって受け入れられない[67]。あるいは、作業準備による時間喪失の補償として1時間を法定労働時間に上乗せしていたカイゼルスベルク Kaysersberg の企業家たちは、それが従来からの慣行であって、労働者は超過労働と感じていないと主張した[68]。そして何よりも、法の徹底化の最大の障害は、全国的な横並びを前提とする企業家たちの主張であった。他の綿工業中心地（ノルマンディー地方やフランドル地方）での法の不徹底は頻繁に指摘されており[69]、彼らによれば、他地域でも法が遵守されない限り、自企業の競争条件のみを悪化させるような犠牲を払うことはできないと[70]。

では、以上の問題を前にして、監督委員会はいかなる立場をとったのか。まず、無給監督官制度を採用した政府は、法で規定された権限を行使する監督官の独立的性格を唱えつつも、他方では、監督制度が必ずしも法の厳格な施行を目的とするものではないことを認めていた。すなわち、企業家の名誉を傷つける司法的手段に訴えるよりも、まず企業家を説得することが重要であると[71]。オ゠ラン県では、コミューン首長、医師、化学者、公証人、企業家などを含む監督委員会が知事の下に組織されたが、概して委員会の対応は不十分なものであった。例えばアルトキルシュ郡 arrondissement d'Altkirch では、年齢制限が守られている限り、多少の超過労働は黙認していたといわれるし[72]、臨検監督をめぐる意見の対立は円滑で統一的な活動を妨げた[73]。違反摘発に対する委員会の回避的行動は知事によっても指摘され、アルトキルシュ郡副知事は監督官による違反調書の作成を疑問視していた[74]。委員会が違反調書の作成に至る場合もあったが、罰金はわずかな額にすぎなかった。例えば1844年に摘発された違反のうち、再犯に課された350フランや120フランなどの罰金例は極めて稀であり、大部分の事例に対しては5-15フランにとどまっていた[75]。

法の厳格な適用に関してとりわけ消極的な態度を示したのはコミューン首長たちであった。地元の企業の利益が損なわれることを恐れる彼らは児童労働者の惨状に沈黙を保ち[76]、企業から申請される労働時間延長の特別許可にも容易に同意する傾向があった。例えば、新しい機械の設置に伴う数週間の操業停止の埋め合わせとして労働時間の延長願がラプトゥロワ Lapoutroie の企業家ドルフュス Dollfus 夫人から提出されると、コミューン首長は、それが利潤追求ではなく労働者の失業を緩和する博愛的な目的であるとして知事の許可を求めた。これに対して警察署長は、そこでは許可申請以前から労働時間の延長が既に実行されている上に、慣例化した１時間の超過労働が児童労働者に負担を強いていると指摘した[77]。

　こうした無給監督官制度は、施行直後より SIM によって厳しく批判された。SIM は、1843年に上院および下院に宛てた請願書の中で、現行の監督制度下での児童労働法は実効力を持ち得ないと主張し、法を全国一律に徹底させるためには、各地の監督委員会から独立した国家官吏による有給監督官制度の導入が不可欠と訴えた[78]。

　児童労働法の運用過程におけるもう一つの問題点は、児童労働者の通学義務に関する条項である。第５条に則り、工場内部に児童労働者向けの学校を設置する企業も現れるが、法律は授業の時間や内容の詳細を明記しなかったため、実際には企業家によって恣意的に運用されることになった。とりわけ、作業終了後に１-２時間の授業を実施する工場内夜間学校は法を逃れるための手段にすぎないとして、しばしば激しい批判の対象となった。そこでは、「疲労と眠気で重くなった瞼を開けようと無益ながらも壮烈な努力をする受難者」[79]に対して、教師が棒で叩いて眠気を妨げようとする光景が繰り広げられた[80]。かかる弊害に加えて、臨検監督の度に企業家が授業時間帯を場当たり的に設定したり[81]、代償として授業の行われない日に超過労働を課したりする事例[82]も存在した。また、児童労働者の通学状態は不規則であり、授業出席率も極めて低いものであった。例えば、ミュルーズのドルフュス・ミーク社 Dollfus Mieg et Cie の工場内学校の1845年４-11月期（９月を除く）における月間登録

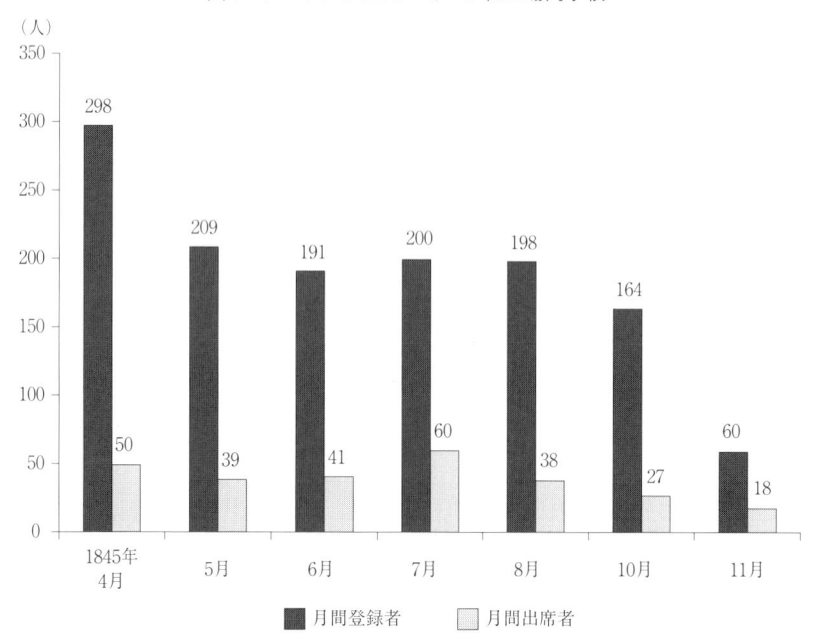

図1-1　ドルフュス・ミーク社工場内学校

(人)
- 1845年4月：298／50
- 5月：209／39
- 6月：191／41
- 7月：200／60
- 8月：198／38
- 10月：164／27
- 11月：60／18

■ 月間登録者　□ 月間出席者

出典：AMM, FVI Ea4, Ecole des manufactures, 23/12/1845より作成。

者数の累計が1,320名であるのに対して、月間出席者数の累計は273名にすぎない（図1-1）。さらに、コミューン首長は内容を十分に確認しないまま初等教育修了証を交付し、ひとたび修了証を手にした者が再び授業に出席することはなかったため、児童労働者の識字化は進行せず、修了証は有名無実化した[83]。

かくして「児童労働法は死語の状態」[84]となった。結局、児童雇用比重の低下は、複雑な操作技術ゆえに児童労働力の利用を不適とする自動ミュール紡績機の普及を待たねばならない。1841年法の改革の動きもこれに呼応する形で1860年代に活発化し、1874年児童労働法（1874年5月19日の法律）によって有給監督官制度が実現した[85]。

第4節　ミュルーズ工業協会における児童労働規制の意義

　上述したように、SIM は児童労働法の提案に際して、工場での過酷な労働条件下にある児童の保護を強調していた。ヴィレルメは、「立派な人間性の高揚に駆り立てられた製造業者たちが、自らの利益に反しても……法律を要求している」[86]とこれを表現した。はたして、アルザス産業界にとって、法制的規制を伴う児童労働保護は「自らの利益に反して」いたのか。そもそも SIM は、いかなる論理に基づいて児童労働規制を提起したのか。本節では社会問題と工業危機に注目し、SIM における児童労働規制の意味を検討してみたい。

(1)　社会問題と企業内秩序

　19世紀前半の工場制度進展とともに出現した社会問題は、アルザス産業界にも影響を及ぼしていた。SIM において、労働者の貧困や労使間の没人格的関係は、市場経済との関連で危機的に認識されていた。すなわち、競争、商業恐慌、工場主の利己心などが賃金に及ぼす影響は、しばしば労働者を惨めな状況に置いている[87]。雇主は賃金を支払うだけで労働者を機械のように扱い、不要になれば即座に解雇する。労働者の側では雇主に対する愛着を抱かないため、わずかな賃金格差にひかれて企業を渡り歩き、企業の繁栄に貢献する意志を持ち合わせていないと[88]。かかる実態を前にして、SIM は生産活動における労使協調の確立を唱えた。「投資を行い、考え、経営をする雇主が、労働者との間の愛情と忠誠に立脚した共通の合意に働きかけるのを見ることは、どれほど美しいことであろうか」[89]。

　こうしてアルザスでは、雇主の家父長的役割に基づく伝統的紐帯の再生に向けて、労働者保護のための諸施策が講じられた。産業界主導による福利事業は、工場生産に適合的な労働力の再生産と定着化を志向しつつ、労働者の生活全般に関わる包括的領域でのモラル化や生存保障を体現していた[90]。その際、労働者への指導は「心身の全幸福の源泉」[91]としての家庭を梃子として進めら

れた。労働者の間に秩序・節約・清潔などの精神を涵養する上で、家庭生活の安定化は最も効果的な手段と認識されていたからである。

　社会問題をめぐるモラル化や生存保障の見地からすると、アルザス産業界の動向は、上述した社会カトリシズムとの思想的親和性を有している。例えばSIM は、1838-1839年に、「道徳的に見た、社会との諸関係における産業主義 Industrialisme について」の懸賞論文を募集した[92]。審査の結果、授賞対象となったのがジェランドの「労働者階級の道徳性との関係において考慮される工業進歩に関する論文」である。彼は労働者の道徳的弛緩や予見能力欠如を工業労働との関連で把握し、改善策の一つとして雇主の積極的な介入を提言した。すなわち、雇主は企業における家父長的機能を果たしているのだから、労使間の金銭的利害を越えて、労働者に対する指導・監督を通じた福祉の実現に邁進せねばならないと。かかる観点からジェランドは、大家族としての企業体におけるモラル化の実践者として、ゲブヴィレル Guebwiller のブルカールやシュランベルジェ N. Schlumberger を称賛するとともに、労働者の習俗改善に関する SIM の活動の拡大に期待を寄せた[93]。ジェランド論文に対して、SIM 選考特別委員のファロ Fallot は、経済の物質的観点の欠落を指摘しつつも、社会的経済の最重要問題の一つに関して高貴で寛大な思想が論理的に表現されていると評価した[94]。

　したがって、以上のような社会問題の文脈において、児童労働規制は企業内秩序を安定化させる手段として理解される。すなわち、児童労働の保護は、モラル化や生存保障に基づく労働者家庭再建に合致し、労使関係の改善や成人労働力の将来的向上に直結していた。SIM によれば、児童労働規制は「労働者階級の恐るべき衰弱をくい止めることを目指す措置」であって、これに対しては「個人的自由も両親の権威も産業の自由も正当な異議とはなり得ない」。児童労働者の保護は公共の利益に沿ったものであり、「個人的自由が公共の利益を損ねている時には……社会はその行使を制限する権利を有している」[95] と。かくして、児童労働保護の領域における個別企業への介入は正当化されることになる。

　しかしながら、アルザスでの労働者保護の展開において、国家介入が原則と

して要請されなかった事実にもわれわれは留意せねばならない。アルザス産業界の福利事業は個別企業と SIM の連携を伴いながら、本質的には国家＝政府からの自立性に立脚していた。「強い自立精神がわれわれ企業家の特徴であり、自分自身にしか期待しないのが広く認識された原則である。政府の支持を要請したり、政府が運動を後押しするのを黙って待っていたりすることは稀である。通常、有益な考えが提示されると、それを支持しようとする人間が必ず見つかるし、一人の努力で不十分な場合には問題は協同組織に回される」[96]。したがって、社会的保護の点から見た場合、児童労働問題への国家の関与は、SIM が法制的規制を全国一律に適用させるために、福利事業の一部を例外的に国家に委譲した結果にすぎなかった。

(2) 工業危機と企業間競争秩序

アルザス産業界において、社会的保護から見た児童労働規制が国家介入の例外的事例にすぎなかったとすれば、国家介入の積極的根拠は見出されなかったのか。リベラリスムに特徴づけられる七月王政期において、自由主義経済と国家介入はいかに整合的に理解されたのか。この問いを考える際、われわれに示唆を与えるのは、産業界が直面した工業危機である。

そもそも SIM において、工業は富を増大させつつ人道的活動を支える善と見做されていた。しかし、工業化の進展とともに、工業危機の存在も認識され始めた。なぜ危機は引き起こされるのか。戦争、政変、不作などの影響を認めつつも、SIM は第一の原因を製品の生産過剰に求める。すなわち、競争に勝つために企業家は薄利多売に徹し、その努力は技術革新を伴いつつ驚異的な活動を生み出す。しかし、やがて市場での需給が逼迫し、在庫過剰が到来すると、それまでの「美しく立派な競争」は一変して「製造業者間の死闘」となる。企業家にとって工場の稼動停止は大きな損失であり、さらに、自社製品の評判を維持しようとする彼らの誇りも加わるから、生産は停止されず、採算割れを起こしても値引きが続けられる[97]。

ここでわれわれは、SIM が児童労働規制に積極的に関与した時期に着目し、

それらの時期におけるアルザス綿工業の状況を検証してみたい。上述したように、SIM は1827年にブルカールによる最初の問題提起を行った後、1837年と1839年に政府への請願書を提出した。この事実を念頭に置きながら、当時の景気変動を調べてみるならば[98]、それらの提案・請願時期と不況局面の重なりが示される。

まず、1824年末の棉花の不作に由来する投機的活動の結果、1826年春には市場での綿織物需要の暴落が引き起こされた。アルザスにおいて危機は織布業から紡績業へ飛び火するが、手織機への依存がなお高く、小規模な企業の分散が見られる織布業に対して、工場制生産がすでに急速に進行していた紡績業では操業停止がより困難であった[99]。サント゠マリー゠オ゠ミーヌの企業家シュヴァルツ E. Schwartz は1826年の危機について次のように述べている。「ものを作るという熱狂状態は現在、その絶頂にある。……作りすぎるゆえにほとんど儲けはない。極めてわずかな利益を二倍・四倍にするためにさらに作っている。作れば作るほど、無理な販売をするために価格をなお一層下げねばならないであろう」[100]。その後、この危機は1828年の金融危機を伴いつつ1829年末頃まで長期化した。

七月王政期に入ってからも好況と不況の波は繰り返し訪れ、1837年にアルザスは深刻な危機に見舞われた。この危機の主な原因は、生産過剰よりもアメリカの金融危機に伴う綿製品の輸出後退に求められるが、サント゠マリー゠オ゠ミーヌやミュルーズでは家内織物業の生産が半減し、捺染業では2,000人の労働者が解雇された。紡績業では人員削減が避けられたものの、賃金切り下げを余儀なくされた[101]。その翌年には危機から回復の兆候が見られたが、1839年に入ると輸入棉花の買い占めによる原料価格の高騰が紡績業に再び打撃を与えた。投機的に釣り上げられた価格を受け入れない織布業者と捺染業者を前にして、紡績業者は人員と労働時間の削減によって生産縮小を図ったが、中には工場閉鎖に追い込まれる企業も現れた[102]。

上に示された工業危機はわれわれに何を語っているのか。児童労働力に最も大きく依存していた紡績業に注目すると、次の点を指摘することができるであ

ろう。すなわち、機械化によって相対的に高い生産力水準に達していた紡績業は、他業種に比べて生産過剰に陥りやすく、ひとたび需給均衡を崩すと、大規模設備に伴う生産調整の困難性ゆえに、危機を長期化させることになる。たしかに、過熱する生産競争への対策の必要性は、同時代人によって強く自覚されていた。例えばセルネー Cernay のヴィッツ・フレール社 Witz frères は、「紡績工場は多すぎる。必然的にそれらは互いに損ね合っている」と述べ、新工場建設の制限を唱えていた[103]。ただし、当時の市場規範においては、企業家の自己規制が国家の法制的規制に優越していた点にもわれわれは留意しなければならない。SIM は生産過剰の主な原因となる好況時の投機的な増産行為を批判したものの[104]、解決策を国家による直接的な市場規制に求めることはしなかった。市場における企業活動の制御は、危機予測に基づく生産現場の計画的な組織化や、企業家自身の「欲望の抑制」といった自発的な行動規範に委ねられていたからである[105]。

では、実際に生産過剰が発生した場合には、何らかの措置を講じるべきなのか。SIM は社会進歩の観点から産業の自由を信奉し[106]、企業家の自己規制に依拠した競争関係を原則として重視しつつも、他方では市場経済をめぐる自由放任主義に不満を抱いていた。すなわち、生産過剰を前にして「経済学者たちは平静を強く保ち、生産過剰が一時的な生産削減によって自ら修正されると考えている」。「書斎の奥から見えるものは明快で容易であるが、現実に直面すると、（需給）均衡が再び確立されるまでにどれほど多くの不幸と苦痛があることだろうか」[107]。

かかる文脈において児童労働の法制的規制を捉えてみる時、その経済的意義が浮かび上がってくる。すなわち、児童労働力調達には限度があったから、リレー制度の有無にかかわらず、広汎な二重雇用制の下では児童労働規制が成人労働時間の削減に連動し、結果として生産活動に一定の基準を与えることになる。そのうえ、生産過剰に陥りやすい紡績業は児童労働力に大きく依存していたから、児童労働規制は工業危機の防止や緩和に効果的に作用し得た。特に工業危機の時期には、SIM の提案は強い説得力をもって個々の企業家に受け入

表1-1　オ＝ラン県綿紡績業調査（1826-1827年）

紡錘数	企業数	紡錘総数	動力種類			
			水力	蒸気力	水力・蒸気力併用	人力・畜力
500-999錘	4	3,200	3	1	0	0
1,000-1,999錘	7	10,316	4	0	1	2
2,000-4,999錘	10	31,316	7	1	1	1
5,000-9,999錘	7	50,150	5	2	0	0
10,000-19,999錘	12	155,241	6	3	3	0
20,000-29,999錘	2	49,000	0	0	2	0
30,000-39,999錘	1	37,500	0	0	1	0
計	43	336,723	25	7	8	3

注：紡錘数1万3,000-1万4,000と回答したミュルーズのブレッシュ＝フリ社 Blech-Fries et Cie を1万3,000錘として計算。紡錘数2万8,340と回答したミュルーズのニコラ・ケシュラン・エ・フレール社 Nicolas Koechlin et frères に関しては、動力種類が不明のため除外。
　1万錘以上を有する企業のうち、「動力種類が蒸気力」と回答した3企業の紡錘数は、1万錘、1万2,000錘、1万3,000錘、「動力種類が水力・蒸気力併用」と回答した6企業の紡錘数は、1万3,000錘、1万6,000錘、1万8,720錘、2万4,000錘、2万5,000錘、3万7,500錘。
出典：ADHR, 9M9, Enquête industrielle de 1826-1827. Tableaux de renseignements sur les filatures より作成。

れられたであろう。上述した児童労働規制の提案・請願の時期と不況局面との重なりがそれを物語っている。1827年の提案の中で、ブルカールは綿糸の生産過剰状態を指摘し、次のように断言する。労働時間規制による生産縮小が平等に課せられさえすれば、紡績業者はそれを望んでいるに違いないと[108]。事実、1829年の不況期には児童の労働時間の削減をアルザスの多くの企業家が支持していたといわれ[109]、ミュルーズ市長によれば、「（不況という）時期は人間性と道徳のために何かをするのに好都合」[110]であった。また1839年の危機においては、紡績業者が労働時間の削減を生産者全体に課すためのSIMの非公式な介入を要求していた[111]。

　ただし、こうした児童労働規制は、基本的には近代的大規模工場の利害に沿うものであった。1826-1827年の調査によれば、オ＝ラン県で検証可能な43の紡績工場のうち1万錘未満の工場は28を占め、そのうち19の工場が動力を水力のみに、3つの工場が人力・畜力のみに依存している。他方、1万錘以上を有する残り15の工場に関して見ると、蒸気機関を装備している工場が9を数え、

これら9つの工場だけで紡錘総数（33万6,723錘）の50.2%（16万9,220錘）を占めている（表1-1）。水力の動力源は天候の影響による不規則な操業を生じさせやすく、労働時間規制には適していなかったから、児童労働規制は蒸気機関の導入を促進し、水力に依存する中小規模の工場を弱体化させる可能性を有していた。

　そもそも、19世紀アルザス綿工業の発展の基盤は、積極的な機械化の推進にあった。例えば、フランス紡績業の紡錘総数に占めるアルザスの割合は、第一帝政末期から七月王政末期までの間に7％弱から20％以上に上昇した[112]。また、19世紀初頭のフランスの織物消費は価格弾力的であったから、アルザスの綿製品は販売価格を下げながら国内市場に急速に浸透していった。ミュルーズでの綿糸および綿布の価格は、1815年から1837年までの間に約4分の1に低下した[113]。しかし、1837年の危機を境としてフランスにおける綿織物消費の著しい発展期は一段落し、1840年代に入ると生産成長の低迷が続いた。1841年法の形骸化を批判するSIMは、1847年12月に同法律の修正案を提示したが、この時期のアルザス綿工業もまた、長期不況の只中にあった。修正案の特徴は、有給監督官制度の導入に加えて、リレー制度の徹底化として8歳以上12歳未満の児童の最大労働時間を6時間にまで引き下げた点にあった[114]。しかるに、1850年代の好況への転換によって生産が増大し始めると、児童労働に関するSIMでの議論は沈静化の傾向を見せた。児童労働法の徹底を要請する書簡が1857年にSIMからオ＝ラン県知事に送付されたものの[115]、SIM内部で児童労働規制の問題が本格的に再検討されるのは、不況局面にある1863年を待たねばならなかった[116]（図1-2）。

　したがって、以上のような工業危機の文脈において、児童労働規制は企業間競争秩序を安定化させる手段として理解される。そもそも、他の綿工業地域を切り崩しつつ生産量を増大させていたアルザス綿工業の発展の基礎は、国内市場における自由競争の原則にあった。機械化は製品価格の低廉化を可能にし、販売の拡大をもたらした。しかし、国内消費が鈍化した局面での自由競争は、不当な労働条件に基づく企業の参入を無条件に容認することで、価格引き下げ

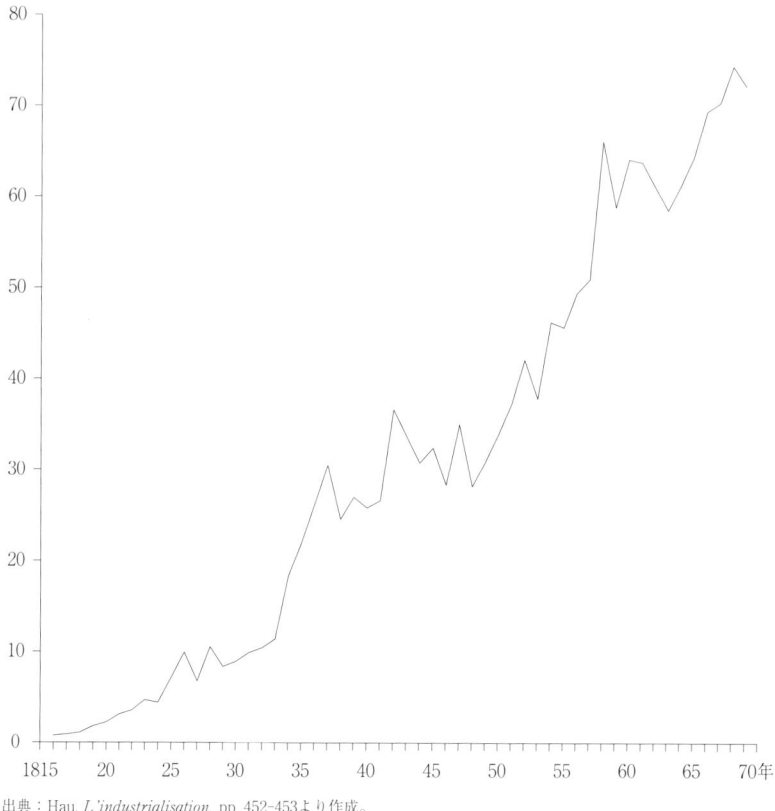

図1-2　アルザス綿紡績業生産指数（1909年＝100）

出典：Hau, *L'industrialisation*, pp. 452-453より作成。

競争による共倒れを惹起し、産業活動全体の阻害に帰結し得る。では、公正で安定的な自由競争秩序をいかに創出すべきか。当時の経済的自由放任主義への不満を抱いていたSIMにとって、児童労働規制はこの問いに対する一つの答えであった。綿織物消費熱が一段落する1837年危機の後、二度にわたって政府への請願書が出されたのは決して偶然ではない。適正利潤の形成は生産活動の遂行に不可欠であり、それを実現する公正な自由競争のためには、国家介入を通じた競争条件の均一化が必要と認識されていた。ただし、19世紀の市場規範は、本質的には企業家相互の自己規制的な生産慣行に依拠していた。ゆえに、

企業間競争秩序の創出は、強力で直接的な市場規制措置に委ねられず、より間接的な児童労働規制という手段を通じて追求されることになった[117]。

おわりに

本章においてわれわれは、1841年児童労働法をめぐる生産と福祉の交錯状況に着目しつつ、同法律の提案から制定までの過程の特徴や、同法律の実現に関与したアルザス産業界における児童労働規制の意義を検討してきた。最後に、以上の考察によって明らかになった点を確認しておきたい。

まず、児童労働者の身体的保護は、将来を担う人材の育成という点で広汎な支持を得たものの、1841年児童労働法の提案から制定までの過程では、必ずしも特定の利害が貫徹されたわけではなかった。法律提案の主要アクター＝SIMが企業内労働力の陶冶や企業間競争の改善を重視したのに対して、法律制定の主要アクター＝社会カトリシスム勢力は工業化の抑制や農村社会の復興を志向したからである。たしかに、SIMの主張は社会改革論者の活動に支えられて実現に導かれたし、議会の法案賛成派のすべてが同じ根拠に立脚したわけではない。しかしながら、法律の実現に関与した主要アクターに着目するならば、議会外部と議会内部の間には、児童労働規制における工業生産活動の位置づけについて明瞭な相違が存在した。児童労働規制の意義は、前者では企業の生産秩序の安定化にあったのに対して、後者では工業労働自体の弊害の是正にあった。

ただし、アルザス産業界と社会カトリシスム勢力は、市場経済原理への批判的見解を共有していた。すなわち、工場制度が進行する中で、両者はともに労働者の貧困状態の内に市場経済の原理的欠陥を見出し始めていた。児童労働規制の背景には、労働者福祉の向上を試みる支配階層の意志が一貫して存在したといえる。SIMによるジェランド論文への授賞に見られるように、労働者のモラル化や生存保障に基づく伝統的社会紐帯の強化に関して、アルザス産業界と社会カトリシスム勢力の間には思想的親和性が観察された。さらに、社会問

題をめぐる市場経済原理批判は、規範的経済理念の再構築へと向かっていった。とりわけヴィルヌーヴ゠バルジュモンは、労働生産物の公正な分配の欠如という理由でイギリス経済学を批判し、大衆の貧困の元凶をイギリス由来の市場経済原理に求めた。国富の総体的増大に関わる生産局面よりも、民衆の福祉増進に関わる分配局面を重視する概念として、彼は社会的経済をイギリスのポリティカル・エコノミーに対置するに至った。以後、公正の規範や生存保障の形態をめぐって、社会的経済はフランスの社会改革の理念的基礎を担っていくことになろう。

他方、1841年児童労働法の法制的規制をアルザス産業界の立場から捉え直すならば、それは市場経済の修正に関わる二つの意義を有していた。

一つめは、社会問題に対応した企業内秩序を構築することである。工場制度進展の過程で、アルザス産業界は社会問題の出現を危機的に認識し始めた。すなわち、労働者階層の貧困現象や労使間の没人格的関係は市場経済との連関で捉えられ、企業内秩序の観点からそれらの是正が模索された。かかる文脈で、雇主の家父長的役割に基づく労使協調体制が志向され、労働力の再生産と定着化に向けて福利事業が推進されることになった。児童労働規制もまた、労働者階層の安定化を通じて、労使関係の改善や労働力の将来的向上を促進する手段として把握された。ただし、アルザス産業界の労働者保護諸施策は国家からの自立性に立脚していたから、社会的保護の領域において児童労働規制は国家介入の例外的事例にすぎなかった。

二つめは、工業危機に対応した企業間競争秩序を構築することである。たしかにアルザス綿工業は、機械化による製品価格引き下げを販売拡大に連動させた点で、国内市場での自由競争に発展の基礎を置いていた。しかし不況局面では一転して、自由競争が産業全体に深刻な打撃を与える要因となり得た。企業が不当な労働条件を武器として自由に市場参入する結果、過当競争が激化して、適正利潤の形成が阻害され得るからである。そもそもアルザス産業界は産業の自由を信奉しながらも、経済的自由放任主義の市場経済観に不満を抱いていた。ゆえに工業危機の経験は、公正な競争秩序の創出に向けて、国家による児童労

働規制を通じた競争条件の均一化を自発的に追求する契機となった。ただし、当時の市場規範は企業家の自己規制的な慣行によって支えられていたから、児童労働規制よりも直接的な市場規制措置が講じられることはなかった。

このように、19世紀前半以降、工業化が本格的に展開する中で、産業界は生産と福祉の両立に向けた行動規範を示し始めていた。工業化と社会的保護の相互連関の認識に伴い、産業界では市場経済原理や国家介入の意味が絶えず問われ続けることになるであろう。

注

（1） J. Le Goff, *Du silence à la parole. Une histoire du droit du travail des années 1830 à nos jours*, Rennes, 2004, pp. 89-101.
（2） K. A. Lynch, *Family, Class and Ideology in Early Industrial France: Social Policy and the Working-Class Family, 1825-1848*, Madison, 1988, pp. 21-22.
（3） C. Heywood, *Childhood in Nineteenth-Century France: Work, Health and Education among the Classes Populaires*, Cambridge, 1988, pp. 320-324.
（4） L. S. Weissbach, *Child Labor Reform in Nineteenth-Century France: Assuring the Future Harvest*, Baton rouge, 1989, pp. 227-230.
（5） Ewald, *L'Etat providence*, pp. 95-98.
（6） 清水克洋『フランス工場体制論』青木書店、1996年、21、33-65ページ。
（7） アルザス地方はオ＝ラン県とバ＝ラン県 Bas-Rhin から構成される。普仏戦争の結果、1871年にアルザス地方がドイツに併合されるまで、オ＝ラン県はフランス綿工業の一大中心地を形成していた。19世紀アルザス地方の綿工業については、R. Lévy, *Histoire économique de l'industrie cotonnière en Alsace*, Paris, 1912; C. Fohlen, *L'industrie textile au temps du Second Empire*, Paris, 1956; M. Hau, *L'industrialisation de l'Alsace（1803-1939）*, Strasbourg, 1987; 遠藤「フランス産業革命の展開過程」；服部『フランス産業革命論』。
（8） Hirsch, *Les deux rêves*, p. 385.
（9） AN, F/12/4705, Préfet au Ministre de l'Agriculture et du Commerce, 16/11/1837; ADHR, 1T94, Maire de Mulhouse au Recteur, 1/12/1825. 紡績業における児童労働力利用の詳細については、L.-R. Villermé, *Tableau de l'état physique et moral des ouvriers employés dans les manufactures de coton, de laine et de soie*, tome1, Paris, 1840, pp. 3-5も参照せよ。

(10) 1823年の調査によれば、16歳未満の児童労働者は、マンステル Munster のジャック・アルトマン社 Jacques Hartmann では926名中364名（39.3%）を占め、ゲブヴィレル Guebwiller のニコラ・シュランベルジェ社 Nicolas Schlumberger et Cie でも766名中235名（30.6%）を占めている。ADHR, 9M23, Etat nominatif des ouvriers français et étrangers employés dans les manufactures établies à Guebwiller, 15/4/1823; ADHR, 9M23, Etat nominatif des ouvriers employés à l'époque du 29 mars 1823 dans les ateliers de filatures et autres de Mr Jacques Hartmann, fabricant à Munster.

(11) アルザスでは1834年頃まで手織機が増加を続け、力織機台数が手織機台数を上回るのは1846年から1851年までの間にすぎない。*BSIM*, tome32, 1862, p. 443; *BSIM*, tome44, 1874, p. 168.

(12) *BSIM*, tome1, 1828, pp. 329-330; AN, F/12/4704, Questions posées par Docteur Villermé concernant les ouvriers de Mulhouse employés dans l'industrie cotonnière, juillet 1835.

(13) Hau, *L'industrialisation*, pp. 46-47, 288-289; *BSIM*, tome16, 1842, pp. 384, 386.

(14) Hau, *L'industrialisation*, p. 50.

(15) 例えば、AN, F/12/4704, Questions posées par Docteur Villermé.

(16) SIM は科学技術の推進と労働者の教化を主たる目的として1825年12月に発足し、1826年以降、本格的な活動を開始した。設立に関わった22名は、主にアルザス地方の大企業経営者の一族によって占められていた。1827年4月の名簿によれば、常任協会員44名の大半がオ＝ラン県内の繊維・化学・機械工業の経営者であり、これに6名の名誉協会員（主に技術専門家や学識経験者）と県外・国外在住の通信員14名（主に学識経験者）が加わった。SIM, *Histoire documentaire de l'industrie de Mulhouse et de ses environs au XIXe siècle*, Mulhouse, 1902, p. 121; *BSIM*, tome1, 1828, pp. I-XVI.

(17) *BSIM*, tome1, 1828, pp. 325-328.

(18) *BSIM*, tome1, 1828, pp. 328-338.

(19) *BSIM*, tome6, 1833, pp. 342-343.

(20) *BSIM*, tome6, 1833, pp. 345-346.

(21) *BSIM*, tome10, 1837, pp. 492-494.

(22) Villermé, *Tableau*. ヴィレルメはフランス革命期のコルポラシオン解体によって創出された自由競争の枠組みを積極的に評価し、当時のポリティカル・エコノミーの主張を受容した。19世紀前半のフランス公衆衛生学とポリティカル・エコノミーの親和性を指摘した研究として、W. Coleman, *Death is a Social Disease:*

Public Health and Political Economy in Early Industrial France, Madison, 1982. ヴィルレメは労使関係における旧来の手工業的秩序を再評価したものの、本質的には工場制度や機械化の推進を志向していたから、工業化の抑制や伝統的農村社会への回帰を提起することはなかった。機械化推進論の観点からヴィルレメを検討した研究として、清水『フランス工場体制論』。

(23) L.-R. Villermé, «Sur la durée trop longue du travail des enfants», *Annales d'hygiène publique et de médecine légale*, tome18, 1837.

(24) *BSIM*, tome10, 1837, pp. 499-501.

(25) ADHR, 10M4, Chambre de commerce de Mulhouse au Ministre de l'Agriculture et du Commerce, 6/9/1837; ADHR, 10M4, Conseil de Prud'hommes de Mulhouse au Ministre de l'Agriculture et du Commerce, 28/10/1837; ADHR, 10M4, Extrait de délibération et rapports généraux de la Chambre consultative des arts et manufactures de Sainte-Marie-aux-Mines, séance du 23/9/1837; AN, F/12/4704, Réponses aux questions adressées à la Chambre de commerce de Mulhouse concernant le travail des jeunes ouvriers dans les établissements manufacturiers, février 1833.

(26) D. Le Grand, *Nouvelle lettre d'un industriel des montagnes des Vosges à M. François Delessert*, Strasbourg, 1839; H.-A. Frégier, *Des classes dangereuses de la population dans les grandes villes*, 2 vol., Paris, 1840. フレジエの著作は1838年の道徳・政治科学アカデミーでの受賞論文に加筆・修正を施したものである。

(27) AN, F/12/4704, Documents relatifs au travail des jeunes ouvriers dans les établissements manufacturiers, pp. 33-34. 文面は1837年の請願書と同一である。

(28) Gustave de Beaumont. *MU*, 22/12/1840, p. 2487.

(29) Gay-Lussac. *MU*, 10/3/1840, pp. 458-459.

(30) Humblot-Conté. *MU*, 7/3/1840, p. 434.

(31) Cousin. *MU*, 8/3/1840, p. 441; Aubernon. *MU*, 10/3/1840, p. 459; Taillandier. *MU*, 23/12/1840, p. 2495.

(32) Corne. *MU*, 22/12/1840, p. 2485.

(33) 19世紀前半のフランスにおいて、社会カトリシスムは多様な形態をとった。工業化の過程で生起する労働者階層の諸問題を社会問題として把握し、カトリック的立場から解決策を提示する思想潮流を本書では社会カトリシスムと呼称する。19世紀の初期社会カトリシスムに関しては、J.-B. Duroselle, *Les débuts du catholicisme social en France（1822-1870）*, Paris, 1951.

(34) Montalembert. *MU*, 5/3/1840, p. 419.

(35) Morogues. *MU*, 5/3/1840, p. 418.
(36) Gérando. *MU*, 8/3/1840, p. 442.
(37) Villeneuve-Bargemont. *MU*, 23/12/1840, pp. 2493-2494.
(38) A. de Villeneuve-Bargemont, *Économie politique chrétienne*, Bruxelles, 1837, pp. 12-13. ただし、われわれがイギリス古典派経済学を理解する場合には、アダム・スミス A. Smith の「同感 sympathy」や「一般的諸規則 general rules」に関わる自己規制を軽視すべきではない。『道徳感情論』を著したスミスにおいて、利己心や自愛心は「義務の感覚 sense of duty」の下に制御されるべきであった。ゆえに、利己心に基づく自由な経済活動を『国富論』が容認したことは、無制限の利己心の放任という考え方を意味したわけではない。また『国富論』は、高賃金の社会的効用を力説するとともに、「談合・独占禁止型市場」を規準に公益を促進する私益の追求のみを奨励していた。堂目卓生『アダム・スミス──『道徳感情論』と『国富論』の世界──』中央公論新社、2008年；毛利健三『古典経済学の地平──理論・時代・背景──』ミネルヴァ書房、2008年、2-66ページ。

(39) A. de Villeneuve-Bargemont, *Histoire de l'économie politique*, tome1, Paris, 1841, p. 11. セェはスミスの思想を受容し、19世紀フランスにおけるポリティカル・エコノミーの展開に影響を及ぼした。セェは次のように述べている。社会体を構成する諸部位の性質・機能に関する研究から科学が生まれ、人々はそれに「ポリティカル・エコノミー」の名称を与えたが、「社会的経済」と名づけた方がよかったのかもしれない。J.-B. Say, *Cours complet d'économie politique pratique*, Bruxelles, 1840, p. 1. ヴィルヌーヴ=バルジュモンと異なり、セェは社会的経済をイギリスのポリティカル・エコノミーに対置させる立場をとっていない。

(40) Villeneuve-Bargemont, *Économie politique chrétienne*, p. 410. ヴィルヌーヴ=バルジュモンは、社会的経済と同義で「キリスト教ポリティカル・エコノミー économie politique chrétienne」という名称も使用している。彼によれば、「キリスト教ポリティカル・エコノミー」は、「慈善、富や知識の最善の分配、欲求と需要の抑制などを用いて、可能な限り人々の間に均衡を再建しようとする。……それは社会秩序の維持に不可欠な不平等を尊重するが、社会の苦しむ部分に対して漸進的改善を呼びかける」。ゆえに彼は、慈善が発揮される前提として、階層的社会関係を是認していた。「不平等はあらゆる美徳の学校、より正確には源泉である」。Villeneuve-Bargemont, *Économie politique chrétienne*, pp. 56-58.

(41) ただし、「社会的経済」と「ポリティカル・エコノミー」の用語法としての差異は、第三共和政期に至るまで不明瞭な状態であり続けた。この点に関しては第4章で検討する。

(42) Dupin. *MU*, 10/3/1840, pp. 458-459.
(43) Mounier. *MU*, 6/3/1840, p. 429.
(44) Renouard. *MU*, 5/6/1840, p. 1295.
(45) Villemain. *MU*, 23/12/1840, p. 2495.
(46) Renouard. *MU*, 5/6/1840, p. 1295.
(47) Renouard. *MU*, 23/12/1840, p. 2497.
(48) Broglie. *MU*, 6/3/1840, p. 428.
(49) Taillandier. *MU*, 23/12/1840, p. 2495.
(50) Dupin. *MU*, 8/3/1840, p. 444.
(51) Corne. *MU*, 22/12/1840, p. 2485.
(52) Renouard. *MU*, 5/6/1840, p. 1293.
(53) Dupin. *MU*, 7/3/1840, p. 435.
(54) Laplace. *MU*, 10/3/1840, p. 461.
(55) Dupin. *MU*, 7/3/1840, p. 435.
(56) *Journal des économistes*, septembre 1845, p. 165.
(57) Dubois. *MU*, 29/12/1840, p. 2544.
(58) Durand. *MU*, 29/12/1840, p. 2545.
(59) Dupin. *MU*, 5/6/1840, p. 1295; Durand. *MU*, 29/12/1840, p. 2545.
(60) Cunin-Gridaine (Ministre du Commerce). *MU*, 29/12/1840, p. 2545.
(61) 条文の詳細については、*MU*, 12/3/1841, pp. 625-626.
(62) ADHR, 10M5, Penot au Préfet, 4/5/1845; AN, F/12/4712/B, Préfet au Ministre de l'Agriculture et du Commerce, 14/5/1845.
(63) AN, F/12/4712/B, Préfet au Ministre de l'Agriculture et du Commerce, 14/5/1845; AN, F/12/4712/B, Préfet au Ministre de l'Agriculture et du Commerce, 16/3/1870.
(64) ADHR, 10M5, Commissaire de police d'Altkirch au Préfet, 9/1/1867.
(65) AN, F/12/4712/B, Procès-verbal de la réunion des inspecteurs du travail des enfants dans les manufactures de l'arrondissement de Belfort, séance du 17/2/1843; AN, F/12/4712/B, Rapports d'inspection pour l'exécution de la loi du 22 mars 1841 dans la commune de Cernay, 19/1/1844.
(66) AN, F/12/4712/B, Préfet au Ministre de l'Agriculture et du Commerce, 14/5/1845.
(67) ADHR, 10M4, I. Koechlin au Préfet, 31/1/1844.
(68) AN, F/12/4712/B, Rapports de Nachbaur au Préfet, 29/1/1844.

(69)　例えば、ADHR, 10M4, Réponses faites aux questions concernant l'exécution de la loi du 22 mars 1841, adressées par la Société industrielle, dans les principales localités industrielles de France.

(70)　ADHR, 10M4, Sous-Préfet de l'arrondissement d'Altkirch au Préfet, 13/8/1843 ; AN, F/12/4712/B, Préfet au Ministre de l'Agriculture et du Commerce, 14/5/1845.

(71)　ADHR, 10M4, Circulaire du Ministère de l'Agriculture et du Commerce, 27/1/1842.

(72)　AMM, FVI Ea7, J. Koechlin-Schlumberger au Sous-Préfet de l'arrondissement d'Altkirch, 26/7/1855.

(73)　ADHR, 10M4, Sous-Préfet de l'arrondissement d'Altkirch au Préfet, 31/12/1842.

(74)　AN, F/12/4712/B, Préfet au Ministre de l'Agriculture et du Commerce, 15/2/1844 ; ADHR, 10M4, Sous-Préfet de l'arrondissement d'Altkirch au Préfet, 13/8/1843.

(75)　ADHR, 10M4, Contraventions constatées. 1840年代初頭のミュルーズにおける紡績工の日給が2.00–3.75フランであった（*BSIM*, tome16, 1842, p. 414）ことからも、罰金額の水準の低さは明らかであろう。

(76)　ADHR, 10M4, Maire de Rouffach au Préfet, 8/11/1842.

(77)　ADHR, 10M3, Maire de Lapoutroie au Préfet, 22/7/1854 ; ADHR, 10M3, Commissaire de police du canton de Lapoutroie au Préfet, 27/7/1854.

(78)　*BSIM*, tome16, 1842, pp. 243-247.

(79)　ADHR, 1T780, Inspecteur primaire de l'arrondissement de Belfort à l'Inspecteur d'Académie, 20/2/1862.

(80)　ADHR, 10M4, Rapport d'inspection du travail des enfants dans les manufactures du canton de Cernay, Masevaux, Delle et Belfort, 14/6/1842.

(81)　ADHR, 1T90, Rapport au Conseil départemental de l'instruction publique sur la situation de l'enseignement primaire du Haut-Rhin en 1864, 7/7/1864.

(82)　AN, F/12/4712/B, Préfet au Ministre de l'Agriculture et du Commerce, 14/5/1845.

(83)　ADHR, 1Z511, Maire de Mulhouse au Sous-Préfet de l'arrondissement d'Altkirch, 12/11/1853 ; AN, F/12/4712/B, Penot, Siegfried, Blec et Siruck au Sous-Préfet de l'arrondissement d'Altkirch, 12/8/1843.

(84)　ADHR, 10M5, Maire de Mulhouse au Sous-Préfet de l'arrondissement d'Altkirch, 26/10/1855.

(85)　第二帝政期における児童雇用比重の低下に関しては、Weissbach, *Child Labor*

Reform, pp. 159-180. 1874年児童労働法に関しては、Heywood, *Childhood*, pp. 260-286; Weissbach, *Child Labor Reform*, pp. 181-226; Viet, *Les voltigeurs*, tome1, pp. 65-162; S. Schafer, *Children in Moral Danger and the Problem of Government in Third Republic France*, Princeton, 1997, pp. 43-66.

(86) Villermé, *Tableau*, tome2, p. 95.
(87) *BSIM*, tome14, 1841, p. 393.
(88) *BSIM*, tome12, 1839, pp. 414-416.
(89) *BSIM*, tome12, 1839, p. 416.
(90) 福利事業の具体例として、児童・成人教育、住宅、共済組合、年金金庫などが挙げられる。こうした労働者保護諸施策は、パテルナリスムの展開として把握され得る。アルザスのパテルナリスムについては第2章で論じる。
(91) *BSIM*, tome12, 1839, p. 408.
(92) アルザス企業家の産業主義については、Hau, *L'industrialisation*, pp. 426-428.
(93) 労働者の境遇改善の手段として、雇主主導の支援活動の他に、公権力、教育施設、家庭生活、労働者間のアソシアシオン、各種支援組織などの役割についても論じられている。*BSIM*, tome14, 1841, pp. 235-237, 254-379.
(94) *BSIM*, tome14, 1841, pp. 381, 405.
(95) *BSIM*, tome6, 1833, p. 350.
(96) *BSIM*, tome32, 1862, p. 460.
(97) *BSIM*, tome12, 1839, pp. 393-398.
(98) 19世紀前半のアルザスにおける景気動向については、以下もあわせて参照せよ。Lévy, *Histoire économique*, pp. 288-313; P. Leuilliot, *L'Alsace au début du XIXe siècle (1815-1830)*, tome2, Paris, 1959, pp. 435-460; Hau, *L'industrialisation*, pp. 69-74.
(99) ADHR, 9M5, Maire de Mulhouse au Préfet, 21/5/1826; AN, F/7/9533, Préfet au Ministre de la Police, 20/5/1826.
(100) ADHR, 9M9, Statistique industrielle, Renseignements statistiques sur l'établissement de Schwartz Edmond, juin 1826.
(101) ADHR, 9M3, Chambre de commerce de Mulhouse, Rapports sur l'état du commerce et de l'industrie dans le département du Haut-Rhin, 28/6/1837; ADHR, 9M3, Président et membres de la Chambre consultative des arts et manufactures de Sainte-Marie-aux-Mines au Préfet, 10/7/1837.
(102) ADHR, 9M3, Chambre de commerce de Mulhouse au Préfet, 17/4/1839.
(103) *Rapport de la Commission libre nommée par les manufactures et négociants de*

Paris sur l'enquête relative à l'état actuel de l'industrie du coton en France, Paris, 1829, p. 87.
(104) *BSIM,* tome12, 1839, p. 399; *BSIM,* tome20, 1847, p. 223.
(105) *BSIM,* tome12, 1839, p. 406.
(106) *BSIM,* tome12, 1839, pp. 390-393.
(107) *BSIM,* tome12, 1839, p. 394.
(108) *BSIM,* tome1, 1828, p. 327.
(109) *Rapport de la Commission libre,* p. 87.
(110) ADHR, 9M5, Maire de Mulhouse au Préfet, 20/5/1828.
(111) *BSIM,* tome12, 1839, p. 75.
(112) Hau, *L'industrialisation,* p. 87.
(113) SIM, *Histoire documentaire,* p. 280; Hau, *L'industrialisation,* pp. 76-77.
(114) *BSIM,* tome21, 1848, pp. 203-224.
(115) *BSIM,* tome28, 1857, pp. 126-127.
(116) *BSIM,* tome33, 1863, pp. 569-579.
(117) 柳澤治は、ナチスの国家的市場規制との対比において、市場規範の19世紀的形態を論じている。すなわち、19世紀的な市場規範は法律的・制度的に整備された形態ではなく、個々の企業家の経済活動における日常的・慣行的なルールの形をとっていた。取引上の規制は国家によって整備された法制的規制の形態をとらず、個々のケースごとの分散的な法的対応にとどまっていた。ナチス体制に関して、柳澤は「自己規制的・慣行的な市場規範」から「国家介入に基づく法的規制・強制の規範」への移行を指摘しつつ、国家的市場規制原理としての「公正競争」や「公正取引」の内に19世紀的規範の継承を見出している。柳澤治『資本主義史の連続と断絶――西欧的発展とドイツ――』日本経済評論社、2006年、91-120ページ。

第2章　アルザス地方におけるパテルナリスムの成立と展開

はじめに

　19-20世紀フランス資本主義の特質を工業化と社会的保護の相互連関から理解する上で、産業界主導によるパテルナリスムの展開はわれわれに多くの示唆を与えるように思われる。企業パテルナリスム論は、従来のフランス経済史研究においても高い関心を集めてきた。

　先行研究において、パテルナリスムはまず生産労働局面での経営管理技術として論じられた。ペロー M. Perrot は、パテルナリスムの原基型として、雇主が従業員とともに現場作業を行う中小規模企業を念頭に置き、家族的組織形態における労使間の擬制的父子関係の存在を指摘した[1]。これに対してレイド D. Reid は、大規模企業での雇主の権威の機能方法や、中間管理者層への家父長的権威の分与に着目し、パテルナリスムを「説得と抑圧の結合」として捉えた[2]。また、古賀和文はアルザス地方のパテルナリスムに焦点を絞り、企業家が「農村での土地所有と労働の結合」を「労働者住宅・菜園地と工業労働の結合」に転化させながら労働力定着化を図ったことを論じた[3]。

　パテルナリスムは、消費生活局面での援助を通じた地域社会再編の観点からも考察された。例えばゲヤール J.-M. Gaillard によれば、パテルナリスムは労働者の馴化・従属化を目的としながらも、社会政策に関する「野蛮な自由主義」を拒否して工場主導の労働者福祉を担っていた[4]。中野隆生は社会生活領域での企業家と労働者の相互作用を考慮に入れながら、地域社会における労働者の統合化にパテルナリスムの本質を求めている[5]。また遠藤輝明は、1880年

代以降、労使対立の場が工場からコミューンに移動し、経営側の「社会的結合と統制」の規範にパテルナリスムが対応した点を指摘した(6)。あるいは大森弘喜によれば、ロレーヌ地方のパテルナリスムは国家主導の社会政策に対抗しつつ、労働力の規律化・定着化に向けて社会生活の組織化を模索したものの、労働者の抵抗に遭遇することになった(7)。さらにフレイ J.-P. Frey は、製鉄企業シュネーデル社での住宅整備を中心に、パテルナリスムが公共空間の創出を通じて都市計画に連なる過程を考察した(8)。

他方、パテルナリスムは社会統治の思想や技術との関連でも検討されている。例えば藤村大時郎は、第二帝政期の労働問題研究家の関心に注目し、パテルナリスムに社会改革思想としての表現が与えられたことを論じている(9)。またエルウィット S. Elwitt は、第三共和政下の社会改革運動の観点から、パテルナリスムを国家規模での社会運営や階級協調の文脈の中に位置づけた(10)。あるいはノワリエル G. Noiriel によれば、19世紀末を境に、雇主の福利事業は、伝統的階層秩序に基づくル・プレ学派由来のパトロナージュから、工業化に対応した生産・消費局面での全般的制御を志向するパテルナリスムへと移行していった(11)。なお、こうしたノワリエルの解釈に対して、シャトゥリオ A. Chatriot は継続的段階による説明を「極端な単純化」と批判し、社会政策をめぐる国家・資本・労働の複雑な相互関係の中でパテルナリスムが多様に展開したことを指摘している(12)。

議論の前提として、われわれはパテルナリスムを次のように定義しておきたい。すなわちパテルナリスムは、雇主が企業での家父長的権威に依拠しつつ、労働者への社会生活上の援助を通じて労使関係の安定化を図る政策体系である。そこでは家族共同体としての企業体が志向され、労使間の対等な契約関係は擬制的父子関係としての保護-服従関係に置き換えられる。またパテルナリスムは、生産労働と消費生活の両局面を対象としながら、市場経済原理の枠外にある社会的諸便宜の供与を重視する点で、「非市場的調整」の領域に属している。

本書では、次の三つの段階に沿ってパテルナリスムの考察が進められる。①第2章では、復古王政期から第二帝政期までのフランス領アルザス地方を対象

として、パテルナリスムの展開を特に地域社会との相互関係において把握する。②第3章では、ル・プレ学派のパトロナージュ論を主題としながら、第二帝政期の社会改革とパテルナリスムの関係にも言及する。③第4章では、第2章と第3章での議論を受けつつ、第三共和政期のパテルナリスムを現場動向と社会改革潮流の両面から解明することを試みる。

　まず本章でアルザス地方のパテルナリスムを検討するにあたり、われわれはパテルナリスムと地域社会の間に存在する相互作用を重視したい。すなわち、産業界主導のパテルナリスムは、地域社会の人的関係や経済的規範によって制御される一方で、生産労働と消費生活を通じた地域社会の再編に関与している。かかる視角を念頭に置きながら、われわれは特に以下の三つの点に留意しておきたい。

　一つめは、地域社会の伝統的規範がパテルナリスムに及ぼした影響である。前工業化の時代から続く伝統的規範は、地域内の食糧確保を規準に支配階層－民衆関係を基礎づけていた。この伝統的規範をパテルナリスムと連関づける作業は、これまで積極的に試みられてこなかった。ゆえに、われわれは七月王政末期のアルザスでの食糧危機に焦点を絞り、支配階層－民衆関係に内在する伝統的規範がパテルナリスムを制御していた事実を明らかにしたい。地域的な食糧問題に対して、アルザスの産業界＝支配階層と労働者＝民衆はいかなる行動を示したのか。また、彼らの行動様式は、地域社会の伝統的規範といかに結びついていたのか。これらの問いを考える際に鍵となるのは、経済的規範としてのモラル・エコノミーであろう。アルザス産業界と労働者の相互関係を考える上で、モラル・エコノミー的規範とパテルナリスムの連関は多くの示唆を与えると思われる。

　二つめは、アルザス地方のパテルナリスムを規定した諸要因である。19世紀初頭以降の綿工業の成長を背景に、アルザスはパテルナリスムが最も早期から展開された地域として特徴づけられる。では、アルザスにおいてパテルナリスムが先駆的に実践され始めたのはなぜか。また、第二帝政期のアルザスで観察されるパテルナリスムの著しい進展は、いかなる文脈で理解されるのか。これ

らの問いに関しては、先行研究が十分な答えを用意していないため、依然として検討の余地が残されている。検討に際してわれわれは、特に市場経済原理や国家的統制に対するアルザス産業界の認識に着目したい。パテルナリスムは地域社会を拠点としながら、非市場的調整に関与し続けたからである。かかる視角は、第三共和政期のパテルナリスムとの対比を考える上でも有益であろう。

三つめは、パテルナリスムが福利事業を通じて地域社会にもたらした変容である。パテルナリスムは生産労働と消費生活の両面から地域社会の再編を推進したが、常にモラル・エコノミー的規範との相互関係の中で進展せざるを得なかった。では、アルザスのパテルナリスムは、福利事業を梃子にいかなる形で地域社会に能動的に働きかけ、モラル・エコノミー的規範との間にいかなる関係を築いたのか。本章では、福利事業の機能面から、パテルナリスムにおけるモラル・エコノミー的規範の連続性と断絶性に着目したい。こうした連続性と断絶性の双方への目配りは、先行研究では必ずしも十分になされなかったものの、パテルナリスムと地域社会の相互作用を考える上で不可欠である。

以下においては、まず、七月王政末期に発生した食糧危機を検討した後に、アルザスのパテルナリスムを規定した諸要因について考察を加え、最後に産業界主導の福利事業の展開を検証してみたい。

第1節　七月王政末期における食糧危機の様相

パテルナリスムを地域社会との相互関係において理解する上で、食糧問題をめぐる産業界と労働者の行動様式は重要な鍵となる。食糧問題は前工業化時代からの伝統的規範と結びつきながら、地域社会の存立基盤を成していたからである。本節では、七月王政末期の食糧危機を事例として[13]、地域社会の伝統的規範がアルザスのパテルナリスムに与えた影響を考えてみたい。

(1) 凶作と食糧援助

1840年代半ばにアルザスを襲った食糧危機の発端はジャガイモの病気に求め

図2-1　アルザスにおける小麦とジャガイモの生産指数（1908-1912年＝100）

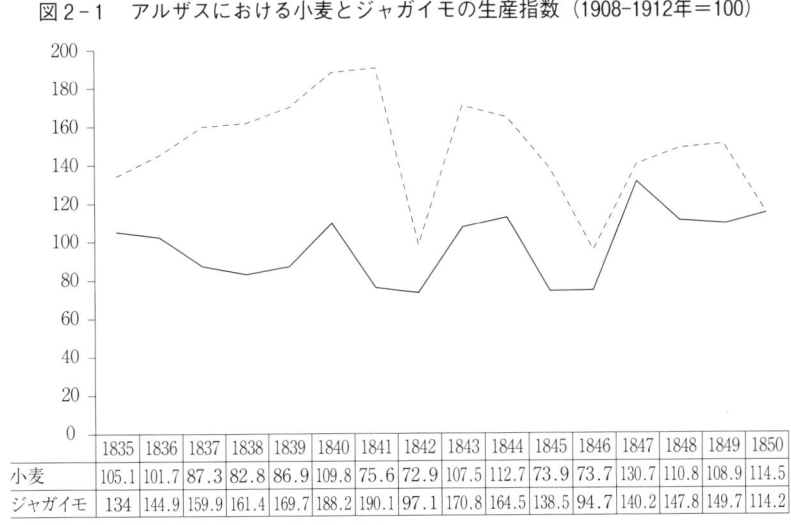

	1835	1836	1837	1838	1839	1840	1841	1842	1843	1844	1845	1846	1847	1848	1849	1850
小麦	105.1	101.7	87.3	82.8	86.9	109.8	75.6	72.9	107.5	112.7	73.9	73.7	130.7	110.8	108.9	114.5
ジャガイモ	134	144.9	159.9	161.4	169.7	188.2	190.1	97.1	170.8	164.5	138.5	94.7	140.2	147.8	149.7	114.2

―――― 小麦　-------- ジャガイモ

出典：Hau, *L'industrialisation*, p. 447より作成。

られる。オ゠ラン県では、1845年9月頃に発生した病気が翌年さらに蔓延し、事態は深刻化した。例えば1846年のベルフォール郡 arrondissement de Belfort では、ジャガイモの収穫高が例年の半分近くにまで落ち込み、穀類に関しても例年の3分の2程度にとどまった。農村では物乞いが徘徊し、農民の多くが価格高騰への期待や将来への備えから収穫物を退蔵したため、市場は極度の食糧不足に陥った[14]。1846年のアルザスでの小麦とジャガイモの生産指数は、1908-1912年を100とした場合、それぞれ73.7と94.7であり、1835-1844年の平均値（小麦94.2、ジャガイモ158.1）と比較すると、小麦は78.2％、ジャガイモは59.9％にとどまっている（図2-1）。

こうした状況に対して、一部のコミューンは食糧援助活動を始めた。ミュルーズでは、1845年10月に市当局によって組織された食糧委員会が640kℓの小麦を輸入し、原価でこれを販売した。約5,600フランの赤字分は市の財源から補塡された[15]。委員会は、1847年においても同様に、マルセイユ Marseille とロッ

表2-1　ミュルーズにおける食料品価格（1847年1-8月）

(単位：フラン)

	小麦100ℓ	黒パン1kg	ジャガイモ100ℓ
1847年1月前半	36.03	0.46	8.50
1月後半	38.94	0.48	10.00
2月前半	43.41	0.52	10.00
2月後半	45.07	0.56	10.50
3月前半	46.72	0.58	—
3月後半	47.45		—
4月前半	45.79		13.50
4月後半	45.24	0.56	10.00
5月前半	45.27		9.00
5月後半	40.82	0.52	9.50
6月1日	31.48	0.40	13.00
6月8日	—	0.50	—
6月15日	31.46	0.44	12.50
6月22日	—	0.42	—
6月29日	—	0.38	—
7月6日	31.18		11.00
7月後半	26.76	0.32	6.00
8月前半	21.14	0.24	4.00
8月後半	21.63	0.28	4.50

注：1840-1844年のミュルーズにおける小麦の平均価格は、100ℓ当たり21.13フラン。

出典：ADHR, 6M414, Extrait du registre des mercuriales de la ville de Mulhouse; ADHR, 6M414, Tableaux des mercuriales du blé froment; Kahan-Rabecq, *La classe ouvrière*, p. 354より作成。

テルダムで買い付けた300kℓの小麦を原価で売却した[16]。それに加えて1846年11月以降は、市民から集められた3万6,000フランの寄付金と市による5,000フランの拠出金をもとにスープの配給が開始された。4分の3ℓのスープが、一日当たり1,800食は有料（0.10フラン）で、1,000食は無料で配られた[17]。また、タン Thann やベルフォール Belfort、マズヴォー Masevaux、セルネーなどでも一日400-500食のスープが配給された[18]。

他方、1846年の秋以降、企業家たちも独自の大規模な援助に乗り出した。例えば、ゲブヴィレルのシュランベルジェはバルチック産小麦230kℓを輸入し、自企業のパン屋を通じて販売するとともに、一日当たり1kℓのスープを供給した[19]。あるいは、ヴィレルのケシュランは、280kℓの外国産小麦とマルセイユで入手した7万3,000kgの小麦粉を原価で売却した。まず、ヴィレル、ビシュヴィレル Bischwiller、モーシュ Moosch にある自企業の労働者1,300名に対して、直接の販売ないしはパン屋を通じた間接的な販売が行われ、次いでコミューンの住民に対しても同様の措置がとられた。ケシュランは、上の三つのコミューンにおける次年度の収穫期までの消費量の5分

の3ないし3分の2がそれらの提供によって賄われる見通しを示した[20]。また、1846年10月以降のミュルーズでも、企業家たちによって輸入された穀物をもとに食糧援助が開始された。1847年3月のミュルーズ市助役の報告によれば、企業付属のパン屋では2.5kgの丸パンが市価よりも1kg当たり0.12-0.13フラン安い価格で販売され、供給量は総計で一週間当たり2万3,000個に達した[21]。

こうした援助にもかかわらず、輸入小麦はジャガイモの欠乏分を埋め合わせることができず、例年よりも厳しい冬の影響も加わって、1847年1月以降、ジャガイモと小麦は値上がりを続けた。ミュルーズでは、1月上旬に100ℓ当たり8.50フランのジャガイモ価格が4月上旬には13.50フランの頂点に達し、小麦も1月上旬から3月下旬までの間に100ℓ当たり36.03フランから47.45フランにまで高騰した。小麦価格に連動してパンの公定価格も上昇した。労働者の主食である黒パンは、通常1kg当たり0.25-0.30フランのものが、1月上旬には0.46フラン、さらに3月上旬には0.58フランにまで達した（表2-1）。当時の労働者家庭において食料費は家計の約3分の2を占めていたから、パン価格の高騰は彼らにとって大きな打撃であった[22]。

(2) 1847年食糧騒動の勃発

以上のような食糧不足を背景として、1847年6月のミュルーズでは食糧騒動が発生した。ここでわれわれは、オ＝ラン県重罪院 Cour d'assises du Haut-Rhin 裁判長の報告書[23]に基づき事件を検証してみたい。

6月25日の午後、市内の金属・機械工サークルであるレクスパンシォン L'Expansion に所属するベッケル Becker、シェフェル Schaeffer、モニエ Monnier の三人が居酒屋に集まった。そこでベッケルは、翌日、パン公定価格の引き下げを市当局に要求するために、労働者の行進を実施することを他の二人に提案した[24]。酩酊状態にあったモニエは使者と自称して直ちに市役所に赴き、ベッケルの提案の内容を書記長に伝えた。モニエは警察署に連行されたが、反省の素振りを見せたため釈放された。釈放された彼はベッケルとシェフェルに合流し、三人はカフェで翌日の計画を声高に語り始めた。その場に居合わせた客

によって計画が助役に通報されたため、警察の厳重な夜警が行われたが、不穏な兆候は発見されなかった。

　6月26日の午前6時、再び居酒屋に集まった三人は、レクスパンシォンの会員のニタール Nithard を呼び寄せて計画の実行を告げた後、午前7時に出勤した。午前8時、仕事を抜け出したベッケル、シェフェル、ニタールはユグナン・エ・デュコマン社 Huguenin et Ducommun とアンドレ・ケシュラン社 André Koechlin et Cie に赴き、数人の労働者に対して行進への参加者の結集を依頼した。そして午前10時、ベッケルの工場では口笛が吹かれ、中庭に集合した500-600人の労働者を前にベッケルが演説を開始した。「われわれの意図はパンの価格の引き下げを当局に要求することである。……行進においては秩序を保ち、大騒ぎをしてはいけない。……われわれの目的は静かに行き、帰ってくることである」。

　こうして群衆は市役所に向けて進み始め、途中でユグナン・エ・デュコマン社の労働者と合流した。市役所前の広場に到着すると、参加者はベッケルを代表とする四人の使節団を選出した。市役所に通された使節団が行進の趣旨を伝えると、助役は検討を約束し、午後3時に使節団のみが改めて出頭することを求めた。市役所から出てきたベッケルは群衆に呼びかけた。「諸君、当局は午後3時に回答することを約束した。諸君は帰宅し、昼食後は必ず工場に戻りたまえ」。群衆は広場を後にしたものの、ナジュリー社 Naegely に赴いて同社の労働者も加えると、今度はアンドレ・ケシュラン社に向かった。同社では、市役所への行進への参加は幹部の説得によって阻止されていたが、11時半頃に押しかけた千人以上の群衆を前にしてはなす術もなかった。群衆はさらに紡績工場イルン・エ・グートゥ社 Hirn et Guth の労働者も取り込みながら数千人に膨れ上がった。

　暴動は突如として開始された。パン屋と粉屋では窓ガラスや扉が破られ、パンや小麦粉が掠奪されたり路上に投げ捨てられたりした。12時を過ぎると昼休みで退出する他の労働者も加わり、襲撃は市内随所で繰り広げられた。他方、警察と軍隊の介入は大幅な遅れをとった。軽装備の機動部隊が市役所前の広場

に到着したのは午後1時であり、本格的な反撃が開始されたのは午後4時を過ぎてからであった。その後、コルマールの四つの歩兵中隊とユナングの歩兵大隊の到着によって午後6時頃に事態はようやく収拾に向かった。結局、騒動による死者は5名、店舗の被害総額は2万9,000フラン[25]に達した。

(3) 食糧問題とモラル・エコノミー

上述したミュルーズでの食糧騒動はいかなる特徴を呈しているのか。われわれはオ＝ラン県重罪院裁判長報告書の詳細をさらに検討しながら、四つの点を指摘しておきたい。

第一に、窮乏化した労働者にとって問題とされたのは、賃金ではなく食糧であった。ゆえに、彼らの批判・攻撃対象は市当局、パン屋、粉屋であって、企業家ではなかった。

第二に、騒動は半ば自然発生的なものであった。労働者の行進においてはベッケルが中心的な役割を果たしたものの、騒動そのものが特定の組織によって計画的に準備された形跡はなかった。こうした現象は、食糧騒動の理念に関して労働者の間に共通の意識が広く存在していたことの表れであろう。

第三に、騒動の動機は食糧価格の高騰という客観的事実に由来したわけではなく、価格が人為的に吊り上げられているという彼らの現状認識に基づいていた。黒パン価格が3月頃に頂点に達したのに対して、騒動は価格が頂点から25％近く下落した時期に発生した（表2-1）。この事実は、労働者の不満の原因が必ずしも価格自体ではなかったことを示唆している。騒動の発生以前から当局にたびたび送付された匿名の手紙は、パンの公定価格が穀物価格を忠実に反映していないと主張し、当局が消費者を犠牲にしてパン屋の意図的な供給制限による価格操作を容認していると非難した。ベッケルもまた、助役に対してパン屋の貪欲を嘆き、パンの公定価格の決定方法に対する疑念を表明していた。

第四に、労働者は暴動の中にあっても一定の自己規律に従って行動した。報告書によれば、群衆の武器は棍棒と敷石であり、銃刀類は全く使用されていない。また、彼らの攻撃による負傷者の大半は、投石を受けた警官と兵士であっ

て、原則としてパン屋の経営者に対する身体的危害は加えられなかった。パン屋の襲撃は私有財産の侵害に限定されていた。

　以上の特徴は、われわれに「モラル・エコノミー」の理念を想起させる[26]。すなわち、前工業化の時代から、民衆は食糧の公正な分配を慣習的な権利として認識し、行政当局に対しては生活の安定を保障することを期待していた。そこでは、食糧は原則として地域内で生産し消費するという自己完結的な地域経済圏が前提とされ、市場メカニズムを通じた自由な価格変動は考慮されていない。民衆にとっての「公正」の基準は賃金の額ではなく、自分たちの生存を可能とする水準に設定された食糧価格であり、当局は消費者保護のために地域内穀物の保存や価格規制を行う義務を負っていた。民衆の生存は食糧の確保を通じていわば社会的に保障されねばならなかったから、かかる暗黙の了解が無視されたと感じた時に民衆は直接行動に訴えた。その背景には、民衆の日常的な社会関係の中で形成される彼ら固有の文化が存在した[27]。それは、日常生活における伝承や直接的経験を通じて、人々の間で無意識の内に共有される観念であり、ゆえに騒動はしばしば自然発生的な形態をとった。とはいえ、騒動は社会秩序の転覆を目的としたわけではなかった。それは社会的不公正是正の要求であり、当局に対する警告であったから、騒動は混乱の中にも一定の秩序をもって展開した。批判の対象とされた当局側もまた、そうした民衆の行動様式に一定の理解を示していた。事実、アルザスの場合でも、オ゠ラン県重罪院がベッケルに禁錮５年の判決を下した一方で、1848年２月のミュルーズ市議会は、前年６月の騒動に関与した受刑者の特赦に関する勧告を採択している[28]。

　このように、ミュルーズの1847年食糧騒動は、アルザスの工場労働者が19世紀半ばでも依然として伝統的共同体の経済的規範によって性格づけられていたことを示している。かかる意味で、企業家による食糧援助もまた、労働者のモラル・エコノミー的行動様式に対する配慮を反映していた。そこでは賃金の引き上げではなく生活必需物資の確保が重視され、生産局面よりも消費局面が問題とされた。たしかに、慢性的な食糧不足の下では、賃金引き上げは穀物価格の一層の上昇を招くから、食糧援助が合理的に選択されたと解釈することも可

能であろう。またベルフォール郡副知事が指摘したように、賃金引き上げをひとたび認めると、危機からの回復の後に賃金を元の水準に戻すのが困難であるから、一時的な現物扶助で済ませようとする思惑[29]があったことも否定できない。しかしながら、企業がパン屋を開設し、自ら購入した小麦をもとに食糧供給を保証しようとする行為には、単なる短期的な生活救済の視点よりも、むしろ労働者の生存の責任の一端を担う企業家の意志が反映されていると見るべきであろう。常に「食糧問題は労働者階級にとって異論の余地なく最も差し迫った問題である」[30]という認識が企業家の間には広く浸透していた。さらに注目すべき点は、援助の対象が一企業を越えてコミューン全体にまで拡大されていることである。それは企業家の活動が「地域」への働きかけを意識していたことを示しており、地域社会に立脚した政策体系としてパテルナリスムを理解する上でも示唆的である。

第2節　アルザス地方のパテルナリスムの規定要因

　アルザスでの食糧危機の事例に即して見るならば、パテルナリスムは地域社会のモラル・エコノミー的規範によって制御される側面をもっていた。では、アルザスのパテルナリスムの基底にある理念は何だったのか。それはモラル・エコノミー的規範との関連でいかに理解されるべきか。また、なぜアルザスにおいてパテルナリスムが出現したのか。本節ではアルザスのパテルナリスムを規定した諸要因を探ってみたい。

(1)　大衆的貧困とモラル化

　パテルナリスムとモラル・エコノミー的規範との接点を理解する鍵となるのは、工業労働者の貧困化に対する産業界の認識であろう。労働者の生存保障は貧困問題において最も鋭い形で問われるからである。
　七月王政期のフランスでは、大衆的貧困の顕在化とともに、労働者の状態に関する社会調査が実施された。それらの調査は貧困現象を社会秩序の攪乱要因

と捉え、労働者の貧困の主な原因を無思慮、不摂生、浪費癖などに求めた。特に工場は多数の労働者を不徹底な監視の下で雇用するため、道徳的弛緩の連鎖を引き起こす温床と見做された。ゆえに、大衆的貧困への対処策として、貧困の観察と家庭への介入を通じた労働者の習俗・境遇の改善＝モラル化が提唱された[31]。

アルザス産業界でも、労働者の道徳性や貧困に関して、当時の社会調査との見解の一致が見られた。「労働者階級の経済的困難の原因の大部分は、たいてい怠惰をもたらす遊蕩と、宿屋の主人から貸付を受けられることのあまりの容易さに由来する」[32]。ゆえに、「労働者階級をより道徳的で幸福にするために、以前にも増して彼らの中に入り込み、より一層彼らと一体化する」[33] ことが雇主には求められると。かかる文脈において、労働者のモラル化は、生産・消費局面での規律化と結びついた。すなわち、労働者の素行を監督して、熱心な労働者に褒賞を与えるとともに、彼らに対して公私両面での模範的行為を示すことが重視された[34]。こうして、企業家の家父長的役割に基づく労使協調実現のために、工場生産に適合的な労働者の育成が志向されることになった。

(2) 市場経済と社会的保護

アルザス産業界はモラル化の観点から労働力規律化を推進したが、大衆的貧困の原因を労働者の道徳的欠陥のみに帰したわけではない。彼らは社会問題を市場経済の文脈で把握し、市場経済進行の下で新たな社会的保護を講じる必要性を認識していた。

たしかにアルザス産業界は、工業の発展を企業間の自由競争に求め、産業の自由が「欲求の大部分を充足させることによって多くの人々をより幸福にする」[35] と理解していた。しかし他方で、1820年代以降のアルザス綿工業では、自由放任主義的な生産体制の下で過当競争や恐慌が発生していた。工業化や市場経済の進行とともに、アルザスの企業家は「機械によって歪められた貧困」[36] の問題を認識し、労働者のモラル・エコノミー的行動様式に配慮した社会的保護の創出を主張し始めた。すなわち、生活必需品を断つことを余儀なくされ、

必需物資の費用を捻出できなくなると、労働者は社会に対する過激行為に走ることがある。ゆえに、そうした不幸な結果を未然に防ぐためには何らかの措置を講じることが望ましいと[37]。このような労働者の生存保障は、前節で言及した産業界主導の食糧援助活動にも看取される。

さらにアルザス産業界は、公正の観点から市場経済理論への批判的見解を示した。第１章で確認したように、生産過剰を放置する経済学者の自由放任主義に関して、彼らは「不幸と苦痛」の現実を訴えた。また、ゲブヴィレルのブルカール J.-J. Bourcart fils は次のように述べている。「ポリティカル・エコノミーにおいて物質的観点から考えるならば、明白な誤りを容易に犯すことはない。しかしながら、この見事な科学の外側に立って、精神的観点……から考えるならば、……ある者には非常識とも思われるような全く異なる結論にたどり着くことになる」[38]と。ゆえにアルザスのパテルナリスムは、生存保障に関わるモラル・エコノミー的規範を視野に収めながら、市場経済原理の枠外で社会的保護を追求していたといえる。

(3) 企業規模と福利事業

他方でわれわれは、パテルナリスムを出現させたアルザス固有の社会経済的要因をも検討する必要がある。フランス国内の他の綿工業中心地と比較した場合、アルザスの地域的特徴はどこに見出されるのか。

まず、アルザスにおいて注目すべき点は企業の相対的な大規模性である。例えば、1856年のオ＝ラン県において検証可能な53の紡績工場の内訳を見ると、紡錘数１万錘以上の工場が37を占め、そのうち３つの工場は３万錘以上４万錘未満、５つの工場は５万錘以上を有している[39]。これに対して1859年のセーヌ－アンフェリュール県 Seine-Inférieure（ノルマンディー地方）では、228の工場のうち１万錘以上の工場が40を数えるものの、その大部分（37工場）は２万錘未満にとどまっており、３万錘以上の工場は存在しない[40]。また1859年のノール県 Nord（フランドル地方）においては、相対的に大規模経営が集中するリール Lille でも、43の工場のうち１万錘以上の工場が26を占めるものの、

3万錘以上の工場は見られない。唯一の例外は4万4,000錘を備えたルーベ Roubaix のモットゥ＝ボスユ社 Motte-Bossut et Cie であった[41]。

以上のようなアルザス企業の特徴をパテルナリスムとの関連で理解する場合、われわれは次の二つの側面に留意しなければならない。すなわち、企業の大規模性は資金的余裕を生み出すから、福利事業への投資を容易にする。しかし他方で、生産設備の拡大は過剰生産を生じさせやすく、不況をより深刻化させることにもなる。そこでは市場経済の問題が他の地域よりも顕著に露呈するゆえに、労働者の生存保障の必要性がより鋭い形で表れることになろう。

(4) 農工業の連関

農業部門に着目すると、ノルマンディーやフランドルに対するアルザスの農業生産の低迷が示される。1852年の調査によれば、全国平均を100とする農民一人当たりの農作物生産指数が、セーヌ＝アンフェリゥール県とノール県ではそれぞれ190.9と121.4であるのに対して、オ＝ラン県では73.7にすぎない[42]。アルザス農業の停滞は農村での人口増加によって説明される。すなわち、18世紀半ば以降の急激な人口増加は農家の経営規模を著しく縮小させ、農業集約化の努力を相殺することになった[43]。1852年のオ＝ラン県知事報告書によれば、「今回の視察において、私は農業の衰退の危機的現象にこれほど強い衝撃を受けたことがない。この現象は、土地の面積に対する過剰な人口によってもたらされた明白な結果である」[44]。

こうした農村過剰人口の存在は、工場労働者全体の賃金をも抑制した。例えば1853年における紡績業の賃金に関して、ミュルーズをルーアン Rouen（セーヌ＝アンフェリゥール県）やリール（ノール県）と比較すると、ミュルーズの賃金水準の全般的な低さが示される（表2-2）。さらに、アルザスでの農業賃金は工業賃金よりも低い水準にあったから、農村に滞留する多数の土地なし農民は、労働の場を求めて都市に流入した[45]。したがって、アルザスにおける都市労働者の貧困問題は、農業生産の低迷と表裏一体を成していたといえる。

他方、産業界は農工兼業の放棄に基づく社会的保護の形態を模索し始めてい

た。過剰人口に喘ぐ農村の窮乏は著しく、土地を持たない工場労働者が農業に復帰する余地は狭められつつあったからである。「公正な基盤に立脚した賃金の継続性、これこそが

表2-2　紡績業労働者の賃金（1853年）

（単位：フラン／日）

	ミュルーズ	ルーアン	リール
紡績職工長	3.48	4.50	6.00
梳櫛掃除工	1.50	3.12	2.50
紡績工	3.50	5.00	4.00
糸繋ぎ工（紡績工助手）	1.10	1.00	1.50
糸巻き工	0.55	1.50	1.00

出典：J. Dollfus, *Plus de prohibition sur les filés de coton*, Paris, 1853, pp. 70-83より作成。

目下のところ実現可能と思われる進歩の要点である」[46]。こうした賃金の継続性は、恒常的な工場労働者の存在を前提として、彼らの「土地からの全面的離脱」を是認するものであった。アルザス産業界が、福利事業によって「労働者を幼少期から老年期まで見守らねばならなかった」[47] 理由はここにある。たしかにアルザスでも、小規模な耕地を所有しながら工場労働に従事する「半農半工型労働者 ouvriers-paysans」は広汎に存在していた[48]。しかし、農業の停滞性に由来する土地なし労働者の問題も顕在化していたから、アルザス産業界はその解決策をパテルナリスムの内に見出すことになった。これに対して、相対的に豊かな農村を抱えるノルマンディーやフランドルでは、「土地との結合」に立脚した工業発展が選択される傾向にあったと思われる。

(5)　企業家の社会的・系譜的特質

　パテルナリスムを推進するためには、何よりも経営者自身の自発性が不可欠である。福利事業に対するアルザス産業界の積極性は何に由来するのか。ここで彼らの社会的・系譜的特質とパテルナリスムとの関連に言及しておきたい。

　アルザスの企業家の最大の特徴は、産業主義に基づく活発な企業家精神にある。彼らは社会進歩の原動力を工業に求め、公共の利益に貢献する職務として企業経営者の地位を認識していた[49]。彼らは長期的な工業成長を短期的な利潤追求にしばしば優先させ、地域の社会資本整備のためには危険度の高い投資活動にも積極的に従事した[50]。時には不確実性を伴う産業福利事業が彼らの

革新的経営理念に負うところは大きい。アルザスの企業家の社会的倫理観は、彼らの宗教的信条によって部分的には説明される。例えば、カルヴィニスムは実践的宗教として企業家層に広く浸透し、倹約と勤労の精神は、生産者かつ経営者としての高度な役割意識と緊密に結びついていた[51]。しかしながら、アルザスのパテルナリスムを実現させた企業家の鋭敏な社会的意識の本質は、都市精神を背景とする彼らの自立性に求められるべきであろう。

アルザスの代表的な企業家の家系の多くは、1798年にフランスに併合されたミュルーズ都市共和国の支配階層を構成していた。彼らの家系的同質性は併合後も維持・強化され、その結果、19世紀には極度な閉鎖性に特徴づけられる新たな特権的企業家集団が形成された。アルザスにおいて相対的に大規模な企業の設立が可能となった理由の一つはここにある。ミュルーズ郡 arrondissement de Mulhouse 副知事は皮肉を込めて次のように述べている。「ミュルーズの社会の貴族階層にとって、併合は内なる後悔の源となっている。交際関係、姻戚関係、過去の排他的・伝統的記憶などによって、言語、宗教、感情、すべてが彼らの中で永続している。……貴族階層を構成する人々は、自由都市の市長や議員になる代わりに製造業都市の工業領主 seigneurs industriels になった。変わったのはそれだけだった」[52]。

しかし、彼らの閉鎖性や同質性は、保守的な行動様式の強化には向かわず、生産活動における「協同」の精神に連なっていった。その一つの表現が1825年における SIM の設立である。SIM の主たる目的は、科学技術の推進と労働者の教化を企業家の協同によって実現させることにあった[53]。しばしば多額の資金投下を必要とする福利事業にとって協同の理念が有利に働いたことは想像に難くない。事実、アルザスのパテルナリスムは個別企業と SIM との連携によって積極的に展開される。とりわけ、1848年に SIM 内部に設置された社会的経済委員会 Comité d'économie sociale（1859年に公益委員会 Comité d'utilité publique として再編される）は、体系的な社会政策を推進する拠点となった。

では、企業家の協同を生起せしめた直接的契機は何だったのか。ここで彼らのコミューン再建思想が指摘されねばならない。1800年のフランス領土区分・

行政法（共和暦8年雨月28日〔1800年2月17日〕の法律）は、政府による知事・副知事・コミューン首長の任命制を定め、中央政府を頂点とする集権的・階層的行政機構の基礎を築いた[54]。これに対して、旧都市共和国の支配階層を構成した企業家の間では、併合後も地域社会における自治と指導権の掌握を志向する強力な都市精神が存続しており、中央集権化政策の進行は地域共同体＝コミューンの形骸化として認識されていた。すなわち、「コミューンは人間の真の祖国である」にもかかわらず、「中央集権的活動の導入によって、われわれは国に属する以前に……コミューンに属していることを忘れてしまった」。その結果、「それぞれの町や村には、ほぼ物質的な共通の利害がまだ残っているものの、それら人的集合体における精神的紐帯や同僚の誼はもはや存在しない」。かくして企業家によるコミューンの再建が目指された。彼らによれば、コミューンの役割は、「地域利害を調整し、地域構成員の要求を考慮し、社会的保障の諸制度を作り、諸利害を一体化させ、個人主義化に対する平衡をとろうとすること」にあった。ゆえに、「雇主と労働者の利害の連帯を確立し、コミューンにおける個々人が利害と感情の点で一体化すること……が望まれる」と[55]。

したがって、福利事業に対する企業家の積極性は、国家からの自立性および行政当局との対抗関係において理解されねばならない。労使間の合意に基づく地域社会での指導権の確立や、公共領域での主導性の発揮によって、企業家は当局の介入に対する抑制機能を果たそうとしていた。

(6) 1850年代以降の社会経済状況

以上の諸要因を考慮するならば、1850年代以降のアルザスにおけるパテルナリスムの著しい発展[56]は、次の文脈で理解されるべきであろう。

一つめは、情報交通網発達に伴う統一的国内市場の形成である。モラル・エコノミーの伝統的枠組みは自己完結的な地域市場を前提としていたから、地域の行政当局は穀物流通への積極的な介入を実施していた。しかるに、19世紀半ばの情報交通網の改善、特に鉄道建設の進行は全国的流通圏を実現させ、従来の穀物流通規制を放棄させるに至った[57]。こうして、モラル・エコノミー的

規範に基づく行政当局の民衆保護が消滅すると、アルザス産業界はポリティカル・エコノミーへの批判的立場から、パテルナリスムを軸に労働者＝民衆の生存保障への関与を深めていく。

　二つめは、好況を背景とした工業生産の拡大である。第1章で確認したように、1840年代に低迷を続けていた綿工業生産は、1850年代に入ると急速な成長局面に入った。他方、農業部門では穀物需要増大によって農産物価格上昇がもたらされたものの、アルザスの農業収入は依然として低い水準にとどまっていたから[58]、農村の過剰人口はさらに都市に流入した。1847年に2万9,085人であったミュルーズの人口は、1866年には5万8,773人にまで増加した[59]。工業生産拡大に伴う労働者の集積は、パテルナリスムを通じた労働力の規律化と生存保障の必要性を増大させることになる。

　三つめは、地域的社会経済に関わる国家指導の展開である。第二帝政期の政府は、一層強力な行政執行権を知事職団に付与し、中央と地方の二極構造を制度化した。以後、地域社会の利害は、国策に合致した「一般利益」に沿って処理され、国家指導の下で地域経済の誘導と統制が図られた[60]。これに対して、コミューン再建思想としてのアルザスのパテルナリスムは、地域に立脚した住民の社会生活の安定と向上を志向しつつ、後見的行政監督に基づく国家的統制に対峙していく[61]。

第3節　産業界主導の福利事業

　上述したように、アルザスのパテルナリスムは地域社会のモラル・エコノミー的規範による制御を受けながらも、第二帝政期の社会経済状況の下で発展することになった。ではパテルナリスムは、福利事業を通じていかなる形で地域社会に働きかけたのか。本節では、特にパテルナリスムとモラル・エコノミー的規範の連関を念頭に置きつつ、産業界主導の福利事業と地域社会の関係を検討してみたい[62]。

(1) 児童・成人教育および技術教育

アルザス産業界の福利事業は、特に児童教育の分野で早期から展開された。1820年代前半には、マンステル Munster のアルトマン Hartmann やゲブヴィレルのシュランベルジェなどによって、児童労働者向けの工場内学校が開設され始めた[63]。それらは通常の学校に通学する余裕のない児童を受け入れたり、地理的に孤立した山間地帯での教育施設の不備を補ったりしていた[64]。概してアルザスの企業家は、他の地方の企業家と比べて児童教育に対する積極的態度を示した。例えば、児童の通学がミュルーズ労働者住宅の入居条件とされたり、子どもを通学させる親への資金援助としてアフリー Haeffely 基金が設置されたりした[65]。また SIM は、国家機関から一定の距離を置きながらも、初等教育の義務化を強く主張し続けた[66]。

成人教育は1850年代末以降に顕著な進展を遂げた。「最も教養の高く、聡明な労働者は、概して（企業に）最も多大な貢献をする者でもある」[67]と企業家は認識していた。ゲブヴィレルのブルカールが地域住民の教育施設として建物と図書館を寄贈すると、これに倣ってシュランベルジェやドルフュス E. Dollfus も成人向けの教育講座を開設し始めた。成人教育の組織化は SIM でも検討され、1864年にはミュルーズ庶民教育協会 Société d'instruction populaire de Mulhouse が設立された。この協会は18歳以上を対象とした夜間授業（読み書き、計算、製図など）の実施を目的とし、1865年の教育施設在籍者数は1,095名にのぼった。在籍者の半数以上は鉄鋼業労働者（385名）と繊維業労働者（236名）であり、18歳から25歳までの年齢層が全体の4分の3（824名）を占めていた[68]。ミュルーズを模倣した同様の成人教育機関は、タン、サント＝マリー＝オ＝ミーヌ、セルネーなどでも組織されていった。

他方、技術教育に関しては、1820年代から専門技術者の育成が進められた。1829年に SIM によって設立されたデザイン学校 Ecole de dessin では、捺染布や工業機械のデザイナーの養成を目的として、装飾・表象デザインや用器画法の専門教育が行われた。また、漂白・捺染用薬品開発の理論・応用教育に関し

ては、1822年にミュルーズ市立コレージュ Collège municipal de Mulhouse 内部で化学講座が発足した。1825年以降は SIM の指導者プノ A. Penot によって化学講座の拡充が図られ、1854年に化学講座はミュルーズ職業学校 Ecole professionnelle de Mulhouse へ編入された[69]。さらに、1860年英仏通商条約に伴う自由貿易体制への移行は、アルザス産業界に国際競争力強化の必要性を認識させた。それに応える形で SIM 後援の下に設立されたのが、力織機学校 Ecole de tissage mécanique（1861年設立）と紡績学校 Ecole de filature（1864年設立）であり、1868年に両者は合併された[70]。そこでの一年間の教育課程は、理論教育部門（繊維・織布分析、簿記、見積書作成など）と応用教育部門（機械運転実習）によって構成されていた。

(2) 労働者住宅

アルザスにおける本格的な労働者住宅建設の契機となったのは、1853年のミュルーズ労働者都市協会 Société mulhousienne des cités ouvrières の結成である[71]。ミュルーズの労働者住宅の特徴は、各戸の独立性の高い住宅を志向した点にある。建築においては一戸あたりの竈・暖炉・部屋の数が制限され、販売に際しては又貸しや下宿が禁じられるなど、家庭生活への外部者の侵入を防ぐための多様な措置が講じられた。家庭単位の独立性を重視する企業家の意向[72]がそこには反映されている。

企業家における家庭重視の姿勢は、二つの側面から説明されるであろう。一つは労働者階層のモラル化である。企業家は、安定的な労働者家庭を通じて、秩序、節約、清潔といった精神の浸透や、子どもの成育上望ましい教育の場の形成を意図していた。いま一つは、労働力再生産の安定化である。当時の生産現場では二重雇用制度が広汎に存在しており[73]、父親が息子を助手として雇用することも稀ではなかった。ゆえに企業家は労働者家庭を労働力再生産の場と認識し、家庭生活の維持安定に経営の安定を重ね合わせていた。

家庭生活に関する道徳的・経済的配慮は、家屋付属の庭や菜園にも看取される。庭仕事には労働者を酒場通いから引き離す効果が期待されていたし、菜園

図2-2　ミュルーズ労働者都市：住宅販売

	1854	1855	1856	1857	1858	1859	1860	1861	1862	1863	1864	1865	1866	1867	1868	1869	1870
販売戸数	49	18	5	55	109	61	67	87	39	58	4	47	34	81	54	44	47
累積販売戸数	49	67	72	127	236	297	364	451	490	548	552	599	633	714	768	812	859

注：数値は各年6月30日時点の集計。
出典：C. Grad, *Etudes statistiques sur l'industrie de l'Asace*, tome2, Colmar, 1880, p. 432より作成。

からの収穫物は副次的収入として家計の補助的役割を果たすと見做されていた。さらに、労働者都市協会は、住宅や庭の外観、世帯の秩序や家計、子どもの世話や通学などを審査項目とするコンクールを実施し、労働者家庭相互を積極的に競争させた[74]。

　ミュルーズ労働者都市の住宅販売は順調に展開した。1854年6月30日時点で49戸であった累積販売戸数は、1870年6月30日には859戸にまで増加した（図2-2、図2-3）。住宅の販売価格は型や居住条件に応じて設定されたが、住宅購入のためには250-300フランの頭金支払いの後、約15年間にわたり毎月18-25フランを支払わねばならなかった[75]。非熟練労働者の賃金は1860年頃でも一日1.50フラン前後にすぎなかったから[76]、仮に妻子がともに働いていたとしても、住宅購入が彼らの経済的負担の限界を越えていたことは間違いない。実際に1850年代半ばの状況を見ると、住宅購入者の大半は熟練労働者によって占められていた[77]。高度な技術をもつ熟練労働者の確保は、生産活動を左右

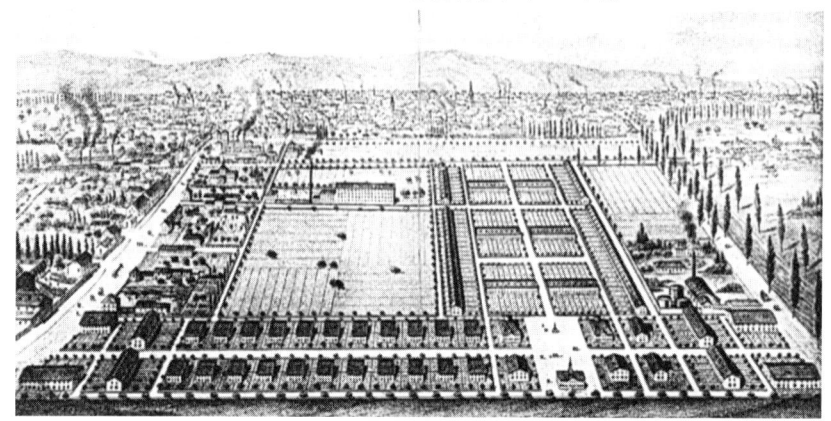

図2-3　ミュルーズ労働者都市（1860年頃）

出典：*BSIM*, 1948, nos. 2-3.

する重要な要素であったから、企業家は熟練労働力定着化の手段として住宅建設に積極的意義を見出していたと思われる[78]。

(3)　消費協同組合

　上述したように、労働者の生存保障の問題は、食糧供給の領域において最も鋭い形で表れた。労働者の賃金が必要最小限に抑えられる一方で、第二帝政期には市場経済が進行したから、産業界は食糧問題における新たな対応を迫られた。当初、労働者に対する食料品の提供は、企業直営のパン屋を通じた形態が主流であった。例えば、ドルフュス J. Dollfus が労働者都市の中に開設したパン屋では、2.5kgのパンが公定価格よりも0.05-0.10フラン安く販売された。あるいは、アンドレ・ケシュラン社の工場内のパン屋は、通常は公定価格での販売を行い、冬の初めにそれまで購入したパンに対して2.5kg当たり0.05フランの払い戻しを実施した。これらのパン屋は、食糧の安定供給を目指すと同時に、現金掛値なしの販売しか認めないことによって、「出費を十分考慮せずに……信用貸で購入するという破産を招く習慣」を労働者に改めさせることを目的としていた[79]。

1860年代に入ると、より直接的な労働者参加による消費協同組合が発達した。産業界の福利事業は雇主の恩恵を基本的理念としたものの、「過保護のせいで貧困者が自力に頼らずに済ませてしまうことを避けたい」(80)という意向もあり、協同組合組織は労働者の自助努力を促す手段として多くの企業家の賛同を得た。例えば、1865年にタンのケスネール C. Kestner が設立した消費協同組合は、共同購入による食料品を一般小売店よりも約10％安い価格で販売した。運営資金は、初年度に組合員から徴収される12フランの分担金と、年間売上利益から留保される準備金によって賄われ、年間売上利益から準備金を控除した残りは購買額に応じて組合員に分配された。組合の運営を任された運営委員会は、留保する準備金の額や店舗で販売する品目および価格を決定した(81)。これと同様の組合は、ミュルーズ郊外ドルナック Dornach のシェフェル G. Schaeffer やマンステルのアルトマンによっても設立された(82)。

　さらにゲブヴィレルのブルカールは、消費協同組合と信用組合を合体させた組織を1865年に作り、それに倣った他の企業家による複数の組織がさらに結合して、1866年にはミュルーズ庶民経済協会 Economie populaire de Mulhouse が創設された。「利潤追求でも施しでもなく、友愛の精神があらゆる活動において重要な役割を演じる」(83)ことを目標とする協会の主要な活動は、会員に対する融資、生活必需品の廉価での提供、貯蓄の奨励に向けられた(84)。協会の出資者としての会員は12-18名で構成される小グループに所属し、消費協同組合で集められた資金がグループ間の連携を通じて信用組合に供給される仕組みが作り出された。

　ただし、こうした消費協同組合が直ちに労働者の間に広く浸透したわけではない。組合員数は増加傾向にあったとはいえ、信用貸での購入に慣れてしまった労働者を組合店舗に引き寄せることは容易ではなかった。また、大企業では無利子の前貸し制度があったから、2.5-5.0％の利子を課す庶民経済協会の融資制度の利用者は限られていた(85)。

(4) 共済組合

アルザスでの共済組合は19世紀初頭から職人の間で存在したが、1830年代に入ると企業でも設立の動きが見られ始めた。七月王政期の行政当局は、同業組合の復活や組織の政治化を恐れて、共済組合活動には消極的態度を示したが、第二帝政下、ナポレオン三世 Napoléon Ⅲ は当局の承認に基づく共済組合の設立を積極的に奨励した。

企業内共済組合[86]の運営には何よりもまず、企業家の財政援助が不可欠であった。組合資金は、組合員の拠出金（通常、賃金の1-3％）と工場内で徴収される罰金の移転によって賄われていたが、大半は赤字状態にあったからである[87]。したがって、共済組合の管理権は企業家によって全面的に掌握されていた。企業ではしばしば労働者の組合加入が義務化され、会長、副会長、出納長は企業家によって指名された。

企業内共済組合の目的は次の二つの点に要約される。一つは、労働者に規則性と将来に対する備えの精神を持たせることである。定期的な負担金支出は工場労働における規則性と合致するものであったし、疾病時の給付金は労働者に積立金の意義を認識させ、将来に対する計画性の精神を涵養する役割を果たしていた。いま一つは「衛生」概念と密接に結びついている。組合嘱託医を有している企業では、医療活動と並行して、労働者家庭に対する日常的な衛生指導も積極的に実施した[88]。そして、労働者が疾病給付金の支給を受ける際には、厳格な審査を受ける必要があった。不摂生が原因の場合には給付が承認されず、診断書提出の義務は当然のことながら、療養時には係員が労働者の自宅に赴いて病状を確認するとともに、医師の処方が正しく守られているかを細かく検査した[89]。ここでの目的は労働者階層における医療の普及にあり、医師の指示に従わせて秩序と清潔を定着させることが意図されていた。

(5) 年金金庫

年金金庫設立の問題は、1848年5月のSIM総会において初めて取り上げられ

た。パリに本部を置く全国組織の金庫を設立する政府案に対して、当初、SIM
は、地域に密着した組織の方が国民の必要性により適切に応えられるという理
由から、県ないし郡単位で運営される金庫を主張した[90]。結局、SIMの提案
は実現せず、アルザスでは1851年に11社の参加の下に貯蓄奨励協会 Société
d'encouragement à l'épargne が設立された。この協会は、加盟企業の労働者か
ら任意に集められた賃金の3％に相当する拠出金と、経営者による企業賃金総
額の2％に相当する奨励金を老齢年金金庫 Caisse des retraites pour la vieillesse
（1850年6月18日の法律によって成立）に振り込む機能を有していた。他方、
貯蓄奨励協会に加盟しなかった企業でも独自の年金金庫が設立されるが、通常
は共済組合の副次的存在であり、任意加入が一般的であった。

　貯蓄の精神と将来に対する備えを労働者階層に普及させることを主たる目的
とし、経営者の恩恵的色彩が強い点で、年金金庫は共済組合とほぼ同様の性格
を有したが、共済組合ほど広く受け入れられなかった。貯蓄奨励協会の計画段
階において、企業家たちは拠出金のための賃金控除の強制化を望んでいたもの
の[91]、それが行政当局によって拒否されると、多くの企業家が不参加を表明し、
1867年には加盟企業数も7社にまで減少して[92]、協会の試みも事実上失敗に
終わった。他方、労働者の側においても年金金庫は不評であった[93]。その原
因としては以下の点が考えられる。まず、農業労働において「退職」慣行は存
在しなかったから、農民的性格を帯びた多くの労働者に年金理念は馴染みにく
かったこと。また、不安定な生活を強いられる労働者にとって、老後のために
貯蓄することの動機づけが乏しかったこと。さらに、非熟練工の賃金水準では、
共済組合の拠出金負担が経済的限界であったことである。

(6) 工場事故防止協会

　1850年代初めにSIMでは、プノによって蒸気機関事故防止の問題が報告され、
問題検討のための特別委員会が設置された。プノの報告に基づき、特別委員会
は工場事故防止に関わる法律の制定を議会に請願するよう提案した。すなわち、
危険を伴う機械・機関の使用に関して、委員・監督員が機械製造業者・経営者

への指導を行うという法案である。これに対してSIM会員の間では、工業施設への官吏＝公権力の介入をもたらす法制的規制に「労働の自由」の観点から反対する意見が相次いだ。討議の末、法制的強制化を求める代わりに、SIM内部の委員会に工場事故防止の任務を負わせるという結論に至った[94]。

　SIMで工場事故防止協会の設立に関する議論が本格化したのは1867年のことである。2月の公益委員会報告の中で、アンジェル＝ドルフュス F. Engel-Dollfusは工場事故を不可避と見做す宿命論を批判しつつ、「工業の良心」に基づき自発的な事故防止策を講じる必要性を訴えた。その際、特に比較対象とされたのは、イギリスでの労働者保護の事例である。彼によれば、児童労働法、成人教育講座、ボイラー事故防止協会などはいずれもイギリスを起源としており、そうした先駆的取り組みは工業発展の先行性に由来している。ただし、度重なる改正を経たイギリス工場法は、極端な明文化、厳格かつ広汎な監督権、強力な抑圧などを特徴として、現在では過度の規制と化して強い圧迫を与えている[95]。後に行政的に課されるような事柄に関して、われわれは自らで防止策を講じておくことが望ましい。他国では行政的に強制された問題に対して、工場事故防止協会は自由で自発的な努力によって取り組むものであると[96]。

　こうして1867年3月に工場事故防止協会 Association pour prévenir les accidents de fabrique の規約が決定され、ミュルーズ周辺の繊維業を中心に25社の参加の下で活動が開始された。この協会の主たる目的は、非官吏の有給監督員による工場訪問と報告書作成を通じて、事故発生状況の把握と安全対策の指導を行うことにあった。さらに、工場事故防止協会を補完する組織として、SIMの後援によって事故委員会が設置された。工場経営者、技術部長、職工長などから構成される事故委員会は、工場事故発生後に原因・結果を調査して、労使間の裁判上の紛争を防止することを目指した[97]。

　工場事故防止活動には、「労使間の好意的な関係の強化」[98]とともに労働力の保全が期待されていた。特に児童労働者の事故件数は多かったので、工場事故防止による児童の身体的保護の意味は大きかった[99]。当初、生産現場では安全対策費用の支出に対する抵抗がしばしば見られたが、監督活動は地元企業

家の間で徐々に受け入れられていった(100)。

(7) パテルナリスムとモラル・エコノミー的規範

以上の考察をもとに、産業界主導の福利事業を地域社会の再編と連関づけるならば、パテルナリスムとモラル・エコノミー的規範の関係は次のように把握されるであろう。

まず、消費協同組合、共済組合、年金金庫は、労働者の社会生活を支援する機能を有しながら、市場経済原理とは異なる理念に立脚していた。消費協同組合は食糧の安定供給を目的としていたし、共済組合は疾病時の救済に関わっていた。また、成功しなかったとはいえ、年金金庫には退職後の生活を保障することが期待されていた。ゆえに、それらの事業に媒介される労使関係は、賃金支払いのみを軸とする契約関係に収斂してはいない。労使関係は、「労働時間に応じた賃金支払い」という形式的合理性よりも、むしろ「生存上の必要性に応じた援助」という実質的合理性によって制御されていた。「製造業者は労働者に対して賃金支払い以外の義務をも負っているのである」(101)。福利事業が地域社会における生存保障を積極的に担う点で、パテルナリスムには旧来のモラル・エコノミー的規範の連続性が看取される。

他方でパテルナリスムは、福利事業を通じて労働力の再生産を企業組織に委ねながら、「工場の規律」を地域社会に浸透させる機能を有していた。児童・成人教育や技術教育では工場制生産に適合的な労働力の育成が意図され、労働者住宅の建設では労働力の定着化が視野に収められていた。また、工場事故防止協会の活動は労使協調や労働力保全と結びついており、共済組合や消費協同組合の組織化は、労働力の規律化が生産労働の場を越えて消費生活の場にまで浸透していく過程でもあった。こうした福利事業の動向は労働者の社会的結合を排除しながら、彼らの自律的世界を突き崩していくであろう。モラル・エコノミー的規範が伝統的共同体の民衆文化に根差していたことを想起するならば、パテルナリスムはその断絶を意味することになる。

おわりに

　アルザスでの労使関係の転換点として特筆すべき事件は第二帝政期末に起こった。1870年4月初めからアンドレ・ケシュラン社では労働時間短縮や賃上げを要求する動きが見られ始めた。さらに7月初めには、ミュルーズの主要な工場でのストライキが続発し、その波はタンやゲブヴィレルなどの工場にも及んだ。ストライキは流血の事態に至ることなく7月半ば以降には収拾に向かい、7月19日の普仏戦争勃発に伴い終結した[102]。このストライキは熟練工によって主導されながらも、非熟練工を含んだ運動の組織化が個別の工場を越えて見られた点で特徴的であった。7月9日早朝、各企業に対して一斉に提出された声明書によれば、「ミュルーズの町のいくつかの工場の労働者たちは総会に集結し、議論を重ね、集まった2,000人以上の労働者に提示した後、以下の提案を満場一致で採択した」。すなわち、労働時間短縮、賃金引き上げ、罰金廃止、企業共済組合の管理権委譲といった要求である[103]。このストライキでは社会主義の影響も看取された。ストライキ主導者の一人、ヴァイス E. Weiss は1870年3月6日付の書簡で次のように述べている。「ここ一年ほど、町のさまざまな企業で働く捺染工、機械工、紡績工など約20人を週に一度自宅に集めて政治談議をしている。……ここではコレラの話をしても、インターナショナルの話をすることほど資本家諸氏を怯えさせはしないだろう」[104]。かくして、労働者の主要な関心は食糧価格から賃金へと移行し始め、萌芽的とはいえ階級問題を孕んだ労使対立が表面化するに至った。

　最後に、本章の考察によって明らかになった点を確認しておきたい。
　まず、アルザス地方のパテルナリスムは、地域社会の伝統的なモラル・エコノミー的規範によって制御されていた。19世紀の工業化局面でもなお、支配階層－民衆関係は地域的な食糧確保を規準に成立していたからである。ゆえに、七月王政期の食糧危機に直面したアルザス産業界は、企業の枠組みを越えたコミューン全体に対して積極的な食糧援助を行う必要があった。食糧の安定供給

に関わる彼らの行為には、労働者＝民衆の生存を社会的に保障しようとする地域支配階層の意志が看取される。他方、労働者＝民衆は食糧の公正な分配を慣習的権利と見做していたから、食糧危機に際しては賃金額ではなく食糧価格の設定方法に対する疑念を抱くことになった。かかる意味で、1847年の食糧騒動は、食糧確保を通じた公正の実現を求める労働者＝民衆の慣習的行動様式を表現していた。すなわち、窮乏化した労働者の批判や攻撃は、市当局、パン屋、粉屋に向けられ、一定の自己規律に従った抗議行動が展開された。

こうした伝統的規範を念頭に置くならば、アルザスのパテルナリスムを規定した要因は以下の諸点に求められる。産業界は大衆的貧困＝社会問題の原因を道徳性のみならず市場経済活動の内にも見出し、社会的保護の必要性を早期から認識し始めた。とりわけアルザスでの工業危機は、企業の大規模性による増幅を伴うことで、労働者の生存問題を際立たせたから、市場経済やポリティカル・エコノミーに関する鋭敏な社会的意識を産業界に呼び起こした。またアルザスでは、農業部門の停滞性ゆえに純粋な工業労働者の育成が自覚される一方で、自立的な都市精神の伝統が企業家の間で共有されていた。ゆえに、行政当局による穀物流通規制の放棄、工業発展に伴う都市への人口集中、中央集権化を軸とする国家的統制などが第二帝政期に進行すると、産業界は福利事業を本格的に推進し始めた。

産業界主導の福利事業は、パテルナリスムによる地域社会再編の梃子となった。福利事業の機能面からは、パテルナリスムにおけるモラル・エコノミー的規範の連続性と断絶性が観察される。すなわち一方で、福利事業が非市場的な理念に基づき、労働者の生存を地域的枠組みで保障する点で、パテルナリスムはモラル・エコノミー的規範を連続的に継承していた。しかし他方で、福利事業は労働者の社会的結合を排除しつつ、労働力規律化を消費生活局面にまで拡大させていたから、パテルナリスムはモラル・エコノミー的規範の断絶性を内包するものでもあった。

このように、アルザスのパテルナリスムは地域社会との相互連関を維持しながら、イギリス由来のポリティカル・エコノミーへの実践的な対抗潮流を形成

していた。ただし、アルザス産業界がイギリス産業の法制的枠組みをポリティカル・エコノミーの貫徹と見做していなかった点にもわれわれは留意せねばならない。彼らはポリティカル・エコノミーの内に自由放任主義の危険性を見出しつつ、イギリス工場法の施行形態を企業活動への過剰な規制と捉えていた。工業化で先行するイギリスの社会経済状況は、市場経済の「自由と規制」に関わる問題として、理念と制度の両面から批判的に検討されていた。とはいえ、彼らがイギリスでの福利事業の先駆的展開に触発されたことは事実である。アルザス産業界は、イギリスの事例を通じて、技術的優位性と福利事業の先進性の連関を認識していたといえるであろう。

注

（1） M. Perrot, "The Three Ages of Industrial Discipline in Nineteenth-Century France", J. M. Merriman (ed.), *Consciousness and Class Experience in 19th-Century Europe*, New York, 1979.

（2） D. Reid, "Industrial Paternalism: Discourse and Practice in Nineteenth-Century French Mining and Metallurgy", *Comparative Studies in Society and History*, vol. 27, no. 4, 1985.

（3） 古賀和文『近代フランス産業の史的分析』学文社、1983年、102-139ページ。

（4） J.-M. Gaillard, «Les beaux jours du paternalisme», *L'Histoire*, no. 195, 1996.

（5） 中野隆生「フランス繊維業における福祉事業と労働者の統合――1920年代のリールを中心に――」(『社会経済史学』第48巻第6号、1983年3月）。

（6） 遠藤輝明「資本主義の発達と「工場／都市」――ル・クルーゾにおける「工場の規律」と労使関係――」（『地域と国家――フランス・レジョナリズムの研究――』日本経済評論社、1992年）。

（7） 大森弘喜『フランス鉄鋼業史――大不況からベル＝エポックまで――』ミネルヴァ書房、1996年、163-237ページ。

（8） J.-P. Frey, *Le rôle social du patronat: Du paternalisme à l'urbanisme*, Paris, 1995.

（9） 藤村大時郎「第二帝政期フランスにおける経営パターナリズムをめぐって――同時代の労働問題研究家の関心状況を中心として――」（『社会経済史学』第44巻第6号、1979年3月）。

（10） S. Elwitt, *The Third Republic Defended: Bourgeois Reform in France, 1880-*

1914, Baton Rouge, 1986.

(11) G. Noiriel, «Du «patronage» au «paternalisme»: la restructuration des formes de domination de la main-d'œuvre ouvrière dans l'industrie métallurgique française», *Le Mouvement social*, no. 144, 1988. フレイもまた、19世紀末において、伝統的慈善観を前提とするパトロナージュが終焉し、公共空間の組織化に関わるパテルナリスムが台頭したことを主張している。Frey, *Le rôle social*.

(12) アラン・シャトリオ（廣田明訳）「フランス・パターナリズムの史的考察：19-20世紀」（『大原社会問題研究所雑誌』第611・612号、2009年9月）。

(13) 七月王政末期のアルザスの食糧危機についてはカアン＝ラベック M.-M. Kahan-Rabecq が考察を加えているが、彼女は1847年6月の食糧騒動を労働者の階級意識の萌芽として捉えており、われわれの解釈とは異なっている。M.-M. Kahan-Rabecq, *La classe ouvrière en Alsace pendant la Monarchie de Juillet*, Paris, 1939, pp. 343-400, 402-403.

(14) ADHR, 6M423, Sous-Préfet de l'arrondissement de Belfort au Préfet, 6/2/1847.

(15) AMM, DI a1, Registre des délibérations du Conseil municipal de Mulhouse, séance du 13/10/1845; AMM, DI a1, Registre des délibérations du Conseil municipal de Mulhouse, séance du 13/11/1845; *L'Industriel alsacien*, 18/10/1846.

(16) AMM, DI a1, Registre des délibérations du Conseil municipal de Mulhouse, séance du 15/7/1847.

(17) ADHR, 6M403, Premier adjoint de Mulhouse au Sous-Préfet de l'arrondissement d'Altkirch, 20/3/1847.

(18) ADHR, 6M423, Sous-Préfet de l'arrondissement de Belfort au Préfet, 6/2/1847.

(19) ADHR, 6M403, Nicolas Schlumberger au Préfet, 18/3/1847.

(20) ADHR, 6M403, Isaac Koechlin au Préfet, 19/3/1847.

(21) ADHR, 6M403, Premier adjoint de Mulhouse au Sous-Préfet de l'arrondissement d'Altkirch, 20/3/1847.

(22) SIM の試算によれば、構成員5人の労働者家庭の年間支出額841.50フランの内訳は、食料費547.50フラン、住居費144フラン、衣料費150フランである。*BSIM*, tome16, 1842, p. 420.

(23) AN, BB/20/139, Rapport au Garde des Sceaux par le Président de la Cour d'assises du Haut-Rhin pendant le troisième trimestre de 1847.

(24) 6月22日のミュルーズでの黒パンの価格（1kg当たり0.42フラン）は、依然として通常の約1.5倍の水準にあった。ADHR, 1Z423, Marché de la ville de Mulhouse, Prix moyen des grains, légumes et denrées vendus au marché du 22/6/1847.

(25) SIM, *Histoire documentaire*, p. 15. 暴徒に押し入られた店舗は約70軒、うち約40軒が顕著な損害を受けた。なお、報告書によれば、店舗の自己申告による被害総額は約6万フランであるが、裁判長はその金額が誇張されたものと指摘している。

(26) モラル・エコノミーについては、Thompson, *Customs*; 柴田三千雄『近代世界と民衆運動』岩波書店、1983年；遅塚忠躬『ロベスピエールとドリヴィエ――フランス革命の世界史的位置――』東京大学出版会、1986年。

(27) 騒動の背景にある民衆文化に関しては、G. Lefebvre, *Foules révolutionnaires*, Paris, 1934（二宮宏之訳『革命的群衆』創文社、1982年）.

(28) AN, BB/20/139, Rapport au Garde des Sceaux par le Président de la Cour d'assises du Haut-Rhin pendant le troisième trimestre de 1847; AN, BB/21/505, Extrait du registre des délibérations du Conseil municipal de la ville de Mulhouse, séance du 29/2/1848.

(29) ADHR, 6M423, Sous-Préfet de l'arrondissement de Belfort au Préfet, 6/2/1847.

(30) *BSIM*, tome26, 1854, p. 414.

(31) 例えば、Villermé, *Tableau*; Frégier, *Des classes dangereuses*.

(32) Département du Haut-Rhin, *Réponses aux questions de l'enquête industrielle ordonnée par l'Assemblée nationale*, Mulhouse, 1848, p. 104.

(33) *BSIM*, tome14, 1841, pp. 402-403.

(34) *BSIM*, tome12, 1839, p. 417.

(35) *BSIM*, tome12, 1839, p. 392.

(36) *L'Industriel alsacien*, 29/2/1852.

(37) *BSIM*, tome14, 1841, pp. 393-394.

(38) *L'Industriel alsacien*, 16/5/1867.

(39) E. Dollfus, *Notes pour servir à l'histoire de l'industrie cotonnière dans les départements de l'Est*, Mulhouse, 1857, p. 8.

(40) A. Cordier, *Exposé de la situation des industries du coton et des produits chimiques dans la Seine-Inférieure et l'Eure, 1859-1869*, Rouen, 1869, p. 66.

(41) H. Loyer, *Recueil pour servir aux Archives du Comité ou Chambre syndicale des filateurs de coton de Lille*, Lille, 1873, pp. 295-296.

(42) M. Hau, «Pauvreté rurale et dynamisme économique: le cas de l'Alsace au XIXe siècle», *Histoire, économie et société*, 6e année, no. 1, 1987, pp. 116, 136-138. オーが県別分類で使用しているセーヌ＝マリティム県 Seine-Maritime は、セーヌ＝アンフェリゥール県の現在の名称である。

(43) Hau, *L'industrialisation*, pp. 46-50.
(44) AN, F/1cIII/Haut-Rhin/7, Rapport du Préfet au Ministre de l'Intérieur, 23/6/1852.
(45) Département du Haut-Rhin, *Réponses*, pp. 32-33.
(46) *L'Industriel alsacien*, 3/9/1848.
(47) *BSIM*, tome32, 1862, p. 465.
(48) 例えば、AN, BB/30/376, Rapport du Procureur général de Colmar au Garde des Sceaux, 3/4/1863. 19世紀フランスの半農半工型労働者については、A. Moulin, *Les paysans dans la société française de la Révolution à nos jours*, Paris, 1988, pp. 84-88; Charle, *Histoire sociale*, pp. 108-120.
(49) *BSIM*, tome30, 1860, p. 110.
(50) Hau, *L'industrialisation*, pp. 426-428.
(51) Hau, *L'industrialisation*, pp. 412-420.
(52) ADHR, 1M66, Rapport du Sous-Préfet de l'arrondissement de Mulhouse au Ministre de l'Intérieur, 4/4/1858.
(53) 協会の規約については、*BSIM*, tome1, 1828, pp. I-XII.
(54) Rosanvallon, *L'Etat*, pp. 111-113; 遠藤輝明「フランス・レジョナリスムの歴史的位相——人と地域と国家をめぐる相関の変遷——」（遠藤編『地域と国家』）、22-28ページ。
(55) *BSIM*, tome12, 1840, pp. 102-104.
(56) この点に関しては第3節で検討する。
(57) 第二帝政期の政府によれば、ある地域で不作が生じても、「フランスでの収穫状況がどこでも同じわけではない」から、「運河や鉄道における輸送費の低下によって小麦は容易にフランス全土で迅速に流通する」。ゆえに、「ある場所から余剰を買い付け、必要性の感じられる場所へ運ぶ商業」の「そうした投機活動は……国全体にとっての利益である」。*MU*, 17/11/1853, p. 1273.
(58) Hau, *L'industrialisation*, pp. 295-297.
(59) SIM, *Histoire documentaire*, p. 32.
(60) 第二帝政期の知事職団を軸とする中央集権化の展開については、B. Le Clère et V. Wright, *Les préfets du Second Empire*, Paris, 1973.
(61) 1860年代から1870年代初頭にかけてのフランスでは、「行政の地方分権化」要求や、都市のコミューン運動など、国家の中央集権制に対する異議申し立てが活発化した。他方、地方制度改革をめぐる諸党派の議論は、中央と地方の権限分配の問題よりも、普通選挙や民主主義といった国政にかかわる問題を争点としてい

た。第三共和政下の1884年には「コミューン組織法」が制定されたが、同法律は必ずしも地方の自立性の強化を意味しておらず、「地方制度の安定化」や「行政の効率化」を通じた国民統合の手段としての性格を有していた。岡部造史「フランス第三共和政期の地方制度改革——1884年「コミューン組織法」の論理——」(『史学雑誌』第108編第7号、1999年7月)。

(62) アルザスでのパテルナリスムの展開に関しては、古賀『近代フランス産業の史的分析』。また、19世紀のミュルーズにおける社会事業については、E. Véron, *Les institutions ouvrières de Mulhouse et des environs*, Paris, 1866; M.-C.Vitoux, *Paupérisme et assistance à Mulhouse au XIXe siècle*, Strasbourg, 1986; S. Kott, «Enjeux et significations d'une politique sociale: la Société industrielle de Mulhouse (1827-1870)», *Revue d'histoire moderne et contemporaine*, tome34, oct.-déc., 1987.

(63) ADHR, 1T779, Tableau de l'école de fabrique, 6/4/1851.

(64) *BSIM*, tome26, 1854, pp. 409-410.

(65) *BSIM*, tome34, 1864, p. 231; *BSIM*, tome39, 1869, pp. 430-431.

(66) *BSIM*, tome31, 1861, pp. 128-133; *BSIM*, tome37, 1867, pp. 312-315.

(67) *BSIM*, tome32, 1862, p. 464.

(68) *Cours populaires de Mulhouse*, Mulhouse, 1865, p. 16.

(69) 1866-1870年の年平均生徒数は20名であった。SIM, *Histoire documentaire*, p. 1011.

(70) 合併時の生徒数は、力織機学校が32名、紡績学校が5名であった。SIM, *Histoire documentaire*, p. 1011.

(71) ミュルーズの労働者住宅については、以下の研究が詳しい。中野隆生『プラーグ街の住民たち——フランス近代の住宅・民衆・国家——』山川出版社、1999年、28-96ページ；S. Jonas, *Mulhouse et ses cités ouvrières: perspective historique 1840-1918: quatre-vingts ans d'histoire urbaine et sociale du logement ouvrier d'origine industrielle*, Strasbourg, 2003.

(72) *BSIM*, tome24, 1852, pp. 135-136.

(73) Villermé, *Tableau*, tome1, pp. 3-5.

(74) *BSIM*, tome35, 1865, pp. 393-394.

(75) *BSIM*, tome35, 1865, pp. 394-396.

(76) L. Reybaud, *Le coton*, Paris, 1863, pp. 386-391.

(77) ADHR, 9M24, Situation au 17/4/1856, acheteurs aux cités ouvrières.

(78) ただし中野隆生によれば、ミュルーズ労働者都市では、転売による住民の頻繁な入れ替え、住宅の一部の又貸しの横行、住民による増改築の増加に伴う景観の

変容、洗濯・入浴の共同施設利用の低迷、民衆固有の地縁的関係の存続などが観察された。ゆえに、労働者都市の建設目標は限定された範囲で実現したにすぎなかった。中野『プラーグ街の住民たち』、68-96ページ。

(79) *BSIM*, tome37, 1867, pp. 93-94.
(80) *BSIM*, tome32, 1862, p. 466.
(81) Véron, *Les institutions ouvrières*, pp. 184-186.
(82) *BSIM*, tome37, 1867, pp. 113-114.
(83) ADHR, 4X45, *Le Travail*, 31/8/1866, pp. 41-42.
(84) ADHR, 4X45, Statuts de l'Economie populaire de Mulhouse.
(85) *BSIM*, tome37, 1867, p. 110.
(86) 例えば以下の共済組合定款を参照せよ。ADHR, 4X12, Statuts pour la Société de secours mutuels entre les ouvriers de MM. Schlumberger et Hofer, 10/12/1854; ADHR, 4X12, Statuts de la caisse générale de secours mutuels dans les établissements de MM. Hartmann et fils à Munster, 1860.
(87) 例えば一人当たりの年間拠出金と医療費平均を見ると、ドルフュス・エ・マンツ社 Dollfus et Mantz では10.40フランと10.65フラン、スタインバック・ケシュラン社 Steinbach, Koechlin et Cie では12.96フランと17.65フラン、ドルフュス=ミーク社では11.16フランと14.65フランである。Grad, *Etudes statistiques*, tome2, p. 255.
(88) *BSIM*, tome26, 1855, p. 423.
(89) Véron, *Les institutions ouvrières*, p. 145.
(90) *BSIM*, tome21, 1848, pp. 386-417; *BSIM*, tome22, 1849, pp. 49-78, 281-299, 378-425.
(91) ADHR, 4X44, Ministre de l'Agriculture et du Commerce au Préfet, 15/5/1850.
(92) ADHR, 4X44, Société d'encouragement à l'épargne; compte-rendu de l'exercice de 1867.
(93) *BSIM*, tome32, 1862, pp. 466-467.
(94) *BSIM*, tome37, 1867, pp. 354-356.
(95) 当時のイギリス工場法は、機械事故防止や機械事故発生時の対応に関して、工場監督官の広汎な介入を認めていた。アンジェル=ドルフュスは、機械事故をめぐるイギリス工場法の詳細な規定を紹介している。
(96) *BSIM*, tome37, 1867, pp. 341-344, 347-351.
(97) *BSIM*, tome37, 1867, pp. 363-365, 370-373.
(98) *BSIM*, tome38, 1868, p. 521.

(99) 当時のイギリスでは、16歳未満の児童労働者の事故件数が全体の4割近くを占めており、1867-1868年の工場事故防止協会の統計でも同様の傾向（24件の事故被害者のうち、14件が成人、10件が16歳未満の児童）が示されている。*BSIM*, tome37, 1867, p. 373; *BSIM*, tome38, 1868, p. 494.

(100) SIM, *Histoire documentaire*, p. 1021.

(101) SIMでのアンジェル＝ドルフュスの発言。*BSIM*, tome37, 1867, p. 341.

(102) 1870年のストライキについては、F. L'Huillier, *La lutte ouvrière à la fin du Second Empire,* Paris, 1957, pp. 59-72.

(103) ADHR, 1Z513.

(104) ADHR, 1Z513, Lettre d'Eugène Weiss, 6/3/1870.

第3章 ル・プレェ学派のパトロナージュ論と社会改革

はじめに

　前章で確認したように、地域社会との相互作用の中で、パテルナリスムは産業界主導による社会的保護の原動力となった。では、19-20世紀のパテルナリスムは思想的観点からいかに社会的機能を獲得していったのか。この問いを念頭に置きながら、本章においてわれわれは、産業福利事業の推進に関与したル・プレェ学派のパトロナージュ論を検討する。

　先行研究を見るならば、ル・プレェ学派は、まず19世紀の支配階層による権力実践を支えた思想として捉えられてきた。一方で、藤村大時郎やエルウィットは、ブルジョワジーの主導権確立という文脈でル・プレェ学派の展開を解明した。藤村によれば、ル・プレェは第二帝政期の経営パターナリズムにブルジョワ的社会改革の役割を与えたし(1)、エルウィットによれば、ル・プレェ学派は第三共和政期ブルジョワジーの社会運営の一端を担っていた(2)。他方、プロカッチや田中拓道は、七月王政期以降の「社会的なもの le social」に関わる支配階層の思想潮流に着目し、それら思想潮流の対抗関係の中にル・プレェ学派を位置づけた。彼らによれば、1830年代の社会問題をめぐって「政治経済学」に拮抗する「社会経済学 économie sociale」が形成され、第二帝政期以降、「社会経済学」はル・プレェ学派によって継承・復権されることになった(3)。

　ル・プレェ学派は、社会改革への社会学的方法論の実践的適用という観点からも検討されてきた。カラオラ B. Kalaora とサヴォワ A. Savoye は、ル・プレェが提唱した「社会科学」の理論化と実践の過程を分析し、19世紀から両大

戦間期にかけてのル・プレェ学派の展開に内在する思想的多面性を明らかにした[4]。また廣田明は、ル・プレェ学派における中間集団再建や地域主義の思想に焦点を絞り、自律的「社会」の再編や近代普遍主義・一元主義の相対化に関わる同学派の実践的提言を論じた[5]。

　以上の先行研究を踏まえた上で、われわれは主題をル・プレェ学派のパトロナージュ論に限定するが、その際、特に次の二つの点に留意しておきたい。

　一つめは、社会問題と社会的保護の相互関係から見た、社会改革論としてのパトロナージュ論の展開である。19世紀全般を通じた「社会問題－社会的保護」関係の中にパトロナージュ論を位置づける視点は、先行研究では必ずしも積極的に採用されてこなかった。この課題に取り組むにあたり、われわれは社会的保護としてのパトロナージュの可変的側面と不変的側面に着目したい。まず、社会的保護は社会問題の観点から社会構成員の生存保障を目的とする措置であるから、社会問題の態様に応じて変化し得る。序章で言及したように、19世紀の社会問題は七月王政期と第三共和政期に観察された。では、ル・プレェ学派は各時代の社会問題をいかに認識し、その認識をいかなる形でパトロナージュ論に反映させたのか。他方、19世紀以降の社会問題は資本主義の展開に恒常的に連動していたから、社会的保護もまた一貫して資本主義的諸活動への対応を模索し続けた。第1章と第2章でも確認したように、社会的保護と資本主義的諸活動の関係において鍵となるのは、資本主義を規定する市場経済原理の位置づけであろう。では、パトロナージュ論は社会的保護の視角から市場経済原理をいかに把握し、その把握方法をめぐって当時の経済的規範といかに連関していたのか。

　二つめは、社会改革潮流におけるパトロナージュ論と産業福利事業の交錯状況である。フランス革命後の中間集団再建を目指す立場から、ル・プレェ学派はパトロナージュ論を軸として社会的保護の領域に思想的影響を及ぼした。産業福利事業が社会的保護の一形態として正式に認知され、社会改革潮流の中に位置づけられたのも、パトロナージュ論に負うところが大きい。19世紀における産業福利事業とパトロナージュ論の連関を実証的に検討する作業は、先行研

究において十分に試みられてこなかった。ゆえに本章では、ル・プレェとシェイソンの思想的分析に加えて、第2章での考察の成果を受けながら、社会改革をめぐるパトロナージュ論と産業福利事業の交錯を解明したい。では、パトロナージュ論はいかなる論理によって産業福利事業に社会的機能を付与したのか。また、社会統治技術としてのパトロナージュ論と経営管理技術としての産業福利事業の間には、いかなる共通点と相違点が見出されたのか。そして、第三共和政下の社会変動に伴い、パトロナージュ論における産業福利事業の把握方法はいかなる変容を遂げていったのか。

　以下においては、まず、パトロナージュを提唱したル・プレェの議論に検討を加える。次に、1867年パリ万国博覧会の組織化を手がかりに、パトロナージュ論と産業福利事業の交錯状況を検証する。最後に、ル・プレェとの対比を念頭に置きながら、シェイソンにおけるパトロナージュ論を考察してみたい。

第1節　フレデリック・ル・プレェのパトロナージュ論

　フレデリック・ル・プレェ（1806-1882年）はパリの理工科学校 Ecole polytechnique および鉱山学校 Ecole des mines で学び、鉱山学校教授、国務院評定官、鉱山総監などの要職を歴任した人物である。彼は鉱山技師として統計編集や技術・経営指導に従事するとともに、ヨーロッパの労働者の生活実態に関する社会調査を実施した。調査は1832年から1857年まで続けられ、その結果は『ヨーロッパの労働者』（初版は1855年、第2版は1877-1879年）として刊行された。彼の調査の方法論的特徴は以下の点に求められる。

　一つめの特徴は、調査対象を労働者に限定する点にある。労働者は国民の最大部分を占めており、労働者の分析は社会構成の基本的要素を解明するうえで有益と考えられたからである[6]。ただし、ル・プレェが呼称する「労働者 ouvrier」とは、「（雇主に対する個人的な奉仕以外の）肉体労働を行い、多かれ少なかれ所有者や企業主の階層の性質を帯びつつも、この労働に与えられる報酬を主要な生活手段としている人々」[7]を意味していた。したがって、こ

のように広義に解釈された「労働者」には、工場労働者のみならず、農民、職人、自営業者なども含まれていた⁽⁸⁾。

二つめの特徴は、家族を分析の主題としたことである。ル・プレェは家族を社会の基本単位と見做し、家族を起点に社会構造全体を把握しようと試みた⁽⁹⁾。かかる立場は、ボナルド L. de Bonald やメストル J. de Maistre、あるいはコント A. Comte の理論的影響を受けていた⁽¹⁰⁾。それは同時に、自立した個人＝市民に社会の構成要素を求める近代社会の個人主義に対する批判を内包していた。

三つめの特徴として挙げられるのは、モノグラフィー分析の採用である。ル・プレェは、モノグラフィーに立脚した実証分析の手法が精度を保証すると考えた⁽¹¹⁾。彼の現地調査はロシアからスペインに至るまでヨーロッパ内の広範囲に及び、初版では36件、第2版では57件のモノグラフィーが収録された。その内容は個々の家族の詳細な家計収支分析を中心としていた。

こうしてル・プレェは『ヨーロッパの労働者』によって成功を収め、1856年には社会的経済実践研究国際協会 Société internationale d'études pratiques d'économie sociale（社会的経済協会 Société d'économie sociale）を設立した⁽¹²⁾。協会は、物理学、化学、自然史の分析手法を社会的経済に適用することを意図していた。すなわち、協会設立の目的は、モノグラフィーを用いた直接的観察を通じて、労働者の物質的・精神的状態や人的諸関係を確認することにあった⁽¹³⁾。ゆえに協会は何よりもまず学術団体であり、科学的知識の振興とともに社会改革の推進を目指していた。そのための協力者は、学者のみならず、企業家、技師、商人、銀行家、農民、政治家、官僚など幅広い職種の中に求められた。また、協会は政治的性格を帯びてはいたが、党派的な論争や対立に対しては一定の距離を保っていた。そこでは、特定の利益実現のために権力を掌握するのではなく、政治的諸勢力の広範な合意の下で社会的統治手段を形成することが目指されていたといえる。かかる理念は、1874年に設立された社会平和連盟 Union de la paix sociale においても引き継がれた⁽¹⁴⁾。

ル・プレェは、家族から国家に至るまでの社会集団をも体系的に検討し、

1864年には『フランスにおける社会改革』を出版した。彼の社会改革の構想は、家族の再建、労使関係の再建、地方分権化など多岐にわたっていた。とりわけ家族について、彼は『ヨーロッパの労働者』の成果を踏まえつつ、①「家父長家族 famille patriarcale」(個人の自由は存在せず、複数家族の共同生活と共同所有制度の下で、各人は家父長の絶対的権威に服している)、②「不安定家族 famille instable」(強制分割 partage forcé によって成立し、家父長の権威は弱く、個人の自由度は高いが、家族の紐帯は緩んでいる)、③「株家族 famille-souche」(①と②の中間に位置し、一括相続と個人的所有に立脚しつつ家父長の権威を保持する)という三つの基本類型を析出し、「株家族」を軸とした家族の組織化を社会改革の柱の一つとして位置づけた[15]。

　では、ル・プレェは労使関係の再建をいかに構想していたのか。ここでまず、七月王政期に顕在化した大衆の貧困に着目し、大衆的貧困をめぐる彼の認識から検討してみたい。

　彼によれば、旧体制下では貧困が限られた範囲内で抑制されていた。その理由として主に以下の二つの理由が挙げられる。一つは、諸個人が生まれた土地に自発的にとどまっていたことである。すなわち、人々はそこでの伝統的な慣習や自分たちを保護する諸権威に従っていたがゆえに、思慮を欠いた行為が抑えられていた。いま一つは、キリスト教の精神に由来する発想および公共の平和を保証する必要性から、多くの慈善事業が展開されていたことである。それらの事業は諸悪を消滅ないし緩和する働きをもつ。かくして人々は伝統に導かれた自由のうちに混乱への対処法を見出していたと[16]。

　こうした状況を踏まえた上で、ル・プレェは19世紀の工場体制による伝統的均衡状態の破壊を批判した。彼の工業化批判は主に二つの点から捉えられる。一つは工場生産体制に内在する固有の問題、もう一つは工場労働に従事する人々の行動様式の問題である。彼は次のように述べている。

　紡績機、織機、蒸気機関、製鉄業での石炭使用は、工場体制を特徴づけるとともに、決定的な競争力によって、水力使用の農村の製造所や、繊維・金属加工に従事する家内工業を衰退させた。工場主は、好況時には高賃金を提示する

ことで人々の独立心をくすぐり、それまで農村で計画的・安定的に暮らしていた者を労働力として吸収した。しかし、こうした新しい工場体制は、商業危機と失業を周期的に引き起こしている。従来の農村の製造所は、地域の必要性に応じて製品を供給していたがゆえに、生産と消費の均衡を自ずと確立していた。これに対して新しいタイプの工場は、投機の機会を利用するために際限なく生産を増大させ、好況の波が去ると突如として生産を縮小させてしまう。その結果、工場で働く者は失業し、何の保障もないまま著しい窮乏状態に置かれることになる[17]。

　他方、工場体制は、工場で働く人々に道徳的にも深刻な影響を及ぼしている。工場労働には一家の主人のみならず婦人や児童までもが従事し、絶えず家庭の外に出ている彼らは、家庭的秩序とは両立しない、わがままで雑然とした習慣を身につける。また労働者たちは、労働の疲労や生活の不安を紛らわす手段として薬や酒に頼るため、心身ともに堕落し、恒常的な困窮状態に陥る。パリでは、同棲相手に熱心に仕事をさせながら自らは毎日酒場で金銭を浪費するような労働者もいる。彼らは失業時や老後に窮迫した暮らしを強いる社会組織を辛辣に批判する。すなわち、彼らのお気に入りの論題は上層階級の利己心を批判することであり、上層階級に援助義務を押しつけながらも、逆に監督や管理の権利に関しては拒否するという矛盾した要望を持っている[18]。

　上述したル・プレェの認識の底流には、当時、工業化を最も強力に展開していたイギリスに対する鋭い批判があった。彼によれば、イギリスでは工場体制と大衆的貧困がヨーロッパの中で最も急速に進行しており、新しい工場体制によってもたらされる遺憾な事実さえもが当然かつ正常なこととして容認されている。農村の手工業者や農民が賃金労働者に転換して都市に集積されることに対しては何の後悔も感じられない。また、雇主は自らの工業活動のみに専心しているがゆえに、農業・家内工業における労働と工場労働を両立させるための配慮を労働者に対して示さない。さらに、富の蓄積が過度に重視されるあまり、周期的な混乱に巻き込まれる人々が急増することに対しても懸念が抱かれることはない。新しい経済学派（イギリス古典派経済学）に導かれた結果、そこで

は労使間の唯一の相互義務が、労働者にとっては適切な労働を実行すること、雇主にとっては需要と供給の法則に則って単なる商品の価格としての賃金を支払うことに収斂してしまっているのである[19]。こうしてみると、「この体制の慣行は……獣状態に近い野蛮性よりもはるかに劣る卑しい状態に至るものであった」[20]。

このようにル・プレェはイギリス古典派経済学を自由放任主義的と見做して批判したが[21]、自由競争そのものを否定したり、社会問題の解決を国家の介入に委ねたりしたわけではない。「労働の自由な競争は……永遠の法の一つ」[22]であり、大衆的貧困を解決するための全面的な国家介入は、社会内部の対立を生み出す危険な行為と見做された[23]。貧民援助団体（病院やホスピスなど）の有効性が退けられたのも、国家や官僚が不可避的に介入することによって、慈善の精神の自由な発展が損なわれると考えられたからである[24]。特にル・プレェの厳しい非難の対象とされたのは官僚制であった。彼によれば、中央集権制の悪しき変質形態である官僚制は、行政機構や実務の複雑化を通じて、諸立法の趣旨さえも歪曲しつつ、諸個人の活動領域を侵害して、公衆に依存や服従を強いている。官僚制の下では、公生活による私生活の際限ない侵害が進行し、地方が必要以上に首都に従属させられるとともに、国民全体は国家に吸収されてしまうと[25]。

ル・プレェは、貧困問題を解決する試みとして、貧困防止団体（第2章で考察したミュルーズ労働者都市協会が具体例として挙げられている）や共済組合にも言及し、限定的にはそれらの役割の意義を認めるものの、大衆的貧困の根絶という点ではいずれも不十分であると主張した[26]。では、目指すべき解決法はいかなるものであったのか。ここで彼のパトロナージュ論が検討されるべきであろう。

ル・プレェによれば、大衆的貧困の解決策は、最も完全な自発的援助形態としてのパトロナージュの内に見出される[27]。パトロナージュは雇主と労働者の永続的関係を基準とし、予見能力に欠ける大衆の安全を保障することを目指す慣習と制度の体系として捉えられる。その具体的な内容として、彼は以下の

項目を列挙している。①生産の変動を労働者たちの安全の下位に置くこと、②彼らに対して生活給付 subvention および家内工業の手段を可能な限り与えること、③彼らに良き習俗と教育を広めること、④彼らを株家族に組織化すること、⑤彼らに貯蓄を促し、住宅の取得を容易にすること、⑥彼らの妻を家庭の中にとどめること、⑦彼らの子女を誘惑から守ること、⑧世論と協力しつつ無分別な結婚と戦うこと、⑨堕落した者や流浪する労働者との接触から彼らを守ること(28)。これらの項目の中で特に重要と思われるのは次の二点であろう。

一つめは、モラル化としての労働者家庭の再建である。ル・プレェにおいて、労働者家庭の再建は株家族の再建に資すると同時に、大衆的貧困に対する有効な解決策を提供すると認識されていた。「個人主義が社会関係において優勢となっている所ではどこでも、人間は急速に野蛮状態にまで身を落としている。それに対して、社会が進歩している所ではどこでも、個々人は熱心に家庭の絆を探している」(29)。家庭の安定を左右する要素としてル・プレェが特に重視したのは母親の役割であった。すなわち、母親は工場労働者の地位に身を落とさずに家庭内にとどまり、家庭は母親に対してさまざまな仕事を提供することが期待されていた。母親は「家庭の救いの神」であって、清潔な手入れ・食事の支度・洗濯といった家事労働や子どもの教育は、家庭の幸福の源泉と見做されていた(30)。

二つめは、労働者の生存保障としての生活給付である。ル・プレェによれば、賃金が一時的な雇用制度の下で達成された労働量に応じて与えられる報酬であるのに対して、生活給付は労働者家庭の必要性に基づいて恒久的に与えられる手当である。商業危機や疾病など、労働者自身の意思とは無関係の要因によって労働が中断あるいは抑制されても、生活給付が打ち切られることはない(31)。パトロナージュを実行している雇主は、生活給付として住宅・家畜・付属地（この土地は、家畜の飼育と、野菜、果物、発酵飲料、繊維原料などの貯えのために必要とされる）の用益権を労働者家庭に対して分与している。また彼らは、労働者の家族を工業労働のみに従事させるのではなく、特定の時期に多くの労働力を必要とする農業労働のために労働時間の一部を留保する。要するに、

最初の雇用条件の永続性、毎年の手当の固定化、農業生産の規則性によって、雇主は製造業における不安定性を補っている(32)。さらに生活給付は、伝統的な農工兼業の労働形態を積極的に評価するものでもあった。ル・プレェによれば、森林や農地での労働は、労働者が景気変動に伴う工場の操業停止にも柔軟に対応することを可能とし、労働者の妻子や両親に対してもそれぞれの体力に応じた労働を提供する。ゆえに、農業と工業の連携こそが、人々に福祉の堅固な保証を与えるのである(33)。

このように、ル・プレェのパトロナージュは、労働者に対するモラル化と生存保障によって特徴づけられる。では、彼はいかなる労使関係や社会関係を志向していたのか。

まず、ル・プレェがパトロナージュを提唱した背景には、労使間の社会的紐帯の喪失に対する危機意識があった。彼によれば、1830年以降のフランスでは、雇主と労働者が互いに対立の精神しか抱いていない状態にある。「かつて、雇主は労働者たちや召使いたちに囲まれながら戦闘に赴いた。今日、雇主は敵陣の中で武装した彼らを見出している」(34)。すなわち、イギリスから輸入された経済学説に雇主が惑わされて雇用の永続性を放棄し、労使間の紐帯を断った結果、生存の保障を奪われた労働者たちは新しい社会秩序を憎み、これを動揺させようとして、廃墟を作り出す張本人となっていると(35)。かかる問題意識に基づき、社会平和の体現者として措定されたのが「社会的権威 autorité sociale」である。「社会的権威」とは、私的領域ないしは公的領域において高い地位を占め、伝統的な道徳規範を遵守しつつ、その美徳ゆえに周囲の人々からの愛情と尊敬を獲得している者を指す。生産の現場で影響力を及ぼす雇主は、為政者や聖職者と同様に、「社会的権威」としての役割を期待された(36)。

さらにル・プレェは、彼らが活動する前提として社会の序列化＝不平等を強く肯定した。彼にとって「最良の序列化は、下層には生存の安全、上層には美徳」(37)を確保するような体系であり、社会平和構築のためには、民衆における「服従の精神」と指導者における「父性の精神」の発展が求められた(38)。そもそも、「平等の原理の有効な応用をわれわれの諸制度に持ち込もうとして

時折なされる努力は、独占や特権や他の正当化できない不平等に対する嫌悪よりもむしろ、党派心や社会的対立の精神から着想を得ている」[39]。「不平等が道徳的秩序や社会の全般的利益を守っている場合、繁栄している人々は不平等を常に固く保持している」のだから、パトロナージュはまさに必要不可欠な不平等の筆頭に挙げられるべきものである[40]。その体制の特徴は、相互の関心と義務の強い感情によって維持される関係の永続性にある。すなわち、労働者は自らの幸福が雇主の繁栄と結びついていることを確信しており、雇主は地域の伝統に従って配下の者の物質的・精神的必要性を満たす義務があると常に思っている[41]。かくして、「公共の平和が下層階級の一定程度の幸福とともに維持されている場所ではどこでも、封建的諸制度が自発的なパトロナージュ……によって直接的に置き換えられる」[42]。

第2節　1867年パリ万国博覧会におけるパトロナージュ論と産業福利事業

　ル・プレェのパトロナージュ論を社会改革の実践面から把握する場合、1867年パリ万国博覧会の組織化は特筆に値する[43]。『フランスにおける社会改革』の中で、ル・プレェはパトロナージュの具体例を検討する場が当局によって設けられることを期待し、万博における新たな褒賞部門の創設を提案した。彼によれば、技術革新を奨励する従来の褒賞は、極めて限定された関心しか有していない。仮に工場設立が社会的対立や大衆的貧困を新たに惹起するのであれば、それは賞賛に値するとはいえない。逆に、生産の技術的条件が停滞的であったとしても、協調や福祉などによって代替されるならば、大きな進歩が成し遂げられるであろう。社会的諸関係は農業よりも工業において問題となっており、改革実現のためには労働者よりも雇主のイニシアティヴの奨励が有効であると[44]。このようにル・プレェは、工業化と社会的安定の両立よりも、むしろ社会的安定の絶対的優位に基づく工業化抑制論を提示しつつ、社会的権威を通じた改革＝パトロナージュの社会的承認の場を模索していた。こうした彼の主張は、彼が1867年パリ万博の運営委員長に任命されると直ちに実行に移された。

すなわち同万博では、10の展示グループ（①芸術品、②自由学芸、③家具類、④衣類、⑤採掘業製品、⑥日用工芸、⑦食料品、⑧農産物、⑨園芸品、⑩人々の物質的・精神的状態改善を目的とする事物）に加えて、ル・プレェの提案に基づく「新褒賞部門 nouvel ordre de récompenses」の設置が承認された[45]。

第10グループと新褒賞部門は、「人間の義務と名誉である精神的改善の荘厳なる表現」[46]を目的とする点で理念を共有していた。ただし、教育・住宅や手工業の展示を含む第10グループ[47]は、民衆のモラル化や伝統的労働形態に関わる点でル・プレェの主張に合致しながらも、社会的権威の活動を主題とするものではなかった。その意味で、彼のパトロナージュ論を最も明瞭に体現したのは新褒賞部門であったといえる。新褒賞部門の設置趣旨は「褒賞設定および選考委員会組織化に関する規定」第30条で次のように示されている。「特別な組織や制度によって、同一労働に従事する全員の間での良好な協調関係を発展させ、労働者に物質的・道徳的・知的充足を保障した人物・施設・場所のために、他とは区別された褒賞部門が創設される」。かかる趣旨に則り、1866年12月1日以降、新褒賞部門の特別選考委員会が活動を開始し、まず選考作業における一般原則を定めた。すなわち、①提示された事象全体において、慈善や善行の精神を考慮すること。ただし、そうした種類の行為に褒賞を与える任務を自らが特別に帯びることはしない。②法律の命令によるのではなく、自由で自発的なイニシアティヴから生じた事象のみを褒賞の資格と見做すこと。③慈善事業の評価において、事業自体が称賛すべきものかという点のみならず、持続・増大する繁栄と事業が両立しているかという点も特に検討すること。④競争相手がいる環境の諸条件を考慮すること。協調や福祉の伝統的状況が維持されることと同様に、対立や苦痛の状態が存在した所に改善がもたらされることも賞賛に値する[48]。

一般原則が定められると、次に具体的な審査基準として協調や福祉に関わる13項目が提示された[49]。①予見能力の欠如や貧窮状態を改善する諸制度[50]。②悪癖を改善する諸制度[51]。③労働者の知的・道徳的状態を改善する諸制度[52]。④労働者の状態の向上を目指す労働・賃金編成[53]。⑤労働者の状態の

表3-1　1867年パリ万国博覧会新褒賞部門：授賞基準

審査基準項目	係数 (a)	点数 (b) 0–20点	各項目の評点 (a×b)
①予見能力の欠如や貧窮状態を改善する諸制度	1		
②悪癖を改善する諸制度	2		
③労働者の知的・道徳的状態を改善する諸制度	2		
④労働者の状態の向上を目指す労働・賃金編成	3		
⑤労働者の状態の安定化を目指す生活給付	3		
⑥貯蓄の習慣	3		
⑦同一労働に共同で取り組む人々の間の協調	4		
⑧同一労働に共同で取り組む人々の間の良好な関係の永続性	4		
⑨農業労働と工業労働の結合	4		
⑩住居の所有あるいは賃貸借の永続性	5		
⑪若い未婚女性の性質に合わせた配慮	5		
⑫家庭の母親の性質に合わせた配慮	5		
⑬特別な長所			
最終評点（①–⑬の合計評点）			

注：⑬の評点は報告者の提案に委ねられる。
出典：*EU1867, RJI*, tome1, Paris, 1868, pp. 377-379, 532より作成。

安定化を目指す生活給付[54]。⑥貯蓄の習慣[55]。⑦同一労働に共同で取り組む人々の間の協調[56]。⑧同一労働に共同で取り組む人々の間の良好な関係の永続性[57]。⑨農業労働と工業労働の結合[58]。⑩住居の所有あるいは賃貸借の永続性[59]。⑪若い未婚女性の性質に合わせた配慮[60]。⑫家庭の母親の性質に合わせた配慮[61]。⑬特別な長所[62]。以上の13項目のうち、①から⑫の各項目には係数（①に1、②③に2、④⑤⑥に3、⑦⑧⑨に4、⑩⑪⑫に5）と点数（0点から20点まで）が設定され、①から⑫までの「係数×点数」に⑬の評点（⑬の評点に関しては報告者の提案に委ねる）を加えた合計が最終評点として定められた（表3-1）。

このように、ル・プレの思想的影響を受けた新褒賞部門は、伝統的秩序における社会的安定を最優先課題としつつ、雇主による労働者のモラル化や生存保障を目指していた。生活給付制度（係数3）、労使協調の永続性（係数4）、農工兼業体制（係数4）、母親を軸とする労働者家庭安定化（係数5）といった内容に相対的に高い係数が付与されていることからも、パトロナージュの実

践が重視されていたことは明らかであろう。

　特別選考委員会は600件以上の応募の中から60件の候補を選び、最終的に12件の賞 prix、24件の選外佳作 mentions honorables、5件の特別表彰 citations を決定した[63]。賞4件と選外佳作10件を獲得したフランスについて見ると、該当企業の大半が先端的生産技術によって特徴づけられており[64]、技術的優位性と福利事業の先進性の関連が指摘される。また、該当企業の地域的分布の点では、賞3件と選外佳作4件を授与されたアルザス地方の企業に対する評価が際立っている[65]。

　アルザス地方の企業は、いかなる点において高い評価を受けたのか。例えば、授賞対象となったオ＝ラン県のゲブヴィレル工業グループ[66]に関して、特別選考委員会報告は次のように報告している。ゲブヴィレルでは、大多数の労働者が従来からの定住状態で工業労働に従事しつつ、自身の土地を所有している。他方、雇主たちは個別企業の枠組みを越えて共同で改革に取り組むことで、製造業の急激な拡張に伴う弊害に対処している。そこでは多岐にわたる社会事業の展開が看取される。出産・育児支援、救済金庫、終身年金、病院、葬儀組織など、出生から死去に至るまで労働者は援助の対象とされている。協同組合運動も活発であり、消費・信用組合や庶民銀行が設立されている。さらに特筆すべきは教育施設と労働者住宅の整備である。ゲブヴィレルでは、フランスにおける庶民教育の先駆けとして教育講座・図書館・サークルなどの開設が進められるとともに、無産労働者を所有者に上昇させる住宅建設・販売がモラル化の一環として成功を収めている。こうした総体的状況の下で、ゲブヴィレルでは完全な社会秩序や良好な労使関係が維持されている。すなわち、騒動や労使対立は散見されず、労働審判所が不要と思われるほどである。また、工場に対する労働者の愛着が父から子へと伝統的に継承される一方で、雇主も労働者に対して完全な義務を負っていることを認識し、景気変動に伴う失業を回避するために経済的犠牲を払っている[67]。

　第2章でわれわれは、ゲブヴィレルでの福利事業をアルザスのパテルナリスムの文脈において論じたが、アルザスのパテルナリスムを新褒賞部門と理念的

に対比するならば、両者の共通点と相違点はどこに見出されるのか。まず一方で、企業家の協同性・自発性に基づく福利事業推進、工業化に伴う景気変動との関連での失業の把握、賃金以外の生活補助や雇用確保を通じたモラル化・生存保障などの点では、両者の一致が看取される。しかし他方で、新褒賞部門では工業化抑制論の観点から「所有と労働の結合」や農工兼業が重視されたのに対して、それらがアルザスのパテルナリスムの本質的要件を成したわけではない。アルザスではたしかに半農半工型労働者が活用されたものの、農村過剰人口による土地なし労働者の顕在化や都市への人口流入に対して、労働者の「土地からの離脱」を前提とする工業発展が模索されていたからである。

以上のように、1867年パリ万博はパトロナージュを新褒賞部門の中心に据えることで、産業界主導の福利事業を社会的に承認する役割を果たした。新褒賞部門は社会的経済を標榜しなかったとはいえ、潜在的には社会的経済を社会改革実践に適用する試みとしての意義をも有していた。パトロナージュが社会的経済を理念的に継承していたからである。ゆえに新褒賞部門は、1889年パリ万博に際して「社会的経済展覧会」の起源として言及されることになる[68]。

第3節　エミール・シェイソンのパトロナージュ論

1882年にル・プレェが死去した後、ル・プレェ学派第二世代は「社会科学」派と「社会改革」派に分裂した[69]。このうち「社会改革」派を代表する人物の一人がエミール・シェイソン（1836-1910年）である[70]。理工科学校および土木学校 Ecole des ponts et chaussées で学んだ彼は、東部鉄道 Chemin de fer de l'Est 技師長やシュネーデル社工場長といった現場活動のみならず、1889年パリ万博や各種社会改良団体の運営にも幅広く従事した。本節では、ル・プレェのパトロナージュ論がシェイソンによっていかに継承されたのかを考えてみたい。

ル・プレェの没後、資本と労働を取り巻く社会状況は大きく変貌しつつあった。1884年の職業組合法によって職業組合結成の自由が認められた結果、労働

者は争議権を正当な法的権利として掲げて雇主に対峙したからである[71]。労使関係の規律は個人対個人の原則から労働協約の原則へと転換し、社会主義の影響を受けながら労働運動が展開し始めた[72]。1890年代までのフランスでは、集権的な構造を持つ労働組合組織が少なく、労働運動は主として組合の地域的結合体である労働取引所 bourse du travail によって担われていたが[73]、それが企業経営に及ぼす圧力は確実に強まりつつあった。

こうした新たな社会問題の下で、シェイソンは労働運動や社会主義運動における「資本と労働の対抗」や「階級闘争」の理念に強い批判を加えている。彼によれば、「資本に対抗するのは資本であり、労働に対抗するのは労働である。……資本と労働は緊密に結びつき、苦境も繁栄も共有しているがゆえに、一方を傷つけるともう一方をも傷つけることになる」。したがって、「労働者の利益のためには資本を脅かしたり暴力で追い詰めたりするのではなく、その増大を助成しなければならない」[74]。シェイソンにとっての社会主義は、「未知の理想郷に向けて前進させるという口実で、原始的な大草原や森林の集産主義 collectivisme に向けて何世紀もわれわれを後退させる」[75]教義にすぎなかった。では、資本と労働の協調は自動的に達成されるのか。シェイソンによれば、19世紀は「社会問題の世紀」であった。「物質的進歩の観点から見ると、「蒸気と電気の時代」と呼ばれ得る……われわれの世紀は、精神的次元では、社会の内部組織に関する諸問題への関わりによって特徴づけられている」からである[76]。また、「社会関係において維持すべき平和の問題は、社会の複雑化とそこから生じる不安定性によって常により困難になっている」のだから、かかる状況下での「協調関係は……いわゆる無意識的・自然発生的なものではなく、……われわれの努力によって獲得されるもの」である[77]。

ゆえにシェイソンにとって、「労働は単なる商品にすぎないと主張する経済学者たち」は受け入れ難いものであった。「問題となっているのは全き人間の人格なのであって、労働の組織化に関するすべての問題を恐ろしく複雑にしているのは、まさにその点にある」[78]。経済的自由放任主義に向けられた彼の厳しい評価は、上述したル・プレの議論を踏襲しているといえよう。そのこと

はポリティカル・エコノミーに対する批判・修正をも内包していた。シェイソンによれば、ポリティカル・エコノミーが単なる「富の科学」としてのみ定義される限り、それは不完全な学問にすぎない。経済学者は「社会の医師」として「健康な器官と疾病状態の器官を調べた後に、本当の社会的治療法を目的として定める」ことを使命とするのである[79]。

しかしながらシェイソンは、ポリティカル・エコノミーとの決別を宣言したわけではなかった。彼の最も鋭い非難はミル J. S. Mill をはじめとするイギリスの経済学者たちに向けられているのであって[80]、フランスにおけるポリティカル・エコノミーの潮流に対しては、社会問題をも考慮に入れた再定義を提言している。シェイソンによれば、富とは「物質的・精神的必要性を充足させるのに適した生産物、能力あるいは助力」であり、ポリティカル・エコノミーとは「富の科学」と「社会福祉の技術」の複合物であった[81]。彼は、ポリティカル・エコノミーの陣営に属するロッシ P. Rossi の言葉「ポリティカル・エコノミーは代数の科学ではなく、人間性の科学である。それは市民社会の福祉に役立たねばならない科学である」を称賛し[82]、「経済的諸要因の役割を分析し、それらの協調と相互義務を明らかにすること、それがポリティカル・エコノミーの任務である」[83]と説いている。このように、イギリス古典派経済学のポリティカル・エコノミーに、社会福祉を包含した新たなポリティカル・エコノミーを対置する点で、シェイソンの主張は、第 1 章で言及したヴィルヌーヴ＝バルジュモンのキリスト教ポリティカル・エコノミー＝社会的経済の議論と重なり合っている。

では、社会福祉や社会平和を実現する主体はどこに求められるのか。まずここで、国家の役割についてシェイソンの見解を整理しておきたい。彼は、私的イニシアティヴを侵害する国家介入の事例として、ドイツの社会保険・年金制度を批判する。すなわち、国家社会主義 socialisme d'Etat の影響を受けたドイツでは企業家の自由の余地が存在せず、横並びの強制化が足枷となっている。そこでは軍隊的規律の様相を呈した法規がすべてを綿密に準備し、「国家社会主義の必然であり、災いであり、懲罰でもある」官僚制が幅広く展開される[84]。

シェイソンにとって、かかる国家介入を無力化する最良の手段こそがパトロナージュであった。彼によれば、フランスにおいて国家介入を支持する雇主の多くは労働者に対して何もせず、福祉制度に関する放棄を取り繕うために横並びの法制化を挙げているにすぎない。また、自らのパトロナージュが成功していないという理由で国家による強制化を主張する雇主もいるが、彼らはパトロナージュの原理を非難すべきではなく、その実践方法を変えるべきである。仮にパトロナージュに反発する雇主がいたとしても、結局そうした雇主は、労働力調達の困難や労働力の質の低下といった不利益を被ったり、世論と衝突したりするに至る。世論は良き番人なのであって、労使の対面が尊重されるならば、自由という国家の性格を保持しつつパトロナージュの実践が普及するであろう[85]。

このように、ル・プレェと同様に、シェイソンにおいても社会平和を実現する主体はパトロナージュであり、国家介入に対するパトロナージュの優位もまた揺るぎないものであった。ただし、シェイソンが国家介入をすべて否定したわけではない。彼によれば、調査の実施、児童や婦人の保護、衛生問題への関わりなどは、国家の正当な権限に属するものであった。また、国家が共済組合を証印や補助金によって援助するのであれば、「社会平和の味方たちは、介入を非難するどころか、そのことについて感謝しなければならないのである」[86]。シェイソンにおいて、パトロナージュ、アソシアシオン、国家の三者は相互に補完可能な関係にあった。「国家とアソシアシオンがパトロナージュを否定して一掃してしまうことは間違いであろう。しかし、アソシアシオンと国家に期待される援助をパトロナージュが正しく評価しないこともまた誤りであろう」[87]。ル・プレェ、シェイソンともに最も鋭い批判の矛先を向けたのは、国家介入という事実よりも官僚制という介入制度のあり方に対してであったことにわれわれは留意すべきであろう。

では、シェイソンはル・プレェのパトロナージュ論をいかに継承したのか。シェイソンは、パトロナージュを①「軍隊的パトロナージュ」、②「家父長的パトロナージュ」、③「自由主義的パトロナージュ」の三つの型に分類して論

じている。ここでは、特に比較対象とされる②と③の内容を中心に検討してみたい。

まず、家父長的パトロナージュにおいて、雇主は労働者にさまざまな配慮をしているが、制度の組織化や管理に関しては労働者の参加を一切認めない。労働者は未成年者あるいは予見能力に欠ける者として見做されているので、雇主が労働者の福祉をすべて引き受けているのである[88]。シェイソンによれば、こうした家父長的パトロナージュは19世紀前半から約半世紀にわたって続いてきたが、労働の場においてはもはや決定的に時代遅れのものとなっている。「普通選挙権、団結権、労働組合の権利、労働規制などを伴った民主主義の進展の作用で、あらゆる場所で家父長的パトロナージュは自由主義的パトロナージュに変化しつつある」[89]。「父親が子どもたちに対して用いるような権威主義的方法の時代は終わった。労働者は解放され、誇りと執着を持っている自らの独立性に抵触することに対しては、仮にそれが労働者のためであっても、彼らはもはや容認しない。保護は、どれほど好意的なものであったとしても、労働者を憤慨させ、自由に対する攻撃として彼らの感情を傷つけることになる」[90]。

他方、自由主義的パトロナージュの特徴は、労働者向けの諸制度の管理・運営において労働者の参加を受け入れることにあった。シェイソンは労働者参加の有効な事例として共済組合の運営を挙げ、その長所として次の点を指摘している。①労働者の過敏な自尊心を和らげる。②労使間の接触機会を増やすことで、緊張関係を緩和し、相互の偏見を解消する。③雇主の責任を軽減し、労働者の協力を得る。④労働者に運営教育を施す。⑤共済組合に対する労働者の受動性や無関心を払拭し、その活動に刺激を与える[91]。このように、シェイソンの自由主義的パトロナージュは労働者の参加を前提としており、家父長的権威主義に基づくル・プレのパトロナージュからの転換を示している。それは労働組合の法的公認を契機とする労使関係の変化によって規定されており、階級協調という課題に対するシェイソンの取り組みを明示するものであった。

自由主義的パトロナージュの特徴は、経営家族主義の機能方法においても指摘されるであろう。たしかにシェイソンは、工場を「工業家族」あるいは「第

二の家族」として位置づけている点でル・プレェの議論を継承している。すなわち、大工業 grande industrie 体制の下で労働者は、自らが家長を務める「自然家族」に属すると同時に、パトロナージュを実践する雇主によって導かれる「工業家族」にも属している(92)。しかし他方で、第三共和政期は企業規模が急速に巨大化しつつある時期でもあった。企業組織の巨大化・複雑化は、労働者と雇主の日常的な接触機会を必然的に減少させ、雇主の権威を希薄化させることにもなろう。シェイソンもまた、大工場での労使協調に対する最大の障害を、労働者と首脳部との間の距離の隔たりに求めている。とりわけ彼が憂慮したのは、職工長 contremaître あるいは現場監督 porion による自由裁量権の濫用であった。彼によれば、職工長は「成り上がり者」の傲慢さゆえに公正さを欠く場合が多く、労働者は職工長を通じてしか雇主を認識しないため、雇主に対する反感が増幅される。「憎悪の種を蒔くのは職工長であり、それを収穫するのは雇主なのである」(93)。

シェイソンは、こうした弊害を除去するために、技師に対して「社会的技師 ingénieur social」としての役割を期待した。彼によれば、社会的技師は、自らの優れた専門的知識に加えて、労働者の福祉に立脚した企業の発展を目的とする諸制度の知識を有する者である。彼らには、諸制度への配慮のみならず、作業場での日常的活動や労働組織の詳細から配当や原価に至るまで幅広い社会的関心が求められる。さらに社会的技師は、家族モノグラフィーおよび作業場モノグラフィーに依拠することによって、労働者の私生活に入り込み、工場の機構および労働者家庭の家計の仕組みを事細かに明らかにすることができると(94)。こうして、生産現場の技師に社会的機能が付与された結果、ソシアビリテに立脚した旧来の職人的労働者の世界は一層狭められていくことになろう。

次に、ル・プレェにおける生活給付の概念がシェイソンによっていかに継承されたかを考えてみたい。シェイソンによれば、賃金が「経済原理」の領域に属するのに対して、生活給付は「家庭的原理」の領域に属している。生活給付は現物給付の形態ゆえに労働者の必要性を直接的に充足させ、購買力や価格の変動に左右されることもない。生活給付は労働者にとっては通常の収入への貴

重な補助となり、雇主にとっては労働者に対する効果的な援助の手段となるのである。したがって、「賃金は生産の経済的道具であり、生活給付はパトロナージュの社会的道具である」。しかし現状を見るならば、現物給付を制限する諸立法の制定や、近代的大工業での労使関係の変化などの理由で、現物給付の慣行は消滅しつつあると(95)。生活給付慣行の比重の低下は、第三共和政期の社会問題が農村世界に関わる諸問題をも内包していたことを示唆している。すなわち、1870年代以降の「大不況」は深刻な農業不況を伴ったため、伝統的な農村社会を徐々に解体に導き、農業部門から離脱した純粋な工業労働者を創出しつつあった(96)。こうした社会現象を背景に、ル・プレェによって奨励された労働形態としての農工兼業は転換に向かい、パトロナージュ論における労働者の生存保障形態も変容していくことになろう。

では、工業労働者の生存はいかに保障されるべきか。特に生活必需品の安定的供給という問題にパトロナージュはいかに対処すべきか。まずシェイソンは、生鮮食料品の廉売を目的とする企業直営店舗のエコノマ économat を奨励した。しかし、エコノマは概して不評であった。エコノマと競合関係に立たされた地元の小売業者の猛反発を買うことになったからである。他方、労働者は無計画な信用貸しでの購入の習慣をエコノマでも続けるため、賃金支払日に控除された金額に驚き、自らの日常生活がエコノマに支配されていると思い込む。こうなると、「感謝の種を蒔いたつもりが、対立を収穫することになってしまう」ため、企業はエコノマを閉鎖するようになった(97)。

このエコノマに代わって設立されたのが消費協同組合である。消費協同組合は労働者自身によって管理され、現金販売しか認めない。年度末に生じる剰余金は留保され、将来のリスクに備えた生活保障制度の基金に充当される。消費協同組合の優越性はこの剰余金留保の制度にあった。実情では労働者の大半はその日暮らしの生活を強いられ、将来に備えるための資金的余裕がなかったからである。またシェイソンによれば、雇主が消費協同組合を援助する場合には、エコノマと同じ不都合に陥らないためにも、運営には極力干渉しないことが重要である。雇主は補助金の拠出や活動場所の提供などの便宜を図ったとしても、

自らが買付に関わったり、消費協同組合を通じた労働者への前貸しを行ったりしてはならない。事実、雇主のこうした干渉は、1886年のドゥカズヴィルDecazevilleの製鉄所でのストライキの際に特に申し立てられた不満の一つであった[98]。さらにシェイソンは、アソシアシオンの観点からも、パトロナージュが消費協同組合を積極的に支援することを主張した。すなわち、アソシアシオンは分散した諸個人を固く結びつけ、自らの力で管理・運営されることによって国家介入を効果的に回避し得る。労働者も社会事業のために個々人の力を結集させることによって「小川が大河になる」ことを実感し、平和的に自らの境遇を改善することが可能となる[99]。ゆえに、適切に運営されたアソシアシオンは民衆の激情に対する最良の安全弁となり、社会平和の強化に貢献することになろうと[100]。

おわりに

本章のねらいは、社会問題 - 社会的保護関係の中にル・プレェ学派のパトロナージュ論を位置づけながら、社会改革の観点からパトロナージュ論と産業福利事業の交錯状況を検証することにあった。最後に、以上の考察によって明らかになった点を確認しておきたい。

ル・プレェは、工場体制を経済危機発生や道徳性低下の元凶と見做しつつ、社会問題としての大衆的貧困の原因をイギリス由来の経済的自由主義に求めた。社会問題の解決策は「社会的権威」によるパトロナージュに見出され、大衆的貧困への全面的な国家介入は退けられた。パトロナージュは雇用の永続性や大衆の生存保障を理念的基礎としており、労働者家庭の再建や生活給付の制度によって特徴づけられる。特に生活給付は、半農半工型労働を積極的に評価するものであった。このように、伝統的階層秩序や伝統的農村社会の復興を志向し、富の創出よりも福祉の分配を重視する点で、ル・プレェのパトロナージュ論は七月王政期の社会カトリシズムの社会的経済を思想的に継承していた。

シェイソンも、社会福祉増進の視角からポリティカル・エコノミーの規範的

再定義を提言する限りでは、社会カトリシズム論者の主張との重なりを示した。しかし他方で、彼のパトロナージュ論は階級問題を考慮に入れた労使協調体制の再構築を目指すとともに、純粋な工業労働者の存在を前提とする農工兼業放棄に向かいつつあった。その背景には、第三共和政下の新たな社会問題としての労働運動や農業不況が存在した。またシェイソンは、国家介入に対するパトロナージュの優位を唱えながらも、調査実施、児童・婦人保護、衛生問題などに関しては条件つきで国家の関与を是認していた。

このように、ル・プレェとシェイソンのパトロナージュ論を比較すると、たしかに労使関係や労働形態の指向性をめぐって両者の間には明瞭な相違が存在した。そもそも社会的保護としてのパトロナージュの態様は、各時代に固有の社会問題によって規定されるからである。しかし、社会問題は一貫して資本主義の展開に連動していたから、両者のパトロナージュ論もまた、市場経済原理の批判的検討や労働者の生存保障の点で一致を見ることになった。すなわち、彼らは同時代のイギリス経済学を自由放任主義として批判的に捉え、民衆の生存保障の観点からイギリス由来のポリティカル・エコノミーへの対抗潮流を形成した。ル・プレェ学派が社会的経済の思想的系譜上に位置づけられる所以である。

社会問題への国家介入に関して、ル・プレェとシェイソンがともに強く非難したのは、官僚制という介入制度のあり方であった。官僚制は私的イニシアティヴを侵害し、国家への個人の吸収と従属を進行させると認識されたからである。ル・プレェ学派は旧来の階層的な社会秩序観を保持しつつ、個人と国家の中間領域の再編を通じて、「社会」への自律性の付与を模索していた。かかる文脈において、雇主＝社会的権威の協同性や自発性に基づく産業福利事業は積極的に評価された。産業福利事業は賃金以外の生活補助や雇用確保を通じてモラル化や生存保障を目指していたから、パトロナージュ論にも合致していた。かくして、1867年パリ万博はパトロナージュを新褒賞部門の中心に据えることで、産業福利事業を社会的に承認する契機となった。ただし、産業福利事業の基底を成すパテルナリスムに着目するならば、それは新褒賞部門との間に理念

的な「ずれ」を生じさせていた。新褒賞部門がル・プレェの影響の下で伝統的な農工兼業を重視し続けたのに対して、パテルナリスムは労働者の「土地からの全面的離脱」を前提とする工業発展に傾斜しつつあったからである。

　第三共和政期に入り、労使関係が新たな局面を迎えると、シェイソンは、「社会的技師」概念を通じて、近代的工場制度や科学技術に立脚した労働者統合を提唱し始めた。彼のパトロナージュ論も、旧来の半農半工型労働からの転換として、生活給付制度に代わる協同組合制度を奨励するに至った。農村世界の変容に伴う農工兼業の放棄によって、労働力の再生産や地域社会の再編は産業福利事業の動向に一層委ねられることになろう。また、協同組合の組織化に関するシェイソンの提言は、パトロナージュとアソシアシオン原理の融合を視野に収めた点で注目に値する。すでに1867年パリ万博は潜在的には社会的経済を社会改革に適用する試みであったが、第三共和政下でパトロナージュがアソシアシオン原理に接近した事実は、社会改革に関わる社会的経済の新たな方向性を示唆するからである。

注
（1）　藤村「第二帝政期フランスにおける経営パターナリズムをめぐって」。
（2）　Elwitt, *The Third Republic Defended*.
（3）　Procacci, *Gouverner la misère*; 田中『貧困と共和国』。
（4）　B. Kalaora et A. Savoye, *Les inventeurs oubliés. Le Play et ses continuateurs aux origines des sciences sociales*, Seyssel, 1989.
（5）　廣田「フランス革命以後における中間集団の再建」；廣田明「フランス・レジョナリスムの成立――ル・プレェ学派における家族、労働、地域――」（遠藤編『地域と国家』）。
（6）　F. Le Play, *La méthode sociale*, Tours, 1879, p. 237. なお、この本は『ヨーロッパの労働者』第2版（全6巻）の第1巻を独立させて出版したものである。
（7）　F. Le Play, *Les ouvriers européens*, Paris, 1855, p. 15.
（8）　ル・プレェにおいて、労働者は次の7つの範疇に分類されている。①家内労働者 ouvriers-domestiques、②日雇い労働者 ouvriers-journaliers、③請負労働者 ouvriers-tâcherons、④借地人 ouvriers-tenanciers、⑤自営業者 ouvriers-chefs de métier、⑥労働者＝所有者 ouvriers-propriétaires、⑦所有者＝労働者 propriétaires-

ouvriers。労働者の最下層部分①は家事奉公人に近く、最上層部分⑦は地主・企業家に近いものである。Le Play, *Les ouvriers européens*, p. 16.
(9)　Le Play, *La méthode sociale*, p. 132.
(10)　ボナルドやメストルは個人に対する社会的共同体の優位を認め、社会的共同体の筆頭として家族を位置づけた。またコントは、社会を構成する最小単位を家族に求めた。
(11)　Le Play, *La méthode sociale*, p. 224.
(12)　社会的経済協会については以下を参照せよ。Kalaora et Savoye, *Les inventeurs oubliés*, pp. 103-107; A. Savoye, «Les paroles et les actes: les dirigeants de la Société d'économie sociale, 1883-1914», Topalov (dir.), *Laboratoires*.
(13)　*Les Ouvriers des deux mondes*, tome1, 1857, pp. 5, 19.
(14)　この連盟は地域を基盤とする連合体であり、組織的には独立しつつも、多くの点で社会的経済協会と緊密な関係にあった。Kalaora et Savoye, *Les inventeurs oubliés*, p. 115; Savoye, «Les paroles», p. 74; 廣田「フランス・レジョナリスムの成立」、71ページ。
(15)　F. Le Play, *La réforme sociale en France*, tome1, Paris, 1864, pp. 168-170. ル・プレェは、フランス革命によって定められた強制分割＝均分相続を非難し、家父長の権威を保証する「遺言の自由」の復活を主張し続けた。Le Play, *La réforme sociale*, tome1, pp. 117-144.
(16)　Le Play, *La réforme sociale*, tome2, pp. 15-16.
(17)　Le Play, *La réforme sociale*, tome2, pp. 16-17.
(18)　Le Play, *La réforme sociale*, tome2, pp. 18-19.
(19)　Le Play, *La réforme sociale*, tome1, pp. 308-309; Le Play, *La réforme sociale*, tome2, pp. 19-20; F. Le Play, *L'organisation du travail*, Tours, 1870, pp. 179-182.
(20)　Le Play, *La réforme sociale*, tome2, p. 20.
(21)　こうしたル・プレェ学派の古典派経済学批判に対して、われわれは、第1章でも言及したように、アダム・スミスの議論に内在する自己規制の規範を考慮に入れねばならない。
(22)　Le Play, *La réforme sociale*, tome2, p. 43.
(23)　Le Play, *La réforme sociale*, tome2, p. 35.
(24)　Le Play, *La réforme sociale*, tome1, pp. 385-388.
(25)　Le Play, *La réforme sociale*, tome2, pp. 236-237, 246-251, 261.
(26)　Le Play, *La réforme sociale*, tome1, pp. 388-391.
(27)　Le Play, *La réforme sociale*, tome2, p. 53.

(28) Le Play, *La réforme sociale*, tome2, p. 456.
(29) Le Play, *La réforme sociale*, tome1, p. 167.
(30) Le Play, *La réforme sociale*, tome2, p. 29.
(31) Le Play, *La méthode sociale*, pp. 244-245.
(32) Le Play, *Les ouvriers européens*, p. 19. なお、ル・プレェは住宅の用益権の付与を生活給付の内訳に含めているが、他方では、雇主が労働者に対して貯蓄を奨励して住宅の所有者にさせる事例もパトロナージュの一環として挙げ、その有益性を認めている。Le Play, *La réforme sociale*, tome1, pp. 309-310, 389.
(33) Le Play, *La réforme sociale*, tome1, p. 306; Le Play, *Les ouvriers européens*, p. 19; Le Play, *L'organisation*, p. 148.
(34) Le Play, *L'organisation*, pp. 176-177.
(35) Le Play, *L'organisation*, pp. 172-173.
(36) 社会的権威については、Le Play, *L'organisation*, pp. 18-22.
(37) Le Play, *La méthode sociale*, p. 385.
(38) F. Le Play, *L'école de la paix sociale*, Tours, 1881, p. 35.
(39) Le Play, *L'organisation*, pp. 352-353.
(40) Le Play, *L'organisation*, p. 349.
(41) Le Play, *La réforme sociale*, tome2, p. 26.
(42) Le Play, *La réforme sociale*, tome2, p. 31.
(43) 1867年万博の組織化に関しては、藤村「第二帝政期フランスにおける経営パターナリズムをめぐって」; E. Vasseur, «Frédéric Le Play et l'Exposition universelle de 1867», A. Savoye et F. Cardoni (dir.), *Frédéric Le Play. Parcours, audience, héritage*, Paris, 2007.
(44) Le Play, *La réforme sociale*, tome2, pp. 38-39.
(45) *Rapport sur l'Exposition universelle de 1867. Précis des opérations et listes des collaborateurs*, Paris, 1869, pp. 351, 572-573; Le Play, *La méthode sociale*, pp. 44-45.
(46) *EU1867, RJI*, tome13, Paris, 1868, p. 6.
(47) 第10グループは以下の89-95類から構成されている。89・90類：児童教育の施設と方法。図書館および家庭・作業場・コミューン・同業組合の成人のための教育施設。91類：有益で低廉さと結合した品質によって特徴づけられる世界中の家具・衣類・食品。92類：諸国の庶民的服装の見本。93類：衛生・福祉の状況と結合した低廉さによって特徴づけられる住宅。94類：親方職人によって作られた全種類の製品。95類：親方職人特有の労働の道具・方法。*EU1867, RJI*, tome13.

(48) *Rapport sur l'Exposition universelle de 1867*, pp. 183-184, 607.
(49) 13項目の審査基準については、*EU1867, RJI*, tome1, Paris, 1868, pp. 533-534.
(50) 共済組合、病院、生命保険、年金制度、衛生対策など。
(51) 飲酒癖の抑圧、同棲を回避する措置、月曜日無断欠勤の抑圧、作業場での秩序の確立など。
(52) 宗教教育、教育助成金、成人教育、職業教育、徒弟制、図書館など。
(53) 労働者を職工長の状態に引き上げる労働体系、勤続年数に応じた昇給、労働者の利潤参加制度など。
(54) 住居の購入・建設や土地・家畜の取得を容易にする前貸金制度、家賃優遇措置に基づく農村地帯の独立性住居、食料品・衣類の割引販売、失業回避を目的とする経済的犠牲など。
(55) 貯蓄金庫の設立、金庫の貯金残高水準の高さ、不動産取得や有価証券購入によって証明される貯蓄習慣など。
(56) ストライキや論争が存在しないこと、政治的混乱の中での労働の継続、諸困難の防止・解決のための委員会など。
(57) 企業に対して労働者が抱く伝統的な愛着、父子の世代にわたる同一企業での勤務、労使間の個人的諸関係など。
(58) 工場労働者による住宅付属庭の耕作や土地の所有・開墾、工業施設と結合した広大な農地が雇主や労働者によって開墾されること、農業従事労働者による製造業の経営など。
(59) 労働者住宅の建設、年賦払いによる弁済制度、労働者が家屋と土地の所有者であること、労働者家族が永続的に同一住居にいることなど。
(60) 工業を犠牲にしても企業が若い未婚女性を雇用しないこと、工場で働く若い未婚女性向けの特別な作業場所の設定、若い未婚女性に対する厳格な監視、非嫡出子が存在しないことなど。
(61) 家庭への母親の活動の集中、雇主による内職の付与、作業場で働く母親への特別な環境の整備、家事に従事する機会の付与など。
(62) 宗教的精神の広汎な定着と日常的行為への反映、協調・福祉・徳性の伝統的状況の保全および持続的繁栄との結合、作業場設置における労働者の健康への配慮、農村中心地に設立された工業施設が良俗を保全しつつ余裕を生み出すこと、農村において工業と結合した大小の所有地に由来する利点、大土地所有者や企業経営者の努力によって福祉や協調がもたらされた場所、多産的な家族や豊かな植民への適性など。
(63) 最優秀の1件に授与される大賞 grand prix は該当なしとされた。また、ル・ク

ルーゾ Le Creusot の製鉄企業シュネーデル社 Schneider et Cie は選考除外 hors concours（実質的には賞と同格の扱い）となった。新褒賞部門の選考委員を務めるシュネーデル J.-E. Schneider 自身が受賞を辞退したからである。国別分布を見ると、賞は、フランス4件、ベルギー1件、プロイセン・北ドイツ1件、ヴュルテンベルク1件、オーストリア1件、スウェーデン・ノルウェー1件、イタリア1件、アメリカ合衆国1件、ブラジル1件。選外佳作は、フランス10件、ベルギー1件、プロイセン・北ドイツ4件、バーデン1件、ヴュルテンベルク1件、バイエルン1件、オーストリア3件、スペイン1件、スウェーデン・ノルウェー1件、アメリカ合衆国1件。特別表彰は、オランダ1件、スイス1件、スペイン1件、ポルトガル1件、ロシア1件。なお、イギリスからも多くの応募があったものの、同国代表の特別選考委員の任命で混乱が生じたため、イギリスは特別褒賞部門への参加を辞退することになった。*EU1867, RJI*, tome1, pp. 379-380, 402; *Rapport sur l'Exposition universelle de 1867*, pp. 187, 493.

(64) 藤村「第二帝政期における経営パターナリズムをめぐって」、8ページ。

(65) アルザス地方の企業あるいは企業経営者で受賞したのは、ドゥ・ディートリッシュ De Dietrich（製鉄業；バ＝ラン県）、ゴルデンベルク Goldenberg（製鉄業；バ＝ラン県）、ゲブヴィレル工業グループ Groupe industriel de Guebwiller（オ＝ラン県）。選外佳作となったのは、ビュシエール Baron de Bussière（機械製造業；バ＝ラン県）、グロ・ロマン・マロゾー社 Gros, Roman, Marozeau et Cie（繊維業；オ＝ラン県）、ジャピー兄弟 Japy frères（時計製造業；オ＝ラン県）、ルグラン Legrand とファロ Fallot（リボン製造業；バ＝ラン県）。*EU1867, RJI*, tome1, pp. 402-417, 454-480.

(66) 第1章で言及したように、ゲブヴィレルでの産業福利事業の展開は、すでに1830年代にジェランドによって称賛されていた。

(67) *EU1867, RJI*, tome1, pp. 410-414.

(68) この点については第4章で検討する。

(69) 「社会科学」派が社会研究の方法論の革新に向かったのに対して、「社会改革」派は社会改革を最優先させる立場をとった。ル・プレ学派第二世代の展開については、廣田「フランス・レジョナリスムの成立」、70-86ページ；Savoye, «Les paroles».

(70) シェイソンの生涯については、E. Cheysson, *Œuvres choisies*, tome1, Paris, 1911, pp. 3-70.

(71) 1884年職業組合法に関しては、N. Olszak, «La défense collective des intérêts: la loi du 21 mars 1884 relative à la création des syndicats professionnels», J.-P.

Le Crom (dir.), *Deux siècles de droit du travail. L'histoire par les lois*, Paris, 1998.
(72) 同時代者の視点から第三共和政期の労働運動を分析した代表的研究として、M. Leroy, *La coutume ouvrière; syndicats, bourses du travail, fédérations professionnelles, coopératives, doctrines et institutions*, 2 vol., Paris, 1913.
(73) 谷川『フランス社会運動史』、219-225ページ。
(74) E. Cheysson, «La lutte des classes», *Revue internationale de sociologie*, novembre-décembre, 1893, pp. 491-492.
(75) Cheysson, «La lutte», p. 491.
(76) E. Cheysson, «Leçon d'ouverture du cours d'économie politique», *Journal des économistes*, décembre 1882, p. 374.
(77) Cheysson, «Leçon», p. 356.
(78) Cheysson, «La lutte», pp. 492-493.
(79) Cheysson, «Leçon», pp. 357-358.
(80) Cheysson, «Leçon», p. 362.
(81) Cheysson, «Leçon», p. 358.
(82) Cheysson, «Leçon», p. 362.
(83) Cheysson, «Leçon», p. 374.
(84) *EU1889, RJI, GES*, 2e partie, Paris, 1891, pp. 446-447. ただし、こうしたシェイソンの解釈は、制度の実態を正確に捉えたものではない。コットによれば、1880年代以降のドイツ社会保険制度の導入に際しては、既存の職業共同体秩序、地方行政当局の裁量、産業福利をはじめとする私的イニシアティヴなどが排除されたわけではなかった。シェイソンのドイツ批判は社会的保護に関する仏独の理念的対立に主眼を置いており、かかる意味で国家的アイデンティティー構築への指向性を表現するものであったといえる。コットは法制的理念と政策実践のずれに着目しつつ、理想的な社会紐帯を表現する言説という観点から社会政策の把握を試みている。S. Kott, *L'Etat social allemand. Représentations et pratiques*, Paris, 1995.
(85) *EU1889, RJI, GES*, 2e partie, pp. 449-451.
(86) *EU1889, RJI, GES*, 2e partie, pp. 371-372.
(87) *EU1889, RJI, GES*, 2e partie, p. 378.
(88) *EU1889, RJI, GES*, 2e partie, p. 385.
(89) *EU1889, RJI, GES*, 2e partie, p. 386.
(90) E. Cheysson, «L'économie sociale à l'Exposition universelle de 1889», *La Réforme sociale*, 1/7/1889, p. 15.

(91) *EU1889, RJI, GES,* 2ᵉ partie, p. 387.
(92) E. Cheysson, «La monographie d'atelier», *La Réforme sociale,* 1/12/1896, pp. 779-780.
(93) *EU1889, RJI, GES,* 2ᵉ partie, p. 432.
(94) E. Cheysson, «Le rôle social de l'ingénieur», *La Réforme sociale,* 1/10/1897, pp. 522-524. なお、シェイソンのモノグラフィー分析については、廣田「フランス・レジョナリスムの成立」、79-86ページ。
(95) *EU1889, RJI, GES,* 2ᵉ partie, pp. 438-439.
(96) Noiriel, *Les ouvriers,* pp. 83-90.
(97) *EU1889, RJI, GES,* 2ᵉ partie, p. 393.
(98) *EU1889, RJI, GES,* 2ᵉ partie, pp. 394-395.
(99) *EU1889, RJI, GES,* 2ᵉ partie, pp. 373-374.
(100) *EU1889, RJI, GES,* 2ᵉ partie, p. 443.

第4章　第三共和政期におけるパテルナリスムの社会的位置

はじめに

　第2章と第3章での考察を受けて、本章では第三共和政期のパテルナリスムを検討する。「大不況」下の経済・社会変動や労使関係の法制的枠組みの変化を背景として、19世紀末には新たな社会問題が顕在化し、産業界は社会的保護の再構築を迫られることになった。かかる状況の下で、パテルナリスムはいかなる展開を見せたのか。第2章で整理した先行研究を踏まえつつ、ここでわれわれは以下の三つの点に留意したい。

　一つめは、19世紀初頭から20世紀初頭までを通じたパテルナリスムの進展状況に関わる問題である。そもそもパテルナリスムの態様は、工業化の進展度や社会状況に応じて変容し得る。しかるに先行研究では、産業革命期と第三共和政期のパテルナリスムの比較が考察の対象外とされたり、仮に両者の比較が行われても、共通点と相違点の双方への目配りが十分ではなかったりするきらいがある。産業革命期のパテルナリスムと第三共和政期のパテルナリスムを比較した場合、両者の間の共通点と相違点はどこに見出されるのか。あるいは、産業革命期のパテルナリスムとの対比において、第三共和政期のパテルナリスムの特質はいかに把握されるのか。本章では第2章での考察の成果を念頭に置きながら、パテルナリスムの成立契機と基本理念の視点から検討を試みる。その際、われわれは特に次の点を重視したい。すなわち、工業労働力調達への取り組み、市場経済における労働者の生存保障への対応、国家介入をめぐる産業界と国家の相互関係である。これらの諸点は、パテルナリスムの展開のみならず、

19-20世紀フランス資本主義の発展形態をも規定する要因となるであろう。

二つめは、第三共和政期のパテルナリスムをめぐる言説・制度・思想の統一的把握である。生産現場においてパテルナリスム言説の理念は福利事業の実践にいかに反映され、そうしたパテルナリスムの言説・制度の展開は当時の思想潮流といかに連関したのか。本章では、ロレーヌ地方の製鉄企業での事例を検討するとともに、パテルナリスムの根幹を成す産業福利事業を世紀転換期の社会改革の中に位置づけることを試みる。社会改革に関しては、パリ万国博覧会や社会改良団体の組織化を手がかりに、ル・プレェ学派のパトロナージュ論と急進派の連帯主義の動向に注目したい。パトロナージュ論と連帯主義の相互連関という視点から、パテルナリスムを生産現場と社会改革運動の両面において分析することは、これまでの先行研究において試みられてこなかった。では、生産現場のパテルナリスムにおいてパトロナージュ論と連帯主義はいかに位置づけられたのか。また、社会改革運動におけるパトロナージュ論と連帯主義の交錯はパテルナリスムの展開にいかなる影響を及ぼしたのか。

さらに、このようにパトロナージュ論と連帯主義の相互連関をパテルナリスム考察の射程に入れることで、パテルナリスムの存続に関わる問題が三つめの論点として提起される。1880年代以降、労使関係を規定する諸立法や労働運動の影響を受けながらもパテルナリスムは存続し、産業福利事業はフランス社会保障形成の起点の一つとして機能することになった[1]。では、20世紀以降もパテルナリスムの存在意義を持続させた要因は何だったのか。本章では、社会改革運動の観点から、パテルナリスムの社会的受容がパトロナージュ論と連帯主義の動向に支えられていた状況を検証する。特にパテルナリスムとパトロナージュ論の補完的関係の分析によって、「世紀転換期におけるパトロナージュからパテルナリスムへの移行」という従来の解釈[2]には一定の修正が加えられることになろう。またわれわれは、パトロナージュ論と連帯主義の結節点となった「社会的経済」概念にも注目したい。先行研究ではパテルナリスムと社会的経済の関係が積極的に論じられることはなかったものの、社会的経済は現代フランスの労働・社会政策思想を理解する上で重要な鍵となるからであ

る[3]。世紀転換期のフランスにおいて社会的経済はいかに把握されたのか。また、パテルナリスムとの関係において、当時の社会的経済はいかなる役割を演じたのか。

以下においては、まずパテルナリスムの成立要因と基本理念について考察を加える。次にパテルナリスムの展開形態を企業での具体的事例に沿って検証し、最後にパテルナリスムを第三共和政下の社会改革の文脈において捉え直してみたい。

第1節　パテルナリスムの成立要因と基本理念

本節では、パテルナリスムの展開を促した諸要因と、パテルナリスムに内在する基本理念を検討する。その際われわれは、第2章と第3章での考察を踏まえた上で、産業革命期と第三共和政期のパテルナリスムを対比し、両者の間の共通点と相違点にも留意したい。

(1)　労働力供給に関する問題

パテルナリスムの成立要因としてまず指摘されるのは、労働力供給に関わる問題である。19世紀以降のフランスでは、人口成長の低迷が特徴的に観察される。フランスの普通出生率は1830年代から30‰を下回り始め、1880年代以降の急速な下落の結果、1910年頃には約20‰にまで落ち込んだ（図4-1）。また鉱山・製鉄業では、鉱床との地理的関連上、人口過疎地域に立地する企業が多かった。こうした人口動態や企業立地の条件の下で、労働力調達の安定化という経営課題に対応したのが産業福利事業である。例えばロレーヌ地方の鉱山業では、鉱床地帯に多数の労働者を定住させる必要性から住宅地の造成が推進された[4]。同地方の鉱山・製鉄業者は、イタリア人移民の集団雇用にも取り組み、1911年トリノ国際博覧会 Exposition internationale de Turin の際には、フランスを目指すイタリア人労働者への宣伝手段として福利事業の展示を位置づけた[5]。

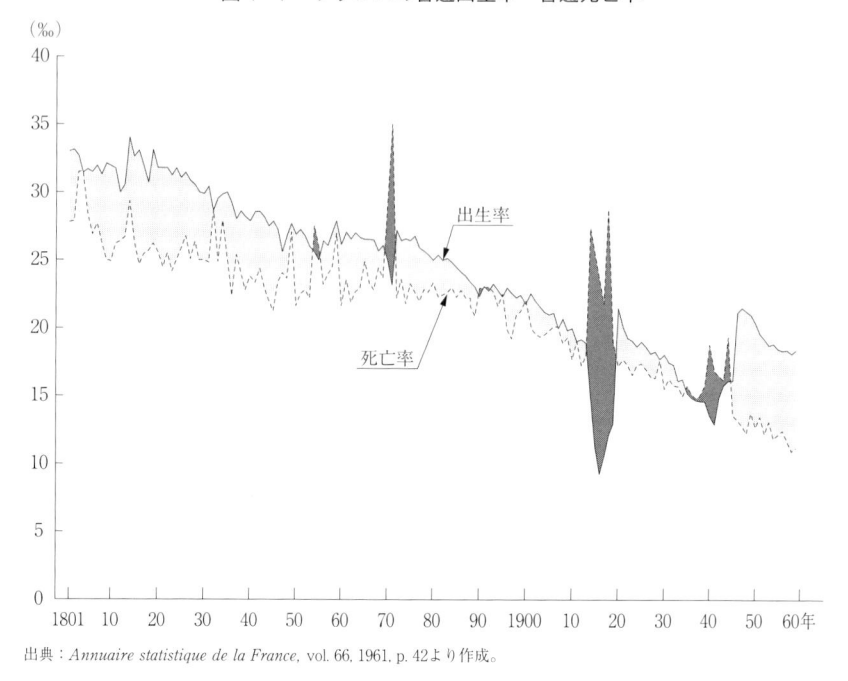

図 4-1　フランスの普通出生率・普通死亡率

出典：*Annuaire statistique de la France*, vol. 66, 1961, p. 42 より作成。

　また、労働力の安定的調達は質的な観点からも追求された。熟練労働への依存が相対的に高い業種では、労働力養成のコスト節約のために継続的な雇用形態が望ましかった。本章第 2 節で検討するように、製鉄企業では良質な労働力の確保に向けて長期勤続者を意識した優遇措置や雇主の言説が看取され[6]、かかる労働力定着化策は労働者家庭の再建を軸とするモラル化と結びつけられた。家庭生活の安定は、労働者の間に秩序、節約、清潔などの精神を涵養して、生産活動の安定に寄与すると見做されたからである。パテルナリスムにおけるモラル化は、七月王政期の大衆的貧困問題の下での公的秩序維持に由来するが、労働運動が活発化する第三共和政期には、ストライキ対抗策として従業員の忠誠心の獲得に重心を移していった。かくして、パテルナリスムは労働力調達における諸制約を出発点としながらも、その展開において労働力の規律化と定着

化に基づく地域社会の再編を能動的に推進することになる。

(2) 労働者の社会的生存問題

　パテルナリスムの成立は、労働者の社会的生存との関連においても把握される。第2章で検討したように、19世紀前半から労働者は周期的恐慌による失業や賃金切り下げに直面し始め、七月王政期には彼らの劣悪な環境が大衆的貧困として顕在化した。これに対してアルザス地方の経営者の間では、当時の経済的自由放任主義への批判が高まり、福利事業（労働者住宅、共済組合、消費協同組合など）への協同的取り組みを通じてパテルナリスムが推進された。福利事業に媒介される労使関係の特徴は、「賃金」＝形式的合理性よりも「生活上の必要性」＝実質的合理性に立脚していた点にある。それは労働者の生存保障を優先する点でモラル・エコノミー的経済倫理を反映しており、後述するように20世紀のロレーヌ地方のパテルナリスムにおいても看取される。

　他方、第3章で確認したように、産業福利事業に思想的基礎を与えたのは、フレデリック・ル・プレェである。彼は大衆の貧困の原因を経済的自由放任主義に求め、解決策として雇主＝社会的権威によるパトロナージュの実践を提唱した。パトロナージュの根幹を成す「生活給付」には農工兼業的労働形態が残されていたものの、後述するように、パトロナージュ論は第三共和政期以降も発展的に継承されて、産業福利事業を思想面から支え続けた。すなわち、「大不況」が半農半工型労働者を工業労働者に変容させ、労働組合の法的承認が労働運動を高揚させる状況下で、産業福利事業とパトロナージュ論は、労働者の生存保障を通じた階級協調と共和政擁護の機能を担っていく。

(3) 国家介入をめぐる問題

　最後に、パテルナリスムと国家介入の関連にも言及しておきたい。産業界と国家の関係においてパテルナリスムを捉える場合、鍵となるのは官僚制や労働・社会立法に関する問題である。革命後のフランスでは、行政面での国家への集権化として、官僚制が本格的に整備された。第二帝政下では、知事職団＝

国家官僚への強力な行政執行権の付与を通じて、後見的行政監督が制度化された。さらに、第三共和政期に階級問題が顕在化すると、国民統合の一環として、政府は新たな労働・社会立法に依拠しながら労使関係への積極的な介入を開始することになった。

　こうした国家介入の動きに対して、産業界は福利事業を通じて労働者の生存保障に関与し、地域固有の問題に取り組みながら、公共的領域の主体として立ち現れてくる。福利事業は個別企業のみならず企業間の協同組織によっても担われ、そこには官僚制への対抗や産業界の自立性が看取される。例えば、第2章で考察対象としたSIMは、コミューン自治に関わる都市精神の伝統を継承し、知事職団と対抗関係にあった。あるいは第6章で検討するように、第三共和政期の鉱山・製鉄業で労災補償や老齢年金が独自に制度化された背景には、官僚制や国家管理主義étatismeに対するフランス鉄鋼協会の批判が存在した。また本章第3節で考察するように、国家活動の制限や私的イニシアティヴの優位は、第三共和政下の社会改革論としてのパトロナージュ論の特徴でもあった。ただしわれわれは、19世紀以降の社会保障の整備過程において、私的制度と公的制度が相互補完的に機能した点にも留意すべきであろう。例えば、1898年労災補償法や1910年老齢年金法の制定後も、産業界での既存の制度は継続して認められていた[7]。かかる意味でパテルナリスムは、企業＝産業界を拠点とする中間団体の再編や、企業の公共性の確立をもたらすことになる。

第2節　ポン゠タ゠ムソン社における生産と福祉

　前節で言及したパテルナリスムの成立要因や基本的理念は、個別企業のパテルナリスムにおいていかに表れたのか。本節では生産と福祉の連関に留意しつつ、ポン゠タ゠ムソン製鉄・鋳造株式会社（PAM）の事例を考察する。1856年に設立されたPAMは、銑鉄生産と鋳鉄管・銑鉄鋳物製造を中心に事業を展開し、20世紀初頭には一大製鉄企業に成長した[8]。われわれは、ロレーヌ地方で1905年に発生したストライキが同社の労使関係に及ぼした影響を特に重視

第4章　第三共和政期におけるパテルナリスムの社会的位置　123

し、言説と福利事業の両面からパテルナリスムを把握することに努めたい。

(1)　1905年ストライキと経営者

　1905年の4月から8月にかけて、ムルト゠エ゠モーゼル県 Meurthe-et-Moselle のロンウィ Longwy 盆地やブリエ Briey 盆地では鉱山ストライキが頻発した[9]。会社によって違いはあるものの、採鉱計量係の選考権、二週間ごとの賃金支払い、報奨金・罰金制度の廃止などが要求された。ストライキ連鎖の背景には、労働組合指導の下での運動の組織化が存在し、その終結に際しては、しばしば行政当局による調停が行われた。さらに、秋になるとストライキは製鉄企業に波及する。PAM ポン゠タ゠ムソン工場（従業員数約2,500名）の労働者は、解雇された同僚（労働組合会計係）の復職、二週間ごとの賃金支払い、加工賃率の掲示など12項目（後に14項目に修正）の要求を掲げて、9月2日からストライキに入った。鉱山スト指導者らも加わって、町ではデモ行進や集会が組織され、当局は軍隊を出動させた。流血事件には至らなかったものの、工場は操業停止を余儀なくされ、治安部隊とスト参加者の緊迫した対峙が続いた。9月9日以降、治安判事の介入によって事態は収拾に向かい始める。三度にわたる調停委員会を経て、9月14日には和解が宣言された。和解では、解雇の経緯の調査・検討や加工賃率の掲示といった回答が得られたものの、他の要求に関してはほぼ現状維持が貫かれ、労働者側の実質的成果は少なかった。また経営側は、スト参加者に対する報復解雇を行わないことを約束したが、職場復帰手続きは職場退出順と逆の順序で行われると回答した[10]。

　1905年ストライキは経営者にいかなる影響を及ぼしたのか。まず、ロレーヌ地方の経営者層においては、労働運動に対抗してムルト゠エ゠モーゼル鉄鋼・鉱山協会（CFMM）が結成された。PAM 取締役のカミーユ・カヴァリエ C. Cavallier は、1905年10月にパリのフランス鉄鋼協会（CF）本部を訪問し、ストライキ対策について運営委員のプラロン Pralon と話し合った。さらに、カヴァリエと CF 事務局長ロベール・ピノ R. Pinot[11] の間では、CFMM の組織化や労働者情報収集部局の設置に関する意見交換が行われた。当初、個人主義

の強いムルト=エ=モーゼル県の鉱山・製鉄業経営者たちの相互連携は困難と見られており、ピノはCFMM設立案が多くの抵抗に遭遇すると考えていた[12]。ところが、ピノの予想に反して設立案は順調に受け入れられ、1906年4月にはCFMMが誕生する。ナンシーNancyに本部を置くCFMMは、ムルト=エ=モーゼル県の鉱山・製鉄業の経済的・商工業的利益の検討と擁護を目的とし、地元の代表的企業の大部分の加盟を実現させた。CFMMはCFとの連携（CFMM事務局長にはピノが就任）を保ちながらも、自律的組織として地域固有の問題に取り組み、設立直後の運営委員会ではメーデー対策が討議された[13]。

他方、PAMでは労働運動への対抗として「黄色組合」が利用されることはなかったものの[14]、ストライキ後に社長室直属の労働者監察員 Inspecteur du personnel ouvrier のポストが設置された。「小さな警視総監 petit Lépine」と呼称された監察員には、工場施設の入出場管理とともに、労働者の素行情報の収集と報告が求められた[15]。ポスト設置後、「工場を兵舎に変える」監察員の横暴を非難する匿名書簡を受け取ったカヴァリエは、書簡内容を労働者に公表した上で、工場と従業員を外敵や不良分子から守る必要性を力説している[16]。さらに、こうした生産労働局面での監視の強化に加えて、1905年ストライキは、言説の増大と福利事業の拡充を通じた労使協調体制の構築をカヴァリエに模索させることにもなった。すなわちパテルナリスムの本格的な展開である。

(2) 言説におけるパテルナリスム

1906年1月の職員向け年始挨拶において、カヴァリエは前年の「スト暴動」に言及し、次のように述べている。PAMの賃金はフランス製鉄業の中で最高水準にあり、工場で保障される「労働の自由」は絶対不可侵である。現在の著しい生産拡大期の後には、景気後退がやってくるに違いない。今後、工場を攪乱する暴動に対しては、労使一体となって防衛に当たらねばならない。昨年9月以来、工場における変化として諸改革が行われた。他の改革も準備・検討中であり、好機に実施に移されるであろうと[17]。当時のロレーヌ製鉄業は繁栄を享受していたから、生産競争の観点からもストライキによる操業停止は阻止

されねばならなかった。ゆえに1905年ストライキの経験は、会社の労務管理制度における決定的な転換点となった。

　PAMにおいてパテルナリスム言説の比重を高める直接的契機となったのは、メダル受賞者祝宴Fête des médaillésの開催である。1906年4月1日の第1回祝宴では、30年以上の勤続労働者126名に対して表彰メダルが授与され、午餐がふるまわれた。社長祝辞では、労働・貯蓄の美徳や工場内の秩序・階層関係の重要性が強調されるとともに、会社への要望を直接聞くために社長室が常に労働者に開放されていると説明された[18]。このように、労働者のモラル化や労使協調は長期勤続者を取り込みつつ進められ、経営規模拡大の過程においても雇主と現場労働者の直接的対面関係が努めて維持された。また、祝宴を記録した小冊子の表紙の色は「(労働組合を想起させる) 黄色でも赤色でもなく、灰色か青色」[19]と指定されており、そこにはストライキに敏感な経営側の意識が反映されている。

　では、パテルナリスムは雇主の言説の中でいかに表現されたのか。何よりもまず、カヴァリエによれば、労使間には企業の繁栄という共通の目的に基づく相互信頼関係が築かれねばならない。そのために、雇主は「家長」として労働者を物質的・精神的に援助し、労働者は会社による約束が履行されていることを自覚して労働に邁進せねばならない[20]。労働者に対する雇主の義務として特に強調されたのは、労働者の生存および雇用の保障である。すなわち、雇主には企業活動で生計を立てるすべての者の生存を保障する義務がある。また、雇用確保のためには時には赤字でも生産が継続されるべきであり、不況を理由として労働者に失業を強いることは恥ずべき行為であると[21]。

　労使関係や福利事業に関するカヴァリエの言説を辿ると、1905年ストライキを境として「連帯」概念の頻出が確認される。たしかに一方で、その用語法には当時の社会改革思想としての連帯主義の受容の痕跡が見られる。例えば彼によれば、第一次世界大戦以前の製鉄企業における各種の社会厚生事業は連帯の精神から着想を得て進められており、経営者たちはレオン・ブルジョワ L. Bourgeoisの指導の下で、結核・アルコール中毒・不良住宅の問題解決にも参

加し始めた[22]。しかし他方で「連帯」は、企業利益を優先させたり、階層的な労使協調体制を構築したりするための理念にも転用された。カヴァリエは次のようにも述べている。すべてが連帯している工業施設では、各人が他者に義務を負い、一人の過ちが全体に影響する。ゆえに、全体において個人的利害は捨象されねばならず、「(個人の) 特殊利益」ではない「(企業の) 一般利益」が重要である[23]。また、「工場、すなわちわれわれが理解し、実際に存在するような工業社会においては、従業員は一つの大家族を形成しており、全構成員の間では階層の上から下に至るまである種の連帯が支配せねばならない」[24]と。

次節で論じるように、ブルジョワの連帯主義では相互義務がリスクの「相互化 mutualisation」に付随し、共済組織を通じた各人の「権利における価値の平等」が志向されていた。これに対してカヴァリエの言説では、「相互義務」概念が企業利益の優先に帰着し、「連帯」が階層的労使関係に基づくパトロナージュ的文脈において語られる。かくして、理念的に組み換えられた連帯主義はパテルナリスムと接合されるに至った。さらに、私企業の利益を一般利益と見做し、工場を工業社会と換言する表現法は、私的空間としての企業体に公的・社会的性格を付与しようとするものでもあった。「企業利益＝一般利益」や「工場＝工業社会」といった短絡的な同一視があるとはいえ、企業の公共性がPAMのパテルナリスムに内在していたことは事実である。例えば、後述する従業員向け福利事業は、労働者の生存保障と密接に連関していた。また、企業の公共性は、労働者に子女教育の重要性を説くカヴァリエの姿勢にも表れている。1910年の労働・貯蓄祝宴において、彼は親子三代にわたるPAM勤続者を称賛する一方で、労働者子女向けの進学奨励金制度の利用低迷に苦言を呈しつつ、次のように述べる。5,000名の労働者の中で、商業学校進学が可能な優秀な息子を持つ者がいないことなどあり得るのか。あるいは、息子が労働者であり続けながらも、教育を通じて社会的階段を昇っていくのを親として想像することは素晴らしい野望であろうと[25]。かかる発言の背後に、有能で忠実な人材を将来的に登用しようとする思惑があったことは間違いない。しかしながら、単に社内での待遇向上という個別限定的な目標ではなく、「社会的上昇」とい

う普遍的概念を教育の展望として提示した事実は、企業の社会的・公共的性格の一端を示しているといえよう。

(3) 福利事業の展開

カヴァリエの言説に表れたパテルナリスムは、労働運動への対抗という観点から、労使協調の構築を目指して「連帯」概念を用いつつ、労働力の規律化・定着化や労働者の生存保障を重視していた。では、言説における理念は実際の福利事業にいかに反映されたのか。以下では理念と制度的実態の対比を念頭に置きながら、具体的事例を検証してみたい。

a. 連帯厚生事業諮問委員会

1905年ストライキから約半年が経過した1906年3月、PAMでは連帯厚生事業諮問委員会 Comité consultative des œuvres de solidarité が設置された。この組織は、労働者からの要請に基づく食料品、衣類、家賃、現金などの支給や貸付（ただし援助に際しては現金よりも現物が望ましいとされた）を目的とするとともに、必要に応じて貯蓄金庫、低廉住宅、連帯厚生事業などに関する諮問機関にもなった。6-10名の工場職員から構成される運営委員会では、労働者から提出された各種の要望が精査された。設置の翌年には、374件の援助要請のうち344件が承認され、援助資金として総額6,677.60フランが投じられている[26]。

この組織の特徴は、連帯主義とパトロナージュの混合的制度として機能した点にあり、そこにはカヴァリエの言説における「連帯」概念との類似性が看取される。すなわち一方で、委員会の名称に「連帯」を掲げ、連帯に関連した事業を活動領域としながらも、他方で、現物給付を通じた援助を活動の中心に据えて、労働者家庭の生活上の必要性に応える点で、組織の本質はパトロナージュの実践に相当するものであった。

b. 疾病・労災に関する支援

　ポン=タ=ムソン工場では1895年に診療・医薬品の無料化が実現し、1906年には連帯厚生事業諮問委員会による疾病時の生活援助も導入された。また労災問題に関しては、1898年労災補償法の制定以前から日給補償金制度（賃金半日分相当額を支給）が社内で整備され、重度の労災事故に対してはフランス鉄鋼相互保険組合金庫（1891年にCFによって設立）を通じた補償が適用されていた[27]。

　医療施設の分野では、病院建設で先行したロンウィ製鋼社[28]への対抗意識や、イタリア人労働者調達との関連が指摘される。例えば、1911年にイタリア領事がPAMオブエ鉱山を訪問した後、同社技師のファヨールFayolleは次のように報告している。ロンウィでは病院などを見せて領事を眩惑したはずだから、われわれも「病院建設がすでに決定され、早期に開始されるところである」と述べて好印象を与えるよう努めねばならなかった[29]。かくして1913年には、PAMを含むブリエ盆地の鉱山・製鉄企業の共同出資によって鉱山・冶金業病院 Hôpital des mines et de la métallurgie（ベッド数200床）が設立された。最新医療機器を備えた同病院は、労災治療を主たる目的としながら急性疾患にも対応し、運営費は出資企業によって賄われた[30]。

c. 貯蓄金庫

　労働者の貯蓄促進を目的として、ポン=タ=ムソン工場では1900年にポン=タ=ムソン小郡貯蓄金庫 Caisse d'épargne du canton de Pont-à-Mousson の支店（通称「製鉄所支店」）が開設された。会社の基金によって労働者の貯金金利（4％）は貯蓄金庫の通常金利（3％）よりも優遇され、定期的な貯金に対しては会社の特別手当をもとに6-10％の金利が適用されていた。また、貯金を行った労働者を対象として、金券を賞品とする会社独自の抽籤会も実施された。さらに、1905年ストライキ以降の取り組みは貯金者を急増させた。すなわち、抽籤会賞品として庭付き住宅や住宅用地が贈られたり、労働者家庭の主婦＝貯金者や若年労働者＝口座保持者を対象とする抽籤会が開始されたりした。この

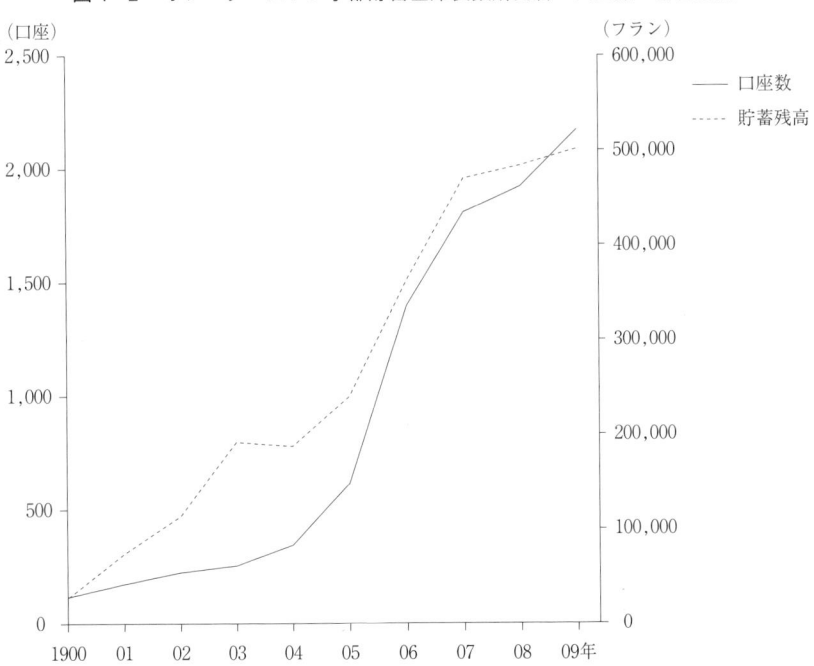

図4-2　ポン゠タ゠ムソン小郡貯蓄金庫製鉄所支店：口座数・貯蓄残高

出典：SGA, 36625, Exposition internationale de Turin 1911. PAM. Economie sociale, p. 23より作成。

　結果、1905年の口座数609・貯金残高23万8,859フランは、1906年に口座数1,398・貯金残高35万9,971フラン、1909年には口座数2,174・貯金残高50万1,022フランにまで上昇した[31]（図4-2）。

　言説を通じたモラル化としての貯蓄奨励もまた、1905年ストライキ以後に増大を見せた。1906年1月の工場内掲示では、貯蓄金庫支店の利便性や労働者向け優遇措置が宣伝されるとともに、貯蓄を理由とする賃金切り下げの可能性が否定された。掲示によれば、貯蓄は「疾病時の確かなパン」かつ「尊厳と自立の命綱」であった[32]。また、1908年5月には貯蓄祝宴が開催され、長期勤続者の他に、支店開設時から定期的に貯金を続けた労働者が招待された。カヴァリエは、疾病や老後への備えとして貯蓄の効用を説く一方で、貯蓄資産運用の観点から、鉄道会社債券の購入、国民老齢年金金庫 Caisse nationale des retraites pour la vieillesseへの拠出、不動産の購入などを推奨した。かくして「労働し、貯蓄し、保全したまえ」が合言葉となる[33]。

d. 住宅取得支援制度

　ポン＝タ＝ムソン工場では、近隣の市街地や村落の存在ゆえに住宅問題の緊急性は低く、第一次世界大戦以前に本格的な労働者住宅地が造成されることはなかった。PAMは、特に労働者自身による不動産所有を奨励し、土地購入や住宅建築に対しては優遇金利（3％）での貸付を実施した。その際、建築に伴う設計費・見積書点検・工事監督などはすべて会社側によって負担された[34]。

図4-3　ポン＝タ＝ムソン工場の労働者住宅モデル

出典：SGA, 36625, Exposition internationale de Turin 1911. PAM. Economie sociale, p. 15.

また、住宅取得が資産保持の手段として提案される一方で、住宅借入金返済のリスク分散のために生命保険への加入が推奨されていた[35]（図4-3）。

　賃貸住宅建設よりも住宅取得支援が志向された背景には1905年ストライキの経験があった。会社によれば、住宅を所有する労働者の多くは、騒動の間は自宅にとどまり、操業再開とともに工場に戻ってきた。ゆえに、

「所有者たる労働者は保守的になるのである」[36]。さらに、社会問題の一端を労働者の住宅環境に求めるカヴァリエは、モラル化の観点からも良質な住宅の供給を重視していた。すなわち、住宅が快適かつ衛生的で、妻子が清潔であれば、仕事後の労働者は喜んで直ちに帰宅するであろう。健全な住宅の取得に必要な手段が講じられれば、労働者の心性は著しく向上し得ると。かかる文脈において、彼は住宅供給の協同として低廉住宅会社の設立をポン゠タ゠ムソンの首長に働きかけていく[37]。

e. 消費協同組合

市街地に隣接するポン゠タ゠ムソン工場では、地元の小売業者への配慮から、創業以来エコノマ（会社直営の生活必需品販売店舗）は存在しなかったが、1912年にPAM従業員消費協同組合 Société anonyme coopérative du personnel des fonderies de Pont-à-Mousson が設立された。設立の背景には、1910年以降の物価上昇と、それに伴う全国的な民衆騒動の高まりがあった[38]。ポン゠タ゠ムソンの町でも食料品高騰に抗議するデモ行進が起こる一方で、労働者の一部が従業員向け消費協同組合の設立をカヴァリエに要請した。「労働者の当然の保護者」を自称するカヴァリエは、協同組合定款を作成し、工場敷地内の建物を貸与した。従業員によって運営される消費協同組合では、組合員＝従業員の拠出金に基づき、安価で良質な食料品の販売が目指され、剰余金の一部は購買金額に応じて組合員に還元された[39]。

そもそも、上述した全国的な民衆騒動は、労働組合主導の政治的運動ではなく、モラル・エコノミー的な抗議行動としての特徴を呈していた。すなわち民衆は、「盗人」、「買い占め人」、「強欲者」などと叫んで、パン屋、肉屋、農家を攻撃したり、食料消費に関する租税の廃止を行政当局に要求したりした。労働総同盟 Confédération Générale du Travail はこうした民衆運動の高揚を予測できず、事後的に物価対策を模索することになった[40]。かかる意味で、食料の安定供給に関わる消費協同組合は、20世紀でもなお旧来のモラル・エコノミー的枠組みを継承しつつ、労働者の生存保障の一部を担うものであったとい

える。また、信用貸しでの販売を原則的に排除することで、この組織には労働者のモラル化の役割も期待された。労働者家庭での計画性の観点から、カヴァリエは消費協同組合を「民主的教育の事業」と見做していた[41]。

f. 家政学校

1910年以降の物価上昇は、PAMに家政学校 Ecole ménagère の設立をも促した。食料品価格の高騰に対処するためには、家計節約術を労働者家庭に浸透させることが望ましいと考えられたからである。家政学校に関してはロンウィ製鋼社が先行していたため、同社経営者の妻ドゥルー Dreux 夫人に対してPAMは家政学校運営の人選を依頼した[42]。

家政学校は、労働者家庭の未婚女性を対象として、結婚後の家事労働に関わる基本的事項を習得させる機関であり、授業内容は企業の将来的な労働力保全に合致するものであった。例えば、採光や換気を考慮した衛生的居住環境の整備、身体的清潔さの保持、特に幼児に配慮した健康的な食生活の確立、節約・貯蓄の精神に基づく家計維持などである。このように、家政学校は若年層への家政教育を通じて労働者家庭のモラル化に資することを期待されていた[43]。

g. 年金制度

1895年以降、PAMでは経営側のみの拠出金をもとに独自の年金制度が整備された。1910年の規定によれば、勤続30年以上かつ年齢60歳以上で退職した労働者には、退職金100フランと月額30フランの年金が支給されていた。同条件での年金受給者は1909年において30名を数えた。また、勤続30年以上の労働者が死亡した場合、55歳以上の寡婦には年額70-180フランの年金が支給された[44]。

1908年におけるポン゠タ゠ムソン工場の現役労働者数1,917名、会社全体の労働者平均年収額1,550フランと比較するならば、上記の年金受給者数や受給金額の水準は低いように見えるかもしれない。しかし1908年のポン゠タ゠ムソン工場では、30年以上の勤続者が118名、20年以上30年未満の勤続者が198名在

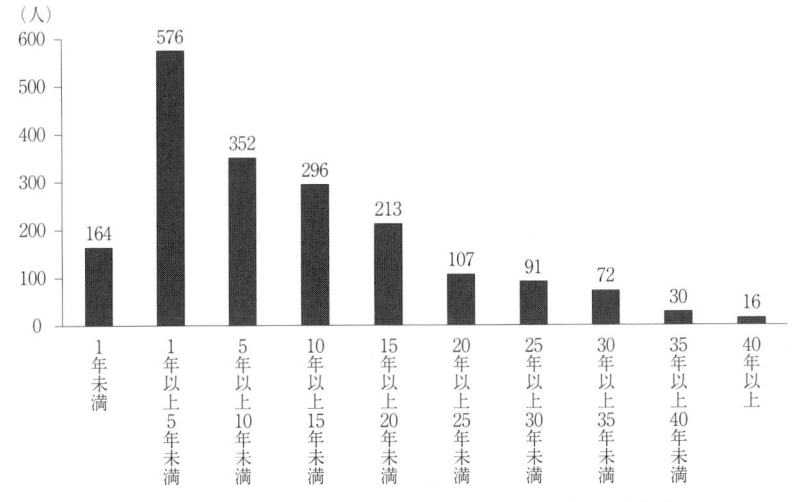

図4-4　ポン＝タ＝ムソン工場の労働者勤続年数分布（1908年）

勤続年数	人数
1年未満	164
1年以上5年未満	576
5年以上10年未満	352
10年以上15年未満	296
15年以上20年未満	213
20年以上25年未満	107
25年以上30年未満	91
30年以上35年未満	72
35年以上40年未満	30
40年以上	16

出典：SGA, 36625, Exposition internationale de Turin 1911. PAM. Economie sociale, p. 9より作成。

籍していたから、潜在的な受給資格者は多かった（図4-4）[45]。そして、同工場の年金制度はフランス鉄鋼労働者年金金庫 Caisse patronale de retraites en faveur des ouvriers des Forges de France（1894年にCFによって設立）の制度（経営者による36年間の拠出金で、60歳以降の年金受給額は年額180フラン）[46]よりも労働者には好条件であった。このように、年金制度は労働力の定着化促進と密接に関連しており、それは一定の成果を伴っていたといえる。また、寡婦を年金支給対象に含める点には、労働者家庭の維持を重視する経営側の姿勢が反映されていた。

(4)　生産拡大への指向性

PAMにおける福利事業の本格的推進は、生産拡大の局面と時期的な重なりを見せている。同社はロジェ X. Rogé の下で経営基盤を固めた後、カヴァリエの時代に急速な成長を実現した。カヴァリエは1895年に副支配人 Sous-Directeur、1899年に第二取締役 Deuxième Administrateur 兼共同支配人 co-Directeur

Général、1900年に単独取締役 Administrateur unique に任命された[47]。20世紀におけるPAMの台頭は、ポン＝タ＝ムソン工場の設備革新、オブエでの鉱山開発（1901年採掘開始）と工場設立（1903年稼働開始）、フグ工場の設立（1906年稼働開始）などに負うところが大きい[48]。特にオブエ鉱山からの鉄鉱石の安定供給は、同社の製銑能力を著しく高めることになった。1899-1900年度から1912-1913年度までの間に、鉄鉱石採掘高は24万トンから221万3,000トンへ、銑鉄生産高は8万1,000トンから28万5,000トンへ、鋳鉄管・銑鉄鋳物生産高は8万2,000トンから18万2,000トンへとそれぞれ増大した。これに伴い、1899-1900年度に1,329万5,084フランであった売上高は、1912-1913年度には4,320万フランに達した（図4-5）。1913年時点において、PAMはオブエ鉱山で国内最高の鉄鉱石採掘高（200万トン以上)を記録するとともに、銑鉄生産高に関して国内上位10社の一角を占めるに至った[49]。

　以上のような成長の背景には、生産最大化を目指すカヴァリエの積極的姿勢が常に存在した。「工場を所有する場合には、生産可能な最大限となるように稼働させねばならない」[50]。そして、生産最大化と並行して追求されたのが、労使協調に向けた労働力の陶冶であった。1899-1914年のPAM発展に関する報告で、カヴァリエは次のように述べている。「難しいのは最初の基本単位を作ることである。努力、時間、忍耐、並外れた性質を要するのは、新たな地域に最初の工場を設立することである。そこではすべてを作らねばならない。そこでは建物や機械設備を築くだけでなく、従業員を募集・創出し、育成し、訓練し、彼らに道徳的規律・団結・調和を与え、伝統を作り上げねばならない」[51]。これらの言説は、生産拡大と福利拡充の一体性がPAMのパテルナリスムを基礎づけていたことを明示している。

　カヴァリエは生産拡大と福利拡充の両立を私的イニシアティヴの観点から模索していたから、社会的保護に関わる国家的統制を否定的に捉えていた。すなわち、労働・社会立法は産業基盤を脆弱化させると考えられ、国家主導の労働規制は「生産面でのマルサス主義的法律」として厳しい批判の対象とされた[52]。彼の労働規制批判は、生産現場における労働力調達の困難性を反映したもので

第4章　第三共和政期におけるパテルナリスムの社会的位置　135

図4-5　ポン゠タ゠ムソン社の生産拡大

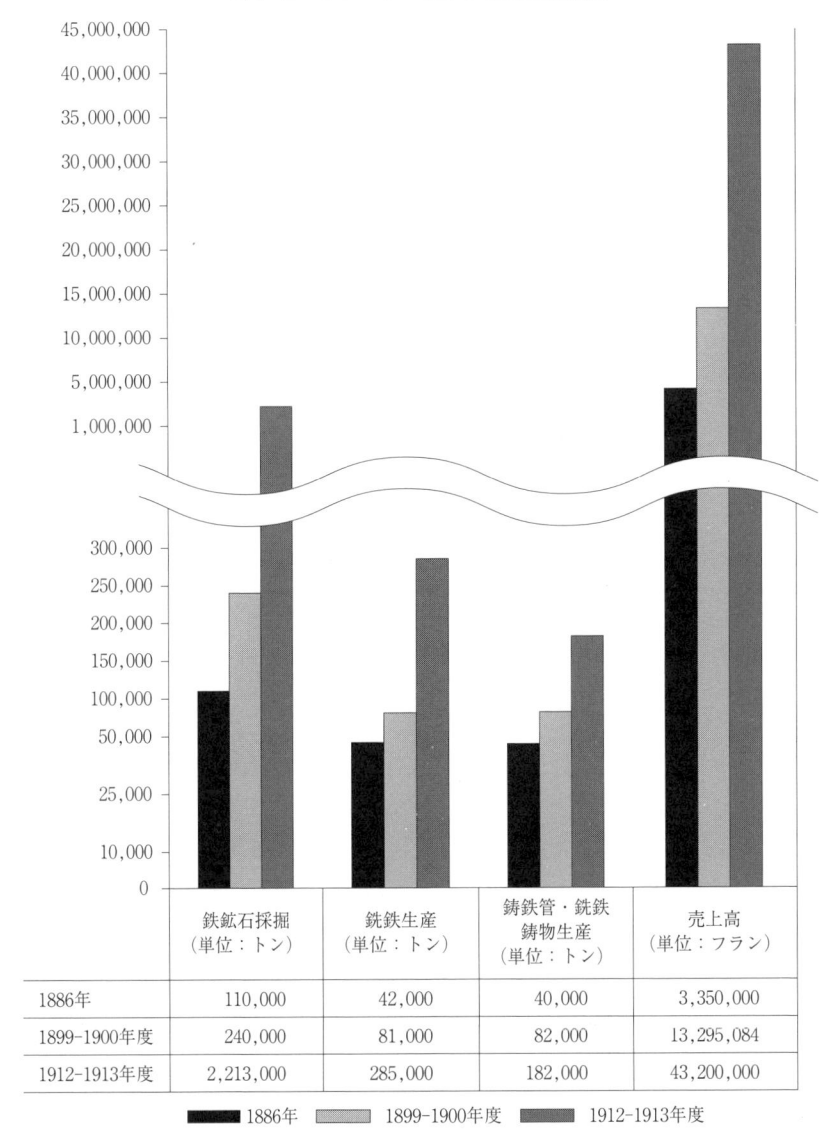

	鉄鉱石採掘 （単位：トン）	銑鉄生産 （単位：トン）	鋳鉄管・銑鉄 鋳物生産 （単位：トン）	売上高 （単位：フラン）
1886年	110,000	42,000	40,000	3,350,000
1899-1900年度	240,000	81,000	82,000	13,295,084
1912-1913年度	2,213,000	285,000	182,000	43,200,000

■ 1886年　　▨ 1899-1900年度　　▨ 1912-1913年度

出典：CAMT, 65/AQ/K/178, *Historique de Pont-à-Mousson*, pp. 52, 326より作成。

もあった。19世紀から下落傾向にあったフランスの普通出生率は、1910年代には20‰を下回り始めており（図4-1）、カヴァリエは国内の人口成長の低迷に伴う労働力不足を危機的に認識し続けていた[53]。

では、かかる状況下で、企業は持続的成長をいかに実現し得るのか。生産活動の点でカヴァリエが特徴的に示したのが機械化の推進である。当時のロレーヌ製鉄業では、設備更新を抑えて利益を上げる企業を称賛する傾向がしばしば見られた。これに対してカヴァリエは、最小限の労働力に基づく最新鋭設備の設置を事業成功の条件と考えていたから、地元産業界のそうした保守的行動様式に苦言を呈しつつ、アメリカ製鉄業の先進性を力説した[54]。彼は特に労働力不足への模範的対応をアメリカ産業の事例に見出していた。すなわち、労働力不足によって賃金の高騰に直面したアメリカ産業は、機械化を推進することで、労働集約的な生産方法から資本集約的な生産方法に転換しつつあり、われわれはそこから学ぶことが可能であると[55]。

第3節　社会改革におけるパテルナリスム

PAMの福利事業は、社会的保護の領域におけるモラル化・生存保障や国家介入への対抗を示す点で、パトロナージュ論との共通性を有していた。また、パトロナージュと連帯の混合が雇主の言説と福利事業に共通して観察された事実は、社会改革論におけるパトロナージュ論と連帯主義の接近を示唆している。では、労働者の福祉をめぐる制度と思想の連関はいかに把握されるのか。そして、第三共和政期の社会改革の潮流において、パトロナージュ論と連帯主義はいかなる関係にあったのか。本節においてわれわれは、パテルナリスムの根幹を成す産業福利事業をパトロナージュ論との関連で捉え直した上で、世紀転換期の社会運営に関わるパトロナージュ論と連帯主義の交錯状況に検討を加えたい。

(1) 1889年パリ万国博覧会と社会的経済展覧会

　第三共和政期の産業福利事業を社会改革の中に位置づける契機となったのは1889年パリ万国博覧会である。19世紀後半以降、世界各国の芸術、科学、産業などの成果を展示する祭典として、フランスでは複数回の万国博覧会が開催された。特にフランス革命100周年記念となる1889年パリ万博は、第三共和政政府にとって、共和国の正統性や強固な国民国家の構築を国内外に顕示する好機となった。そうした中で、革命後のアソシアシオンの展開や社会的進歩に関わる社会的経済展覧会（EES）が万博の一環として組織された[56]。

　そもそも、「社会的経済」の語は、理念的にいかに位置づけられるのか。19世紀前半以降のフランスにおける「社会的経済」の用語について概観すると、「社会的経済」は「ポリティカル・エコノミー」との差異が不明瞭な状態に置かれていた。七月王政期の社会問題の中で、ヴィルヌーヴ＝バルジュモンは「イギリスのポリティカル・エコノミー」に対抗する「社会的経済」を提唱したものの、「社会的経済」と同義で「キリスト教ポリティカル・エコノミー」の語を好んで使用した[57]。あるいは、政治経済学協会に関与したデュノワイエは、「社会的活動全体に関わる研究」という含意の下に、自らの経済的自由主義の体系を時に「社会的経済」と呼称した[58]。ゆえに、アドルフ・ブランキはデュノワイエをヴィルヌーヴ＝バルジュモンの対極に位置づけながらも、両者をともに「フランス学派の社会的経済学者たち économistes sociaux de l'école française」という曖昧な範疇に入れることになった[59]。またリトレ E. Littré は、「社会的経済」を「社会の精神的・物質的諸条件の総体。ポリティカル・エコノミーとも表現される」と定義せざるを得なかった[60]。

　他方、「ポリティカル・エコノミー」と「社会的経済」の混在状態を前にして、19世紀半ばには「社会的経済」の用語自体を否定的に捉える論者も現れた。例えば、セェが「ポリティカル・エコノミー」の別称として「社会的経済」あるいは「社会生態研究 physiologie sociale」を採用したのに対して[61]、コクラン C. Coquelin は後者の名称を条件つきで支持しつつ、「社会的 social」の用語状

況に苦言を呈した。すなわち、「社会的」の語は突飛な空想や反社会的・反人間的教義を覆い隠すのに多用されてきたので、今後長らくはそれを真摯な研究に用いるのを避ける必要があるかもしれないと(62)。

では、このように「社会的経済」の理念的独自性が認知されていない状況においてEESはいかに展開したのか。まず、アルフレッド・ピカール A. Picard（1889年パリ万博総括報告者）はEESの起源をル・プレェ指導下の1867年パリ万博新褒賞部門に見出しつつ、新褒賞部門によって開かれた道に果敢に踏み入ることが1889年パリ万博の義務であると唱えた(63)。とりわけ、1889年にはフランス革命との連関が強く意識されたから、EESの目的も、革命による産業の解放を称えるために、アソシアシオン原理と結合した個人的自立の飛躍の成果を示すことに求められた。ゆえに、経営者、労働者、公権力による、市民の身体的・精神的状況改善に向けた諸制度が展示対象とされた(64)。また、レオン・セェ L. Say（EES組織委員長）は、生産活動における労働者の物理的使用とその心身保全の両立を訴え、工業での人力の濫用に対して救済策を講じる意志の表明としてEESを把握した(65)。

以上のような趣旨に基づき、EESでは次の16の部門が設置された。①労働報酬、②利潤参加－生産協同組合、③職業組合、④徒弟制、⑤共済組合、⑥年金金庫および終身年金、⑦災害・生命保険、⑧貯蓄金庫、⑨消費協同組合、⑩信用協同組合、⑪労働者住宅、⑫労働者サークル－民衆協会、⑬社会衛生、⑭雇主後援の諸制度、⑮大工業と小工業 grande et petite industrie － 大規模耕作と小規模耕作、⑯公権力の経済的介入。各部門の準備過程では、質問票を用いた事前調査が実施され、調査結果は「社会科学の方法の言説」として残る労作と評価された(66)。アンヴァリッド前広場の会場では、各種団体のパヴィリオンの他に、庭や調度品とともに労働者を住まわせた「労働者住宅通り」や、社会的経済を解説したギャラリーなども開設された(67)。

(2) 社会的経済としての産業福利事業

社会的経済ギャラリーでの全16部門の中で最大の展示面積（壁面積換算で全

体の約4分の1に相当する350㎡）を与えられたのは、第14部門「雇主後援の諸制度」である。第14部門を統括したエミール・シェイソンは、訪問者の関心を社会的経済に向けさせることの難しさを次のように述べている。「家具、武器、機械のような製品の展示レリーフを理解するのには苦労しないが、諸制度に対してはそうした機会をいかに与えるのか。……抽象的なものをいかに展示するのか」。検討の末、解決策として設置板（縦4m、横2.1m）による展示方式が考案された。参加企業ごとに作製された設置

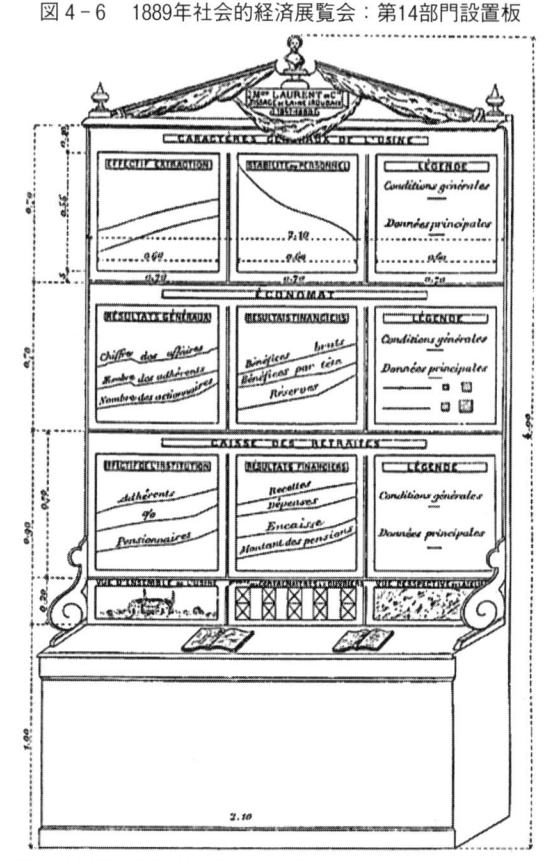

図4-6　1889年社会的経済展覧会：第14部門設置板

出典：*EU1889, RJI, GES*, 2ᵉ partie, p. 353.

板では、定款・報告書・デッサン帳などの資料冊子、工場全景や代表的労働者の絵・写真、福利事業や従業員に関する図表・説明文などが展示され、最上部は創業者や後継者の胸像で装飾された[68]。設置板において強調されたのは、当該企業の従業員の勤続安定性である。例えば、労働力の安定性に関するグラフ（横軸に勤続期間、縦軸に該当労働者数をとる）では、企業での勤続者の多さを可視的に示すことが意図され、代表的労働者の顔写真は長期勤続者の中から選ばれた（図4-6）。

シェイソンによれば、労働力の安定性は労使の利害共有によって実現し、そうした労使協調を支えているのがパトロナージュの具体化としての福利事業であった。かかる意味で、第14部門はパトロナージュの重要性と拡大を印象づけていた(69)。第14部門では、8企業（フランス6、ベルギー2）が大賞、40企業（フランス36、アルザス－ロレーヌ1、ベルギー2、オランダ1）が金メダル、19企業（フランス19）が銀メダル、8企業（フランス7、ベルギー1）が銅メダル、2企業（フランス2）が選外佳作に表彰されている(70)。

　では、産業福利事業はシェイソンのパトロナージュ論によっていかに把握されるのか。まず彼の見解では、労働者の食料や住居に関する雇主の配慮は、労使関係を労働力の売買関係に限定しないという認識に基づいている。そもそも労働力という経済的抽象性の背後には、家庭と必需品を備え持った一人の人間としての労働者が存在し、必需品が充足されなければ軋轢や動揺が引き起こされることになる(71)。ル・プレェの思想を継承するシェイソンは、かかる観点から特に生活給付を重視した。すなわち、賃金支払いは純粋に経済的な契約に基づいており、正当でありながらも無味乾燥さを有している。これに対して、作業場の外で生活必需品の提供に携わる雇主は、単なる労働力購買者以上の役割を演じており、家族構成や家計負担に応じた生活給付を通じて、労働者の必要性に直接に働きかけている。ただし、現状の諸立法や労使関係の下で現物給付の慣行は縮小傾向にあるから、労働者家庭の安定と繁栄のためには、生活給付の一形態としての消費協同組合の配当金制度なども重要である。こうした生活給付を享受する家庭は、賃金を唯一の収入源とする場合と比べて、より柔軟に危機に対応し、将来に配慮することが可能になると(72)。

　生活給付にも看取されるように、パトロナージュにおける福利事業は労働者家庭の安定化やモラル化に向けられていた。シェイソンによれば、労働者の大半は自己規律や予見能力を欠くとともに、工場労働の中で能動性を喪失しつつある。ゆえに雇主の積極的な関与が必要とされている。また、家庭は人類社会の最小構成要素であり、協調や対立の感情は家庭内で生成されるのだから、作業場での平和は健全な労働者家庭の構築と密接に連関していると(73)。かかる

文脈において提唱されたのが、貯蓄や住宅の領域での支援である。すなわち、労働者を貯蓄に誘導する措置（賃金支払い窓口に隣接した貯蓄窓口の設置、貯蓄手続きの簡略化など）を講じた上で、恐慌時の取付け防止策として貯蓄資産運用（土地取得、国民老齢年金金庫への拠出、鉄道債購入など）を労働者に促すことが奨励された。さらに、貯蓄能力を有する労働者向けの住宅取得支援として、土地購入・設計・見積り・建築などに関する雇主の指導や、工事の進行に応じた資金前貸しも高く評価された[74]。

　パトロナージュ論において、こうした産業福利事業の実施は、雇主の自発性に立脚していなければならなかった。国家による政策的強制化は、福利事業の長所や社会的効果を殺ぎ、パトロナージュの美徳を失わせ、階級協調を遠ざけると見做されていた。シェイソンも指摘しているように、個人的活動の称揚と国家活動の制限は、第14部門のみならず、EESの理念的特徴でもあった[75]。事実、第16部門「公権力の経済的介入」の設置申請に対して、同展覧会組織委員会では国家社会主義への警戒から反対意見や慎重意見が支配的であった。結果的に設置が承認されたのは、資料展示に限定することを条件として委員会と政府の間に妥協が成立したからである[76]。ゆえにEESの中で、第16部門には最低限の位置づけしか与えられなかった。セェは、「労働者問題解決策をめぐる国家と個人の闘争」という表現で第16部門を紹介し、国家社会主義に対して個人的自由と私的イニシアティヴの支持者の努力が出現するのは当然であると述べている[77]。

　以上のように、産業福利事業はパトロナージュ論によって第三共和政下の社会改革の実践手段としての役割を与えられるとともに、1889年パリ万博を通じて社会的経済の中に公式に位置づけられた。その契機となったEESは、第二帝政期のル・プレェの活動を発展的に継承しながらも、「社会的経済」理念を第三共和政の統治技術の文脈で新たに提示した。すなわち社会的経済は、私的イニシアティヴを重視する立場から、自発的なアソシアシオン原理と結合しつつ、労働者の生存保障に関わる諸制度の包括的概念として現れた。1900年のパリ万博においても、EESの組織化は承認され、産業福利事業には引き続き門

戸が開かれた[78]。

　他方、20世紀に入ると、企業の側でも福利事業と社会的経済を自発的に連関づける動きが見られ始めた。例えば、1909年にナンシーでフランス東部国際博覧会 Exposition internationale de l'Est de France が開催された際に、PAM は『社会的経済』と題した冊子で自社の福利事業を紹介した[79]。あるいは、鉱山・製鉄業でのパテルナリスムの先駆を成したシュネーデル社も、自社の福利事業の歴史を綴った『シュネーデル社　社会的経済』を1912年に出版した[80]。かくして、産業福利事業はパトロナージュ論を理論的支柱としつつ、20世紀以降も社会的経済の一形態として社会的機能を獲得していく。

(3)　社会的経済をめぐるパトロナージュ論と連帯主義

　1889年パリ万博の終了後、社会的経済の関連資料を私的イニシアティヴの下で活用する動きが本格化する。EES に関わったジュール・シーグフリード J. Siegfried、シャルル・ロベール C. Robert、シェイソンらは、シャンブラン伯爵 Comte A. de Chambrun からの資金提供を受け、1894年に社会博物館 Musée social を設立した。公益性承認（1894年8月31日のデクレ）を受けた社会博物館の目的は、社会的経済に関する情報と資料の収集・公開や、労働者の物質的・精神的状態改善に向けた組織の設立・改良の支援にあった。かかる理念に基づき、①対外交流、②農業、③労働組合・協同組合、④社会保険、⑤雇主後援の諸制度、⑥法律、⑦調査研究の部門が設置されたほか、図書館の開設や講演・講義の開催など、幅広い活動が展開された[81]。

　社会博物館が EES の系譜を引く事実にも看取されるように、そこでは国家介入の拡大に批判的な論者が高い比重を占め、シェイソンは副理事長を務めていた。産業福利事業は一定の影響力を有したものの、運営面で圧倒的優位に立つことはなかった。19-20世紀転換期に「雇主後援の諸制度」部門を含む上記7部門は再編され、工業・労働者部局、農業部局、共済組織部局、法律部局などが活動の中核を担い始めた[82]。社会博物館では特定の公式見解が表明されることはなく、第三共和政の社会運営に関して多様な理念や形態が議論されて

第4章　第三共和政期におけるパテルナリスムの社会的位置　143

いたから[83]、世紀転換期を境にパトロナージュ論の相対的地位は低下傾向を示した[84]。

では、かかる状況下でシェイソンの社会改革論はいかに展開したのか。たしかに一方で、20世紀に入っても彼におけるパトロナージュへの信奉は揺るがなかった。すなわち、産業福利事業に関わる雇主の社会的義務の根拠は、その社会的優越性に求められ、パトロナージュに基づく「工業家族」での労使協調こそが、労働者の福祉や国の経済的繁栄を実現する主体と見做され続けた[85]。しかし他方で、19世紀末以降、シェイソンは共済・協同組織への関与を強めつつあった。すでに1889年のEESにおいて、彼はパトロナージュが労働者の自立心に配慮する必要性を説き、具体的対応として労働者参加型の共済・協同組織への支援を提唱していた[86]。共済・協同組織の奨励は、1898年に社会博物館で行われた彼の講演「協同と共済」でも次のように展開される。アソシアシオンは労働者を相互に結びつけて、彼らの社会的状況を改善する。ただし前提としては、国家による強制ではなく、自発的な組織化が不可欠である。アソシアシオンの一形態としての共済組織や協同組織は、秩序や予見能力などの点でモラル化の機能を有し、集団的利益の重要性を諸個人に認識させている。労働者の家計は就労局面の「通常家計」と危機局面の「臨時家計」から構成されており、共済組織が疾病・老齢化・失業・死亡などの「家庭の危機」に関与するのに対して、協同組織は主に家庭の平常状態に対応している。労働と貯蓄の精神に基づく両組織は、労働者家庭を「運命の仕打ち」から保護すると同時に、公的秩序の安定性にも寄与するであろうと[87]。

以上のようなシェイソンの主張は、次の三つの方向性を示している。第一に、パトロナージュを起点とする共済・協同組織への支援や、労働者家計の視角[88]からの共済・協同機能の把握は、ル・プレ学派固有の問題意識に基づいていた。第二に、私的イニシアティヴによるアソシアシオン組織化や、労働者の社会的生存に準拠した「危機」概念の認識には、社会的経済の理念的特徴が看取される。第三に、不測の事態に備えた労働者の結束や、アソシアシオンを媒介とする公的秩序の構築は、第三共和政の政策理念に合致するものであっ

た。連帯主義とシェイソンの社会改革論の重なりがここに生じてくる。

　19世紀末、社会改革の実践的教義として連帯主義を唱えた人物はレオン・ブルジョワである。彼は急進派の政治家として首相や下院議長などを務め、彼の著書『連帯』（初版1896年）は、第三共和政の政策形成における画期を成した。世紀転換期以降、急進派の伸張の下で、連帯主義は労働政策に関わる機関の中枢に浸透しつつ、社会保険制度の導入にも思想的影響を及ぼした[89]。ブルジョワの議論の特徴は、社会的役務の交換における均衡＝「公正」の実現手段を「契約」に求め、契約の本質として利益とリスクの「相互化」を提言した点にある。すなわち、自然の運命や偶然に帰すべきリスクである疾病・火災・事故などに対して、人間は団結によってリスクからの保護に要する費用を相互に負担せねばならないとされた[90]。1901年の演説の中で、ブルジョワは社会博物館を「国民共済組織の科学的診察室」と表現し、シェイソン、シーグフリード（社会博物館理事長）、レオポルド・マビヨ L. Mabilleau（社会博物館館長）らを「共済主義思想の代表者」と呼称した上で、次のように述べている。共済組織は、「生存競争の粗暴な影響」を「生存のためのアソシアシオンの有益な効果」に置き換え得る道具である。疾病や老齢化などの領域で共済組織の存在がなければ、国家は救済事業による国民生活の丸抱えを余儀なくされるであろう。ゆえに、国家は共済組織の発展を支援せねばならない。また、社会に相互依存関係が存在する以上、将来への備えを欠いた行為は他者への負担を生じさせるのだから、かかる行為は社会的害悪として世論による制裁の対象となる。今後は共済組織が増大・連携して、新たな社会の基盤となることを願っていると[91]。

　このようにブルジョワは、リスクの相互化による予見能力の行使を諸個人の義務と見做し、国家と共済組織の補完的関係に立脚した社会秩序を志向していた。ゆえに彼は、社会的事象における人間の生命・思想・意識への考慮の欠如という観点から、経済的自由放任主義に異議を唱えるとともに、全能の国家による自由の破壊と損益の専制的分配という理由で集産主義を峻拒した[92]。こうした経済的自由放任主義と集産主義の双方に対する批判的立場はシェイソンによっても共有されている。彼においても、経済的自由放任主義の欠陥は労働

力の商品化による人格の捨象という点に見出される一方で、集産主義は個人的所有や自由を否定し、階級間の憎悪を煽って国民を分裂させると見做されたからである(93)。

無制限の国家介入を否定し、アソシアシオンに基づく諸個人の社会的生存保障を提言する点で、連帯主義は社会的経済に合致し得る思想であった。連帯主義と社会的経済の理念的結合を実現したのは社会教育国際会議 (CIES) である。CIES は1900年パリ万国博覧会に伴って開催され、諸個人の社会的意識に基づく活動の実現＝社会教育に向けて、理論と実践の観点から連帯主義を検討することを目指していた(94)。1900年パリ万博に際しては EES も組織されたため、CIES が「社会的経済」を標榜することはなかったものの、会議の運営を実質的に担っていたのは社会的経済に関わる論者たちであった。ブルジョワを委員長とする組織委員会では、シーグフリードが副委員長、マビヨが総括報告者、シャルル・ジッド C. Gide（1900年 EES 総括報告者）が委員を務めていた(95)。社会的経済における私的イニシアティヴの優位は、特に社会博物館の幹部の間で共有されていたが、CIES を通じて連帯主義への適用に向けられた。例えばマビヨは、報告「共済と社会的連帯」において、共済組織での私的イニシアティヴの中心的役割を強調し、次のような勧告を導き出した。「社会保険は連帯原理に従って拡大および一般化するが、この結果は私的イニシアティヴと自由なアソシアシオンの適切な手段の結集を通じた努力に特に求められる」(96)。

連帯主義が「権利における価値の平等」(97) の前提として相互化の義務を主張し、パトロナージュ論が雇主の優越性に基づく労働者保護の義務を唱える限り、両者の間には社会的権利・義務をめぐる認識の相違が存在し続けた。しかし両者は、労働者の生存保障を担う共済組織の役割や、アソシアシオン原理に媒介される社会秩序を是認し、経済的自由放任主義と社会主義の双方から距離を置いていた。ゆえに社会博物館は両者の接近を実現し、社会的経済は社会改革運動での両者の結節点となった(98)。かくして、第三共和政の社会運営における連帯主義の伸張の下で、パトロナージュ論は存在意義を保持することになる。

おわりに

　第三共和政期におけるパテルナリスムの展開はいかに把握されるのか。最後に、本章の考察によって明らかになった点を確認しておきたい。
　まず、パテルナリスムの成立要因と基本的理念は次の三点に要約される。
　一つめは、人口動態、産業立地、熟練度などに規定された労働力の安定的調達の問題である。労働力の質的・量的安定性が追求された結果、生産と消費の両局面における規律化が推進された。規律化の観点から産業革命期と第三共和政期のパテルナリスムを比較するならば、労働者の集合心性の観察に基づく指導と介入＝モラル化は両者の間で連続的に観察される。ただし、前者に内在するモラル化が大衆的貧困をめぐる公的秩序維持に由来するのに対して、後者におけるモラル化は主に労働運動や階級問題に対応していた。
　二つめは、市場経済進展に伴う労働・生活条件の不安定化に関わる問題である。19世紀前半の大衆的貧困の出現は、経済的自由放任主義に対する批判を産業界に呼び起こし、労働者の生存保障の観点からパテルナリスムの展開をもたらした。パテルナリスムの具現化としての産業福利事業は、生活上の必要性に応える点でモラル・エコノミー的経済倫理を内包し、かかる理念は第三共和政期にも継承された。他方で、ル・プレェ学派のパトロナージュ論に思想的支柱を見出したパテルナリスムは、第三共和政期に入ると、労働者の生存保障を理念的基礎として階級協調や共和政維持の機能を付加していった。
　三つめは、官僚制や労働・社会立法をめぐる産業界と国家の対抗関係の問題である。フランス革命によって社団的編成が理念的に解体した後、国家は一般利益の唯一の体現者として社会的調整機能を担い始め、官僚制の整備を推進した。これに対して、労働者の生存保障に関わる産業界は、パテルナリスムを通じて公共的領域での活動を拡大し、国家管理主義に対抗した。さらに、労働・社会立法に伴う国家介入が増大する第三共和政期には、パテルナリスムは社会改革論としてのパトロナージュ論に支援されつつ、企業を拠点とする中間団体

の再編や公共性の確立に一層深く関わった。

　次に、PAMにおける具体的事例を見るならば、そこでは1905年のストライキがパテルナリスム推進に向けての転換点となっている。すなわち、1905年ストライキはロレーヌ地方の産業界に結束を促す一方で、同社においては、労働者監視の制度的強化とともに、雇主のパテルナリスム言説の増大や各種福利事業の拡充をもたらすことになった。

　まず、メダル受賞者祝宴に象徴される祝祭・儀式空間は、長期勤続と結合した労使協調を効果的に演出し、パテルナリスム言説の主要な場を形成した。カヴァリエのパテルナリスム言説の特徴は、労働者のモラル化や生存・雇用保障を通じた企業の公共性の創出に見出された。また、彼の言説の中で頻出する「連帯」概念は、第三共和政の政策形成に関わる連帯主義を想起させながらも、企業＝大家族という擬制に基づく階層的労使関係の文脈で用いられる点で、本質的にはパトロナージュ論に合致していた。

　雇主の言説がパテルナリスムの理念を表現したのに対して、産業福利事業は労働者の定着化や生存保障を実質的に担うことで、労使協調体制の構築に関わった。PAMの福利事業は1905年ストライキの経験を反映しながら、持続的な生産拡大と並行して進展した。福利事業とパトロナージュ論の間には、社会的保護の領域における労働者のモラル化やモラル・エコノミー的保障の推進、国家的統制への対抗といった共通点が見られた。またPAMでは、パトロナージュと連帯の混合が言説のみならず福利事業においても確認され、かかる事実は社会改革の局面でパトロナージュ論と連帯主義が接近しつつあったことを示唆している。

　したがって、第三共和政期のパテルナリスムを社会改革との関連で把握する場合、パトロナージュ論を軸として展開される諸関係が鍵となる。パトロナージュを提唱したシェイソンによれば、生活上の必要性の充足を規準とする産業福利事業は、労使関係を労働力売買関係に一元化しない意志の表れであり、労働者家庭の安定化を通じた労使協調の源泉でもあった。パトロナージュ論は労使関係への市場経済原理の適用を批判しつつ、国家的統制に対する私的イニシ

アティヴの優位を是認していたから、産業福利事業に社会改革の実践手段としての正当性を付与することになった。その契機を成したのが1889年パリ万博におけるEESの組織化である。社会的経済は七月王政期の社会問題の下で注目されながらも、理念的独自性を欠いた状態に置かれ続けたが、EESはそれを社会的進歩の理念として復興し、第三共和政の統治技術と直接に結びつけて提示した。この時期の社会的経済は、アソシアシオン原理や私的イニシアティヴに立脚した生存保障制度の包括的概念として認識され、産業福利事業は社会的経済の一形態として承認されることで社会的機能を獲得した。

さらに、1889年パリ万博を起点とする社会的経済への関心の高まりは、社会博物館の設立を促したものの、産業福利事業やパトロナージュ論の優位を確立したわけではなかった。社会博物館では多様な社会改革理念が議論されていたことに加えて、世紀転換期にはブルジョワに導かれた連帯主義が第三共和政下の労働・社会政策思想として台頭しつつあったからである。連帯主義は相互化の観点からアソシアシオンに基づく諸個人の社会的生存保障を提言し、社会的経済に合致し得たから、1900年パリ万博に伴うCIESでは連帯主義と社会的経済の理念的結合が見られた。他方、シェイソンは、EESや社会博物館での活動を通じて、パトロナージュと共済・協同原理の融合に傾斜していった。パトロナージュ論と連帯主義を対比するならば、たしかに両者の間には社会的権利・義務をめぐる認識の相違が存在した。しかし、労働者の生存を保障する共済組織の奨励、アソシアシオンに媒介される公的秩序の是認、経済的自由放任主義と集産主義への批判などに関して両者は見解を共有し、社会的経済はその結節点として機能することになった。

こうして見ると、産業界主導によるパテルナリスムが社会的に受容されて存続し得たのは、思想的支柱としてのパトロナージュ論に負うところが大きい。ただし、世紀転換期以降、パトロナージュ論の相対的地位は低下傾向にあったから、パトロナージュ論が社会改革論としての存在意義を保持するためには、連帯主義との見解の共有や実践面での重なりが不可欠であった。パトロナージュ論と連帯主義は、本書で確認された個別企業の言説・制度では異種混交状態

第4章 第三共和政期におけるパテルナリスムの社会的位置　149

にとどまっていたものの、そうした現場の状況が社会改革の局面での両者の接近と並行して出現した事実は注目に値する。かかる事実は20世紀における社会的経済の新たな展開を示唆しているからである。ゆえに、われわれがパテルナリスムをフランス社会保障形成の中に位置づけるためには、社会的経済をめぐる制度・思想・実践の総体を理解することが必要とされるであろう。

注
（1）フランスの社会保障形成における産業福利事業の位置づけに関しては、深澤敦の仮説が興味深い。深澤の仮説によれば、フランスの基本的パターンは、企業の福利厚生制度から始まり、これをまずは当該産業レベルで、次いで全産業レベルで「社会化」する機能を労働組合が担い、国家が最終的に社会保険・社会保障へと法制化する「型」である。深澤「非市場的調整の発展」、62ページ。
（2）例えば、Noiriel, «Du «patronage»» ; Frey, Le rôle social.
（3）現代的視点から社会的経済を論じた研究として、Vienney, L'économie sociale; T. Jeantet, Economie sociale: La solidarité au défi de l'efficacité, Paris, 2006（石塚秀雄訳『フランスの社会的経済』日本経済評論社、2009年）。
（4）A. C. de Canisy, L'ouvrier dans les mines de fer du bassin de Briey, Paris, 1914, pp. 123-128.
（5）SGA, 5424, CFMM, compte-rendu de la réunion du 21/10/1910. 1913年には、ムルト＝エ＝モーゼル鉄鋼・鉱山協会とイタリア政府の間で、イタリア人労働者の集団雇用に関する合意が成立した。ADMM, 10M36, Licence de recrutement.
（6）稀少な熟練労働力への依存の高さは、製鉄業界が労働時間規制に反対する際の理由としても挙げられた。この点については第5章で検討する。
（7）第三共和政期から第二次世界大戦期にかけての社会保障の整備過程に関しては、M. Lagrave (dir.), La sécurité sociale. Son histoire à travers les textes, tome2. 1870-1945, Paris, 1996.
（8）PAMの発展に関しては以下も参照せよ。L. Köll, Auboué en Lorraine du fer au début du siècle, Paris, 1981; 大森弘喜「いわゆる La Grosse Métallurgie の生成・発展(2)——ベル＝エポック期のフランス鉄鋼業分析——」（『経済系〔関東学院大学〕』第148集、1986年7月）、50-55ページ。
（9）1905年ストライキについては以下も参照せよ。S. Bonnet et R. Humbert, La ligne rouge des hauts fourneaux. Grèves dans le fer lorrain en 1905, Paris, 1981;

大森『フランス鉄鋼業史』、199-213ページ。

(10) CAMT, 41/AS/1, Comité des Forges de France. Circulaire no. 62, Historique des grèves des ouvriers mineurs et métallurgistes en Meurthe-et-Moselle; SGA, 5409, *Le Cri populaire*, 6/9/1905; SGA, 27793, *Le Patriote mussipontain*, 2e édition, 15/9/1905.

(11) ロベール・ピノ（1862-1926年）はル・プレェ学派第二世代として『社会科学』創刊（1886年）に関わり、自らもスイス・ベルン州ジュラ地方のモノグラフィー分析を1887-1889年に発表した。彼は家族と社会の相互連関への研究関心を示していたから、社会問題への対応に関しても、安定的な労使関係の構築に向けた労働者家庭の組織化を重視した。R. Pinot, «Les revendications ouvrières au Congrès international des travailleurs», *La Science sociale*, novembre 1886. ピノに関しては、A. François-Poncet, *La vie et l'œuvre de Robert Pinot*, Paris, 1927; Kalaora et Savoye, *Les inventeurs oubliés*, pp. 126-145; 廣田「フランス・レジョナリスムの成立」、75-79ページ。

(12) SGA, 3002, Note de Camille Cavallier pour Charles Cavallier, 31/10/1905.

(13) SGA, 5424, Procès-verbal de la réunion préparatoire du Comité des Forges de Meurthe-et-Moselle du 17 mars 1906; SGA, 5424, Statuts du CFMM; SGA, 5424, CFMM, séance du 27 avril 1906.

(14) 「黄色組合」はしばしば会社公認の労働組合として「赤色組合」に対峙した。ロンウィ製鋼社の事例に倣い、カヴァリエはストライキ以前から労働運動への対抗勢力の社内組織化を考えていたが、他の幹部は黄色組合が「諸刃の剣」として雇主の敵に転じ得ることを警戒していた。SGA, 5408, Note de Cavallier, 17/5/1905; SGA, 5409, Memorandum de Camille Cavallier pour Charles Cavallier, 17/5/1905. 黄色組合に関する研究として、高井哲彦「フランス労使関係における多元構造の起源——スト破り組合の誕生と衰退、1897-1929年——」（『経済学研究〔北海道大学〕』第53巻第3号、2003年12月）。

(15) SGA, 41578, Création d'un poste d'Inspecteur principal du personnel ouvrier ou de Contrôleur général des ouvriers.

(16) SGA, 7164, Discours du Banquet du premier avril 1906.

(17) SGA, DOC PAM 21, Série A. Fascicule N° 8 A. Allocution aux employés à l'occasion de la nouvelle année à la suite des grèves du début de septembre 1905 (1/1/1906).

(18) SGA, 7164, Banquet du premier avril 1906; SGA, 7164, Discours du Banquet du premier avril 1906. なお、1907年以降の祝宴招待者には、東部工業協会 Société

industrielle de l'Est によって表彰された同社の20年勤続者も加えられた。その結果、1907年の祝宴招待者は230名に増加した（SGA, 6693, Fête des médaillés. Banquet du 7 avril 1907, p. 1）。当初、祝宴はメダル受賞者祝宴と称されたが、やがて貯蓄祝宴 Fête de l'épargne（1908年）、労働祝宴 Fête du travail（1909年）、労働・貯蓄祝宴 Fête du travail et de l'épargne（1910年）のように名称変更された。

(19) SGA, 7164, Note de Cavallier pour le secrétariat, 10/4/1906.
(20) SGA, 6693, Fête des médaillés. Banquet du 7 avril 1907, p. 16; SGA, DOC PAM 22, C. Cavallier, *Notes économiques d'un métallurgiste*, Paris, 1921, pp. 45, 51, 75-76.
(21) SGA, 6693, Fête des médaillés. Banquet du 7 avril 1907, pp. 15-16; SGA, 6693, Fête du travail et de l'épargne. Banquet du 29 mai 1910, p. 9.
(22) SGA, DOC PAM 22, Cavallier, *Notes économiques*, pp. 85-86.
(23) SGA, 6693, Fête du travail et de l'épargne. Banquet du 29 mai 1910, p. 9.
(24) SGA, DOC PAM 22, Cavallier, *Notes économiques*, pp. 51-52.
(25) SGA, 6693, Fête du travail et de l'épargne. Banquet du 29 mai 1910, pp. 7, 11.
(26) SGA, 36625, Comité consultatif des œuvres de solidarité de la PAM. Statuts; SGA, 36625, Exposition internationale de Turin 1911. PAM. Economie sociale, p. 16.
(27) CAMT, 65/AQ/K/178, *Historique de Pont-à-Mousson, 1856-1926*, s.l.n.d., p. 269; SGA, 36625, Exposition internationale de Turin 1911. PAM. Economie sociale, pp. 8, 14. フランス鉄鋼相互保険組合金庫については第6章で検討する。
(28) 1900年に完成したロンウィ製鋼社付属病院については、*Société des aciéries de Longwy. Institutions patronales. Œuvres de prévoyance sociale*, s.l., 1909, pp. 65-91.
(29) SGA, 18715, Note de Fayolle pour Cavallier, 29/8/1911.
(30) SGA, 6719, Hôpital de Briey. Règlement général; Canisy, *L'ouvrier*, pp. 184-188.
(31) SGA, 36625, Exposition internationale de Turin 1911. PAM. Economie sociale, pp. 21, 23-24.
(32) SGA, 36625, Exposition internationale de Turin 1911. PAM. Economie sociale, p. 25.
(33) SGA, 6693, Fête de l'épargne. 17 mai 1908, pp. 3-15. なお、国民老齢年金金庫は、1886年7月20日の法律によって老齢年金金庫が改組されたものである。
(34) PAMの中でも、既存の集落が少ない地域に位置するオブエ Auboué 鉱山・工場やフグ Foug 工場では労働者住宅の建設が進められ、1911年における入居者総数は約3,000名に上った。SGA, 36625, Exposition internationale de Turin 1911. PAM. Economie sociale, pp. 16, 32.

(35) SGA, 6693, Fête de l'épargne. 17 mai 1908, pp. 12-14.

(36) SGA, 27746, Note pour Cavallier, 16/3/1906.

(37) SGA, 6722, Cavallier au Maire de Pont-à-Mousson, 20/4/1914.

(38) 1910-1914年のフランスは消費者物価の全般的上昇を記録し、1911年には、小麦・澱粉類8.1%、肉類9.3%、ワインを含む保存食品類31.8%の価格急騰が見られた。J.-M. Flonneau, «Crise de vie chère et mouvement syndical. 1910-1914», *Le Mouvement social*, no. 72, 1970, pp. 50-65.

(39) SGA, 6693, Cavallier au Commissaire de Police, 23/1/1912; SGA, 6693, Note pour le dossier 19 mai 1912; SGA, 6757, Société anonyme coopérative du personnel des fonderies de Pont-à-Mousson. Statuts. 1912.

(40) Flonneau, «Crise», pp. 62, 67-79.

(41) SGA, 6757, Critiques possibles contre la coopérative.

(42) SGA, 6689, lettre à Grunfelder, 24/10/1910; SGA, 6689, Nahan à Cavallier, 26/10/1910. ロンウィ製鋼社の家政学校（1903年設立）では、調理、洗濯、園芸、裁縫、健康管理、家計運営など、家事労働全般に関する理論・実習教育が2年間の課程の下で行われていた。*Société des aciéries de Longwy*, pp. 32-35.

(43) SGA, 6689, lettre à Grunfelder, 6/11/1910.

(44) SGA, 36625, Exposition internationale de Turin 1911. PAM. Economie sociale, pp. 9-13.

(45) SGA, 36625, Exposition internationale de Turin 1911. PAM. Economie sociale, pp. 6, 9.

(46) R. Pinot, *Les œuvres sociales des industries métallurgiques*, Paris, 1924, pp. 86-87.

(47) CAMT, 65/AQ/K/178, *Historique de Pont-à-Mousson*, pp. 37-38.

(48) CAMT, 65/AQ/K/178, *Historique de Pont-à-Mousson*, pp. 38-40, 44-47.

(49) CAMT, 65/AQ/K/178, *Historique de Pont-à-Mousson*, p. 340; 大森『フランス鉄鋼業史』、108ページ。

(50) SGA, 6652, Note de C. Cavallier pour Charles Cavallier et Marcel Paul, 27/3/1908.

(51) CAMT, 65/AQ/K/178, *Historique de Pont-à-Mousson*, p. 277.

(52) Réponse de C. Cavallier à une conférence de Pila, délégué du Ministère du Commerce, Chambre de Commerce de Nancy, 2/4/1912, cité dans SGA, DOC PAM 21, Série C. Fascicule N° 16 C. «La Loi de huit heures, Loi mortelle...» par Camille Cavallier, novembre 1922, p. 5; SGA, DOC PAM 21, Série H. Fascicule N° 7 H. Extraits des procès-verbaux de la Chambre de Commerce de Nancy,

séance du 7/4/1914, p. 14.
(53) SGA, DOC PAM 21, Série C. Fascicule N° 16 C. «La Loi de huit heures. Loi mortelle...» par Camille Cavallier, novembre 1922, pp. 4-5.
(54) SGA, 6739, Cavallier à Emile Ferry, 13/4/1913.
(55) SGA, DOC PAM 22, Cavallier, *Notes économiques*, p. 49.
(56) 1889年パリ万博でのEESの開催については以下も参照せよ。L. Godineau, «L'économie sociale à l'Exposition universelle de 1889», *Le Mouvement social*, no. 149, 1989; Topalov, «Les «réformateurs»».
(57) Villeneuve-Bargemont, *Economie politique chrétienne*.
(58) C. Dunoyer, *Nouveau traité d'économie sociale*, Paris, 1830.
(59) A. Blanqui, *Histoire de l'économie politique*, Paris, 1860, pp. 210-230.
(60) E. Littré, *Dictionnaire de la langue française*, tome2, Paris, 1874, p. 1288.
(61) Say, *Cours complet*.
(62) C. Coquelin et G.-U. Guillaumin (dir.), *Dictionnaire de l'économie politique*, Paris, 1852, pp. 665-666.
(63) *Exposition universelle internationale de 1889 à Paris. Rapport général*, tome9, Paris, 1892, pp. 3-10. ただし、第3章でも言及したように、1867年パリ万博の新褒賞部門において「社会的経済」の用語は前面に掲げられていない。
(64) *Exposition universelle de 1889 à Paris. Exposition d'économie sociale. Enquête*, Paris, 1887, pp. 17-18.
(65) *EU1889, RJI, GES*, 1ère partie, Paris, 1891, pp. V-VI.
(66) *EU1889, RJI, GES*, 1ère partie, pp. VII-X.
(67) Cheysson, «L'économie sociale», pp. 2-4.
(68) AN, F/12/3767, Economie sociale. Commission d'organisation. Procès-verbaux, séance du 12/12/1888; *EU1889, RJI, GES*, 2e partie, pp. 352-356, 358.
(69) Cheysson, «L'économie sociale», pp. 11-15.
(70) フランスの企業で大賞を授与されたのは、アンザン鉱山会社 Compagnie des mines d'Anzin、バカラ・クリスタル製造会社 Compagnie des cristalleries de Baccarat、ブランズィ炭鉱会社 Compagnic des houillères de Blanzy、ル・ボン・マルシェ Le Bon Marché（小売業）、アルフレッド・マム父子社 Alfred Mame et fils（印刷・製本業）、シュネーデル社（製鉄・鉱山業）である。アンザン社、バカラ社、ブランズィ社、シュネーデル社はいずれも業界を代表する企業であり、ここでも生産の優位性と福祉の先進性の相互連関が傾向として看取される。なお、1867年パリ万博において、バカラ社は選外佳作、アルフレッド・マム社は賞、シ

ユネーデル社は選考除外（賞と同格）の対象となっていた。*EU1889, RJI, GES*, 2e partie, pp. 455-456, 458-492, 500-505; *EU1867, RJI*, tome1, pp. 402, 414-417, 454-456.

(71) *EU1889, RJI, GES*, 2e partie, p. 379.

(72) *EU1889, RJI, GES*, 2e partie, pp. 437-439.

(73) *EU1889, RJI, GES*, 2e partie, pp. 369-370, 375-377.

(74) *EU1889, RJI, GES*, 2e partie, pp. 397, 417-418. 上述した PAM での福利事業の展開は、こうしたシェイソンの提言と大きく重なっている。

(75) Cheysson, «L'économie sociale», pp. 17-18.

(76) AN, F/12/3767, Economie sociale. Commission d'organisation. Procès-verbaux, séance du 23/7/1888.

(77) *EU1889, RJI, GES*, 1ère partie, p. IX.

(78) *L'économie sociale à l'Exposition universelle de 1900. Livre d'or des exposants du groupe XVI*, tome3, Paris, 1903.

(79) SGA, 36625, Exposition internationale de l'Est de France, Nancy, 1909. PAM. Economie sociale.

(80) *Les établissements Schneider. Economie sociale*, Paris, 1912.

(81) *Musée social*, avril 1900, pp. 109-114, 121-122; *Le Musée social. Mémoires et documents*, 1905, pp. 7-10.

(82) *Le Musée social. Mémoires et documents*, 1905, pp. 19-20.

(83) 社会博物館については、ホーンが詳細な検討を加えている。彼女によれば、社会博物館は特定の教義や利害を代表しておらず、社会運営の主体に関しても、個人主導派からアソシアシオン主導派、国家主導派に至るまで、異なる立場の間での意見交換の場となった。J. R. Horne, *A Social Laboratory for Modern France. The Musée Social and the Rise of the Welfare State*, Durham, 2002.

(84) パトロナージュ論の展開は、ル・プレェ学派の社会的経済協会の動向にも連動している。サヴォワによれば、ル・プレェ死去後の社会的経済協会が社会改革に及ぼした影響力は、1883-1887年の台頭期、1888-1899年の絶頂期、1900年以降の衰退期に区分される。Savoye, «Les paroles», p. 67.

(85) E. Cheysson, «Le devoir social et la formation sociale du patron», *La Réforme sociale*, 1/7/1905, pp. 49-50, 66-67.

(86) Cheysson, «L'économie sociale», pp. 15-16.

(87) E. Cheysson, «Coopération et mutualité», *Musée social*, octobre 1899, pp. 482-483, 486, 490-491.

(88) ル・プレェの家族モノグラフィーを継承するシェイソンにおいて、家計分析は労働者の生活環境改善の梃子として認識されていた。家族モノグラフィーに基づくシェイソンの家計比較研究として、E. Cheysson et A. Toqué, *Les budgets comparés des cent monographies de familles*, Rome, 1890.
(89) こうした連帯主義の影響については第5章と第6章で検討する。連帯主義思想に関しては、M.-C. Blais, *La solidarité. Histoire d'une idée*, Paris, 2007; 田中『貧困と共和国』；廣田明「社会的連帯と自由——フランスにおける福祉国家原理の成立——」（小野塚知二編『自由と公共性——介入的自由主義とその思想的起点——』日本経済評論社、2009年）；重田園江『連帯の哲学Ⅰ——フランス社会連帯主義——』勁草書房、2010年。
(90) L. Bourgeois, «L'idée de la solidarité et ses conséquences sociales», *Essai d'une philosophie de la solidarité*, Paris, 1902, pp. 41-42, 48-50. ブルジョワの「連帯」論の詳細については第6章で考察する。
(91) L. Bourgeois, *La politique de la prévoyance sociale, tome1, La doctrine et la méthode*, Paris, 1914, pp. 143-144, 148, 157-161.
(92) Bourgeois, *La politique*, pp. 120-123.
(93) Cheysson, «La lutte», pp. 490-493.
(94) *EU1900, CIES*, Paris, 1901, pp. IX-XI.
(95) *EU1900, CIES*, p. VIII. なお、商務大臣からの要請を受け、社会博物館は1900年 EES の組織化に関わっていた。*Le Musée social. Mémoires et documents*, 1905, p. 11.
(96) *EU1900, CIES*, pp. 206-209, 423-424.
(97) L. Bourgeois, *Solidarité*, Paris, 1896, pp. 112-113.
(98) シェイソンは、国家の全能性や官僚制の拡大という観点から連帯主義を批判しているが（E. Cheysson, «La solidarité sociale», *L'Economiste français*, 4/7/1903, pp. 11-12)、ブルジョワの連帯主義が国家と中間団体の調和的・補完的関係を是認する限りにおいて、その批判は妥当しない。ゆえにわれわれは、連帯主義とパトロナージュ論の理念に内在する対立点を強調するよりも、むしろ共通点に由来する社会改革実践面でのブルジョワとシェイソンの関与の重なりを重視したい。彼らは、社会博物館の他に、フランス低廉住宅協会 Société française des habitations à bon marché や社会衛生同盟 Alliance d'hygiène sociale など、社会的経済に関連する社会改良団体での活動を共有していた。

第5章　労働局の設立と活動

はじめに

　19世紀末から20世紀初頭は、公的秩序の存立に関わる社会問題をめぐって多様なイニシアティヴが展開・交錯する時期として特徴づけられる。支配階層における社会問題の認識は、労働・社会立法の実現、社会改良団体の組織化、社会改革思想の興隆などをもたらし、社会調査や社会的保護を共和政の統治技術として際立たせた。特に階級問題の顕在化に伴い、産業界がパテルナリスムの再編に取り組む一方で、国家は労使関係への介入を進めることになった。本章の目的は、労働・生産に関する実態調査機関として1891年に設立された労働局 Office du Travail を検討することにある。

　フランス労働局を扱った先行研究は必ずしも多くない。まず、最も体系的な分析として、レスピネ＝モレ I. Lespinet-Moret の研究が挙げられる。彼女によれば、労働局は、労働や生産に関する各種調査を通じて、社会・経済問題の専門家を育成する坩堝となり、社会改革の原動力の一つとして機能していた[1]。また、労働局設立100周年を契機として編集された『労働局の歴史』は、労働問題をめぐる思想的状況、19世紀末以降の一連の労働立法の制定、労働問題への対応としての国際労働政策などについて明らかにした[2]。あるいは、ルシアニ J. Luciani とサレ R. Salais や清水克洋は、労働局の調査内容に検討を加えている。ルシアニとサレは、労働局設立期における調査員や調査・分析手法を比較し、モノグラフィー分析[3]と統計分析の方法論的対照性や、両者の間の潜在的緊張関係を指摘している[4]。また、清水によれば、賃金と労働時間に

関する調査を実施した労働局は、全国的に均質な労働市場の形成を認識かつ促進するとともに、多数の不熟練労働者の安定的雇用における経営者の役割を強調した[5]。

以上の研究は、世紀転換期の国内外の社会的・経済的状況を視野に入れつつ、労働局の活動を当時の社会改革の動きの中に位置づけた点で意義をもつ。とりわけレスピネ＝モレの研究は、労働局の運営に関わった主要な人物の個別分析を効果的に用いることによって、第三共和政下で展開された改良主義の裾野の広さをも明らかにしている。

しかしながら先行研究では、第三共和政期の社会運営をめぐる国家介入という観点から労働局の意義や役割を問う視点が希薄である。第三共和政を特徴づける、労働・社会政策における組織的で広汎な国家介入を理解する上で、かかる視点を明確に示すことは不可欠であろう。第三共和政期には工業化がすでに不可逆的に進行していたから、社会問題の解決策は工業化推進を前提に考えられねばならなかった。ゆえに、社会的保護の展開において特に問題とされたのは、国家と産業界の関係であった。19-20世紀転換期において、国家の介入と産業界の私的イニシアティヴの調和的発展はいかに模索されたのか[6]。本章では、第一次世界大戦前までの労働局の活動を手がかりに、その具体的形態を考察する。考察にあたり、われわれは以下の三つの点に留意したい。

一つめは、労働局を媒介とする国家介入の理論的根拠である。後述するように、労働局は調査活動を通じて第三共和政期の労働・社会立法に直接的・間接的に関わっていた。労働局職員自身はこうした国家介入をいかに理解していたのか。本章では、1899年から1920年まで労働部長を務めたアルテュール・フォンテーヌ A. Fontaine の主張に焦点を絞って検討を加える。他方、社会改革における私的イニシアティヴを重視する人々は、労働局を媒介とする国家介入をいかに捉えていたのか。その鍵となるのは、フレデリック・ル・プレのパトロナージュ論を継承したエミール・シェイソンの言説であろう。第3章と第4章で検討したように、パトロナージュ論は私企業主導の福利事業に理論的枠組みを与えるとともに、社会改革論の一つとして機能していたからである。では、

シェイソンは労働局の活動を社会改革の文脈の中にいかに位置づけたのか。

二つめは、労働局と経済近代化との関わりである。先行研究において、第三共和政期の社会改革への言及は見られるものの、労働局の活動と経済近代化の関連にまで踏み込んだ検討は行われてこなかった。20世紀前半のフランス産業界における機械化の遅れや時短 - 高賃金制度の浸透度の低さを考える上で、経済近代化における労働局の役割を問うことは有益であろう。本章では、労働の科学的分析という観点から、特に労働局と医学物理学者の関係に注目したい。両者の連携の中から社会改革としての経済近代化の理念が萌芽的に現れてくることはなかったのか。仮にかかる事実が観察されるならば、それは、経済近代化の領域における国家介入と私的イニシアティヴの相互補完性を検討する上でも示唆を与えると思われる。

三つめは、労働局と産業界の関係である。先行研究においては、労働局の活動に対する経営者側の対応を具体的に検証する作業が欠落しており、国家介入をめぐる労働局と産業界の関係が十分に捉えられていない[7]。ゆえに本章では当時の基幹産業である鉄鋼業に着目し、労働局と業界団体の関連を探ってみたい。その際、具体的な考察対象とされるのは、1906年に制定された週休法（1906年7月13日の法律）の運用過程である。週休法運用を軸とする両者の動向はいかなる様相を呈していたのか。他方、週休問題に対する社会的関心の高まりにおいて重要な役割を果たしたのがシェイソンであった。彼は週休問題をいかに理解していたのか。本章ではパトロナージュ論と週休問題の関連にも言及したい。それはまた、経済近代化に関する労働局関係者とシェイソンの対比をも視野に入れることに通じている。

以下においては、まず労働局の機能について考察した後、社会改革の観点から労働局を媒介とする国家介入の根拠と意義を検討する。続いて、労働局の活動を経済近代化との関連で捉え直し、最後に1906年週休法をめぐる問題を検証してみたい。

第1節　労働局の機能

　労働局の設立は、商務大臣ジュール・ロッシュ J. Roche による高等労働評議会 Conseil supérieur du Travail への諮問を契機としている[8]。ロッシュから労働局設立に関する見解を求められた高等労働評議会は、1891年2月に評議会内部の労働局設置委員会において問題を討議した。基調報告を行ったクゥフェール A. Keufer は次のように述べている。生産手段の変容、経済活動の発展、工業をめぐる諸関係の拡大、資本の集中などによって、経済危機が引き起こされるようになり、労働者は不安定な状態に置かれて、社会秩序は危険にさらされている。こうした社会の問題が検討され、その解決策が模索されてはいるものの、経済現象を制御する法則は未だ十分に解明されていない。経済危機の緩和を目的とする法律の立案過程においても、基礎となる情報が著しく欠如している。したがって、諸外国での統計局や労働省の組織化の事例にも鑑み、労働局設置委員会内部ではフランスにおける労働局設立の必要性が共通の認識となっていると[9]。

　このように、高等労働評議会では、国内の労働や生産に関する情報の不足がしばしば指摘され、それらの情報収集に労働局の役割を求めることで意見の一致が見られた[10]。社会・経済状況の正確な把握が急務とされた背景には、1870年代から長期化していた「大不況」の問題がある。「大不況」期のフランスは、農業生産の落ち込みのみならず、国民の購買力低下や外国製品流入による繊維工業の低迷、鉄道建設の鈍化に伴う鉄鋼業の苦境などに直面していた。それに加えて、1882年のユニオン・ジェネラル銀行倒産は金融恐慌を引き起こし、事態をより深刻化させた。また、資本と労働を取り巻く状況は大きく変貌しつつあった。1884年職業組合法（1884年3月21日の法律）によって労働組合が合法化された結果、雇主への対抗手段として組合運動や労働争議が急速に広まったからである[11]。ただし、労働局には、こうした社会問題の解決の権限が与えられたり、問題解決に関する態度の表明が求められたりしたわけではな

い。その役割は、法律の準備段階での情報提供を通じて、高等労働評議会や行政当局、議会などの手に委ねられた道具として機能することであった[12]。

かくして、高等労働評議会は労働局設置勧告をロッシュに提出し、勧告を受けたロッシュは、1891年6月に労働局設置法案を下院に提出した[13]。経済危機への有効な対策が不可欠であるという認識は、議会においても幅広く共有されており、労働局設立の機は熟していた。ゆえに、労働局設置法案は、7月8日に477対1の圧倒的な賛成多数で下院を通過し、7月16日の上院では賛成155の全会一致で可決された後、7月20日に公布された。労働局の活動内容は1891年8月19日のデクレによって規定され、その任務は、商務大臣の監督下で労働に関する情報を収集・整理・出版することとされた。調査の対象は、生産の現状と発展、労働の組織と報酬、生産・労働と資本との関係、労働者の状態、労働の状況をめぐるフランスと諸外国との比較など、広範囲に及んでいる[14]。

労働局の組織は、中央部＝局内部と局外部によって構成されていた。局内部は、労働統計と社会保険制度の分析に関わる第1課と、社会的経済を調査する第2課に分けられ、1897年には、総統計調査を扱う第3課がこれに加わった。他方、局外部は常勤職員と非常勤職員を擁し、局内部と連携しながら特別任務に携わった。その後、1899年に労働部 Direction du Travail が設立されると、労働局は労働部内部に移設され、さらに1906年の労働省創設に伴い、労働部は商務省を離れて労働省の管轄下に置かれることになる。労働局、高等労働評議会、労働監督局 Inspection du Travail の間にはすでに実質的な協力関係が成立していたが、この再編によって三者の連携は一層強まった。すなわち、高等労働評議会からの調査指令を受けた労働局が、局外部の非常勤職員として労働監督官の調査協力を得る、という方法が労働省の中で制度化された[15]。

労働局の規模は、人員数、予算配分額ともに必ずしも大きくない[16]。設立時の職員数は17名（内部職員14名、外部職員3名）にすぎない。1899年の改組によって29名（内部職員23名、外部職員6名）にまで増加するものの、その後はほぼ横ばい状態となり、1914年時点でも30名（内部職員23名、外部職員7名）を数えるにとどまっている。また、労働局の予算[17]は、1892年時点では15万

2,000フランであったが、1897年に常勤職員の人件費支払い業務が中央の統括部署へ移管されると、9万5,000フランに減額された。さらに、1905年には印刷費支払い業務も同様に移管されることになり、1906年の予算は3万3,400フランにまで縮小した。1909年以降はやや増額されるものの、4万フランにとどまっている。労働監督局に対する予算が、1893年の64万2,500フランから、1906年の75万フラン、1913年の91万5,000フランへと増加傾向を辿っているのとは対照的である。

　労働局が相対的に小規模であり続けたとはいえ、多岐に渡るその調査活動は、第三共和政の社会運営において無視できない位置を占めていた。まず、最も多く実施されたのは賃金や労働時間に関する調査であり、調査対象は、鉄道業や国営企業の他に、民間の各種の大工業および小工業にまで及んでいる。また労働局は、生産現場の衛生状態や職業病に関する調査や、労働災害防止の問題にも積極的に関わった。「防止＝予防」の概念は「将来への備え」として労働者の生活保障と結びつき、年金金庫や共済組合なども調査の射程に収めることになった。さらに労働局の調査は、労働・生産をめぐる協同組織や労働争議の問題を扱うとともに、失業や職業斡旋といった、生産活動から除外された労働者の実態解明にも向かっていく（図5-1）。

　では、こうした労働局の調査活動ではいかなる分析手法が用いられたのか。まず、1914年頃まで主要な位置を占めていたのはモノグラフィー分析である。例えばマルッセム P. du Maroussem は、ル・プレの家族モノグラフィーを発展的に継承し、作業場を対象とする職業モノグラフィーを考案した[18]。彼は労働局の要請を受けて、パリの小工業（食料品および衣料品）での賃金と労働時間の調査に取り組み[19]、以後、彼の分析手法は他の調査員たちによっても採用された。事業所数・従事者数の多さや業種の多様性という点で、当時の小工業の比重は依然として大きく[20]、小工業の中核を成す家内工業の調査では、モノグラフィーが特に有効な分析手法と見做されたからである[21]。調査担当者が作業場に直接赴き、業者との面接を通じて得られた情報や所見（作業場や住居の状態、精神的・道徳的状態、衛生状態、職業上の技術情報、景気との関

図 5-1　労働局調査：テーマ・刊行年（1914年まで）

ドイツとオーストリアでの強制保険に関する公式報告書に基づく労災事故統計（1892年）。
小工業（食料品産業・衣料品産業）における賃金と労働時間（1893、1896年）。
フランス産業における賃金と労働時間（1893-1895、1897年）。
職員・労働者・使用人の職業斡旋（1893、1901、1909年）。
フランスと外国での集団的労使紛争の任意的調停と仲裁（1893年）。
工業作業場での労働者の衛生と安全。フランスと外国の立法（1895年）。
国営工場と鉄道業での従業員の賃金分布（1896年）。
失業問題（1896年）。
イギリス、ベルギー、オランダ、スイス、アメリカ合衆国、フランスでの公共事業における最低賃金（1897年）。
労働者の生産協同組合（1897年）。
工業施設での雇主後援による年金金庫（1898年）。
ドイツとオーストリアでの強制保険の結果に基づく労災事故保険統計（1899年）。
労働者の職業組合（1899-1904年）。
工業毒物（1901年）。
オーストラリアとニュージーランドにおける労働者・社会立法（1901年）。
1900-1901年における各種労働者の賃金明細（1902年）。
1899-1901年の印刷業における徒弟制度（1902年）。
パリの古布・古紙産業（1903年）。
職業病（1903年）。
家具製造業における徒弟制度（1905年）。
国営工業施設における8時間労働（1906年）。
下着工業における家内労働（1907-1909、1911年）。
皮なめし業における失業（1908-1909年）。
刺繍業労働者の失業（1909年）。
工業施設付設のエコノマ（1909年）。
1909年におけるパリ職業斡旋所（1910年）。
鉄道業のエコノマ（1910年）。
1909年における無料職業斡旋所（1910-1911年）。
持ち乗り厩務員の徒弟・労働条件（1910年）。
時計産業における徒弟制度（1911年）。
フランスにおけるポーランド人農業労働者の移民と職業斡旋（1911年）。
1906年以降のイギリスにおける鉄道会社と従業員の間の諸困難（1912年）。
職員の労働規制（1912年）。
造花産業における家内労働（1913年）。
土曜日の労働時間短縮（イギリス週）（1913年）。
パリの学校卒業生によって選ばれた職業（1913年）。
農業賃金（1913年）。
製靴業における家内労働（1914年）。

出典：Lespinet-Moret, *L'Office du Travail*, pp. 312-313, 342-344 より作成。

連など）は、当時の家内工業労働者の実態を詳細に伝えている。人員不足により労働監督局の活動が家内工業にまで十分に及ばない状況下で、労働局の調査は、目的や方法の違いこそあれ、労働監督活動の空白部分を埋める役割をも果たしていた。また、こうした分析手法は、家内工業のみならず、年金金庫、職業組合、労働者生産組合などの調査にも幅広く用いられた。

　他方、労働局ではモノグラフィー分析と並んで統計分析も用いられた。統計分析に関しては、フォンテーヌやヴェベール L. Weber といった局内の技師たちの存在が大きい。モノグラフィー分析を主流とする中で、統計分析には概して副次的立場しか与えられなかったが、労働局が統計分析の有効性を過小に評価していたわけではない。例えば、年金金庫の調査においては、編集責任者のデュヴェルネがモノグラフィー部分を、フォンテーヌとヴェベールが統計部分をそれぞれ担当しており、統計分析はモノグラフィー分析を補完する上で無視できない位置を占めていた[22]。また、『労働争議と調停・仲裁への訴えの統計』は主に次の内容から構成されている。①労働争議統計。争議が業種別に分類された上で、場所、期間、参加人員数、要求事項、争議の前後の賃金および労働時間、労働損失日数、解決方法、訴追を受けた人数などが事例ごとに記載される。②1892年労使調停・仲裁法（1892年12月27日の法律）の適用に関する統計と資料。調停・仲裁における成功・失敗・示談の件数が業種別・原因別に算出される。さらに、各争議の発生から終結までの経緯が詳細に叙述される。③付録。通達、法律条文、質問表などが掲載される[23]。

　以上のような調査活動を通じて、労働局は第三共和政期の労働・社会立法に直接的・間接的に関わっていく。例えば、1898年の労災補償法（1898年4月9日の法律）に先立って、1892年にはドイツとオーストリアでの労災統計が労働局によって紹介され、1895年には作業場での衛生と安全に関する調査結果が公表されている[24]。あるいは、1892年に労使調停・仲裁法が制定されると、翌年には『フランスと外国における集団的労使紛争の任意的調停と仲裁について』が出版され[25]、『労働争議と調停・仲裁への訴えの統計』も毎年編集され始めた。また、第4節で検討するように、1906年週休法の運用局面においては、

労働局が主体となって特例事項の作成を進めることにもなった。

第2節　労働局と国家介入

上述したように、労働局の主要な活動は、調査分析に基づいて、生産や労働の諸条件に関する情報を提示することにあり、それは第三共和政下の労働・社会立法を補助する機能を果たしていた。労働局の関与は、私企業の生産活動に対する国家介入を支援するものであったといえる。では、労働局を媒介とする国家介入の根拠と意義はいかに把握されるのか。本節ではアルテュール・フォンテーヌ[26]とエミール・シェイソンの言説を取り上げ、国家介入をめぐる彼らの見解を検討してみたい。

フォンテーヌによれば、労働契約の領域における国家介入の根拠の一つは、人類や国民の生存を保障する「道徳的規範の番人」としての役割にあった。特に児童・婦人労働者を過度の超過労働から保護する点で労働立法は不可欠であり、その原理は成人男子労働者に関しても同様である。人間の退化を食い止め、人類の将来を保障するためには、労働の局面において個人的自由を制限し得るのである[27]。こうした観点は、第1章で検証した1841年児童労働法の制定理念にも看取されるもので、19世紀前半以来の連続性を示している。

他方で、フォンテーヌは世紀転換期の連帯主義の影響を受けていた。彼によれば、人間は時間的にも空間的にも孤立・独立した個人ではない。今日の世代は遺伝によって過去および未来の世代と結びつけられるとともに、個人の自由な営みは他の同時代人の活動にも影響を及ぼしている。自らの生活が他者の生活と緊密に結びつき、一人の人間の生活が部分的には他者の営みの中で送られている以上、それら生活の保全と発展のためには一定の制約を設けることも正当化されると[28]。ここには連帯主義の「社会的負債 dette sociale」理念[29]が明確に表現されている。また彼は、1900年のCIESの際、「経済事象における連帯」と題された講演の中で次のようにも述べている。分業や機械の進歩は労働の世界において団体協約の成立をもたらした。労働者の間には、職業組合や

労働組合のような協同組織が結成され、労働条件をめぐる連帯が生まれた。しかし他方で、労使間の決裂によって労働争議もしばしば引き起こされるようになった。労働争議はまさに経済戦争であり、その余波は業界のみならず社会全体をも巻き込むことになる。したがって、最も直接的な連帯的利害に立脚した協同組織だけで十分とはいえない[30]。分業社会における異質な要素の連帯の必要性を指摘するフォンテーヌの姿勢は、エミール・デュルケムの「有機的連帯」論[31] を想起させるが、フォンテーヌはさらに踏み込んで、この異質な要素の連帯に国家介入の積極的根拠を求める。すなわち国家は、異なる利害を持つ協同組織の間に話し合いの場を設けて、対立する当事者間の調停や仲裁の役割を担い、国民全体の連帯をも実現させるために社会保険制度を整備する。1898年労災補償法に内在する「職業的リスク risque professionnel」の理念は、全国の雇主と労働者を連帯させるものであり、こうした社会的責任の概念はやがて傷病者や老齢者にも適用されていくことになろうと[32]。

フォンテーヌが唱える、労働者の生存保障や労使協調といった理念は、パトロナージュ論においても頻繁に言及されていたが、彼はル・プレのパトロナージュの限界を次のように指摘している。競争圧力の高まりは、低廉な労働力の獲得に企業を走らせ、国際市場における投機・発明・生産過剰は、パトロナージュの支柱である雇用の恒久性の維持をますます困難にしている。こうした状況に対処するためには、パトロナージュの付属物としての慈善的事業だけではもはや不十分である。そのうえ、今日の労働者は雇主の窮屈な保護から解放されつつあり、自由の息吹によって古い秩序は絶えず揺れ動いている。今こそ、自由の発展と工業生産力の増大から何を生み出すべきかを探る時であると[33]。

では、ル・プレのパトロナージュ論を継承するシェイソンは国家介入をいかに理解し、労働局の設立と活動に対していかなる態度を示したのか[34]。そもそもシェイソンにとって、私的イニシアティヴの優位は絶対的であった。国家介入による横並びの強制化は、パトロナージュの美徳としての自発性を喪失させ、「国家社会主義」の下で官僚制を幅広く展開させるとともに、従来の福

祉制度の社会的効果を殺いで、階級協調をも遠ざけてしまうからである[35]。ただし彼は、公式統計の実施に関しては国家の正当な権限・義務と見做していた。社会生活の諸側面を明らかにする統計調査は、個人的努力では困難であり、適切な手段を有する国家こそが実現可能だからである[36]。ゆえに、労働統計整備の問題は、労働局を通じた国家介入の正当性を導き出した。1890年の学会会議の講演において、シェイソンは労働統計局を起点に労働省を組織化したアメリカの事例に言及しつつ、フランスにおける公的な労働統計機関の必要性を訴えた。膨大な予算を用いずとも、労働部局の設立によって、立法化の準備に必要な情報を収集することができるであろうと[37]。かくして、1891年に労働局が創設されると、同年9月にベルンで開催された労災事故国際会議において、彼は大きな期待を表明した。「統計を整備するための手段の欠落は、……いま埋められたところである。今後われわれは、社会福祉に関する法律の適切な基盤に必要な情報を体系的に収集するように道具を備え持つことになるのである」[38]。

しかしながら、労働局が実際に機能し始めると、シェイソンの期待は失望に変わっていった。労働局におけるモノグラフィー分析と統計分析の並行的採用は彼の考えに合致し得たものの[39]、統計整備に関する彼の提言が調査活動に反映されなかったからである。例えば、1897年に彼は業種別就業者人口調査が社会立法に不可欠であるという従来の見解を示し、高等統計評議会の再三の要望にもかかわらず、フランスではかかる調査が実施されていないと指摘した[40]。また、1905年の高等統計評議会でも、彼はフランスの労災統計の精度に対する不満を表明した。こうした状況の下で、シェイソンは保険整備の基礎作業に関する労働局への期待を低下させ、より一層、私的イニシアティヴに傾斜していった。彼が新たな期待を寄せた機関はフランス社会保険協会 Association française des assurances sociales であった。協会の目的の一つは、労災・老齢化・疾病・失業などに関する法律の準備・施行において生じる諸問題を共同で検討することにあった。協会では、社会保険に関心を持つ人々や、その組織化・運営に携わる人々の結集が、分野を越えて広く求められることになる[41]。

第3節　労働局と経済近代化

　労働局の活動内容は科学的統計手法の観点からシェイソンによる批判を受けたものの、労働局を通じた国家介入は、連帯主義の影響の下で、世紀転換期の社会運営における正当性を獲得していた。では、第三共和政下の社会改革において、労働局の関与が新たな潮流を生み出すことはなかったのか。本節では労働局と経済近代化の関連に留意しつつ、その具体的形態について検討してみたい。

　労働局と経済近代化を結びつけた社会的要因として、労働者の身体分析に関わる実験科学の動向が注目される。従来、労働過程の分析では社会科学的手法が用いられていたが、19世紀後半のヨーロッパでは、自然科学的手法を採用した労働科学の進展が見られた。労働科学の特徴は、「人的動力」として人間の動作を精密に分析する手法に求められる。すなわち、ドイツのヘルムホルツ H. von Helmholtz が熱力学の観点から人体を人的動力と捉えることで、人体エネルギーの効率的使用という理念を普及させることになった。フランスでもマレー J. Marey が運動学・動力学の観点から人体の運動を考察し、ショヴォー A. Chauveau が熱力学の理論に基づき筋肉運動の分析に取り組んだ。さらにイタリアで、モッソ A. Mosso が指の筋肉に関してエルゴグラフ（筋収縮時の作業を記録する装置）を用いた実験を行い、生理学の観点から人体の「疲労」過程に着目すると、労働科学は新たな段階に入った。世紀転換期には、フランス、ベルギー、ドイツ、イタリアなどで、労働科学に従事する研究者集団が形成され、「エルゴグラフィーの法則」を追究する国際的な連携が見られ始めた[42]。

　フランスは労働科学の先端を担い、特に労働者の身体能力の分析を主眼とする労働生理学を発展させた[43]。20世紀初頭の代表的な労働生理学者としては、モンペリエ大学医学部教授のアルマン・アンベール A. Imbert が挙げられる。労働局は運搬作業の労働疲労に関する研究をアンベールに打診し、これを受けた彼は、エロー県 Hérault 労働監督官メストル Mestre の協力を得て、生産現

場での運搬作業の物理的分析に取り組んだ。その結果、二輪荷車で60kgの袋を10時間運ばせる労働内容による過労の蓄積が立証された。この調査報告は1905年の労働監督局報告書で公表され、フォンテーヌにも提出された[44]。また彼は、一輪手押し車の使用による労働疲労に関しても同様の調査を実施し、1909年の労働監督局報告書に論文を掲載した[45]。

　こうした調査分析はいかなる認識に基づいていたのか。まず彼にとって、実験科学は客観的立場から社会平和の実現に寄与し得るものであった。彼によれば、「資本と労働の間には溝が掘られ、それは、結合しようとするあらゆる試みに対する障害となる恐れがある。日々強まり一般化しつつある階級闘争を捨象してしまうと、事実を見誤ることになる」[46]。かかる状況において、「科学は本質的に社会主義者でもなく、性格的に資本主義者でもない。科学は単に真実にすぎないのである」[47]から、「生理学的解釈の探求は、社会平和の活動に対する何らかの重要な貢献をすることになろう」[48]。こうした視点に立つ彼は、雇主から見た従来の労働者像を批判する。すなわち、自宅と職場の往復という規則的生活を送る者が良い労働者で、怠惰で多くの暇を持つ者が悪い労働者であるというような判断は、雇主の側からの一方的な見解にすぎず、それは医学的・物理学的次元で明らかにする余地を与えていない。そのような単純化は、社会問題の複雑性や本質的性格を十分に理解するものではないと[49]。

　さらにアンベールは、疲労緩和と生産性上昇という観点から、労働時間短縮が労使双方にとって有益であると考えた。1907年のベルリンでの衛生・人口学国際会議（CIHD）において、彼は次のように述べている。「過労と戦うための手段は、それが……雇主と労働者の利益を考慮することから着想を得ているゆえに、より一層効果的なものとなるであろう。……取るべき手段の理想的な事例は、一日の労働時間を短縮したり、賃金を引き上げたりすることによって、労働者の生産量が減少せず、十分に埋め合わせるだけの生産性の上昇がもたらされることである。そもそもそれは夢想的な考えではない。なぜなら、……明らかで正確な事実によってそれは証明され得るからである。それらの手段を模索するためには……労働そのものを検討し、……あらゆる労働条件を精密に検

査することが必要である」⁽⁵⁰⁾。

　アンベールのこうした見解は、フォンテーヌの認識との重なりを見せている。フォンテーヌによれば、人間の生産量は労働時間とともに無限に上昇するわけではなく、さまざまな条件の下で生産量の最大化を実現させる労働時間が存在する。ゆえに、労働時間の短縮が必ずしも生産量の減少を招くわけではない。機械の普及によって人間の生活環境が大きく変容した結果、新たな労働条件に応じた試みが課題とされていると⁽⁵¹⁾。すでに1903年のCIHDは、職業的疲労に関する研究への取り組みを各国政府に勧告していた。アンベールはこの勧告に言及した上で、職業労働に関する実験研究の先駆的な推進者としてフォンテーヌを紹介し、労働局での彼の活動に賛辞を呈している⁽⁵²⁾。

　他方、労働時間と生産量の点から見ると、20世紀初頭のフランスでは、作業時間測定方式に基づくテイラー F. W. Taylor の「科学的管理法」が紹介・導入され始めていた⁽⁵³⁾。テイラー・システムは1908年にルノー自動車工場で採用され、『工場の科学的管理の原理』は1912年にフランス語に翻訳された。では、アンベールはテイラー・システムをいかに捉えていたのか。

　フランスにおけるテイラー・システムの導入は、労働強化や解雇に対する現場労働者の強い反発を引き起こした。アンベールはそれらの反発に理解を示しつつ、テイラー・システムに内在する問題として「一般利益」の欠如を指摘する。すなわち、生産量増大に伴う賃金上昇や消費者利益の増大がいかに唱えられようとも、そのシステムは雇主の利益の増大を究極の目的としている。ゆえに、特定の個別企業の繁栄ではなく、社会的進歩の実現が目指されない限り、テイラー・システムを採用すべきではないと⁽⁵⁴⁾。

　アンベールはテイラー・システムへの批判的見解を示したとはいえ、システム受容の可能性を否定したわけではない。例えば、彼は社会的進歩の手段として機械化の推進を積極的に評価していた。ただし、そこで注目されたのは、テイラー・システムの根幹を成す生産量の増大ではない。新型機械導入の主要な意義は労働者の疲労軽減に求められ、生産量増大は疲労軽減の結果としてもたらされると考えられていた。したがって、テイラー・システムの適用において

は、疲労軽減と生産量増大という両方の要素を同等に考慮すべきであると彼は主張した。また彼によれば、システム成功の鍵は標準生産性の設定方法にあった。すなわち、事前実験の実施や標準生産性の決定に関しては、労働者、とりわけ労働組合の代表と雇主の間の緊密な協力に基づく議論が肝要である。集団的労働協約の傾向が強まる中で、テイラーのように労働組合を退けようとするのは望ましくない。さらに、こうした事前実験や標準生産性決定の作業は生理学的性質を帯びているがゆえに、生理学者との協力関係も有益かつ不可欠となる。そして、テイラーの原理を広めるためには、何よりもまず、「生産量と賃金の減少なき労働時間短縮」が念頭に置かれねばならないと[55]。

第4節　1906年週休法をめぐる問題

労働局の調査活動を社会改革の文脈において捉える場合、それは機械化推進や労働時間短縮による生産性向上という経済近代化をも視野に入れたものであった。では、第一次世界大戦以前において、労働局を媒介とする国家介入は、私的イニシアティヴの推進主体といかに関わりあったのか。本節では1906年週休法[56]を取り上げ、国家介入と私的イニシアティヴの交錯状況を考察する。その際われわれは、パトロナージュ論における週休問題の位置づけと、週休法の運用をめぐる労働局と鉄鋼業界の関係に特に留意したい。

(1) パトロナージュ論と週休問題

1906年週休法制定の契機となったのは、下院議員のゼヴァエス Zévaès やブルトン Breton たちによって1900年4月に提出された、バザールおよび商店での週6日以上の労働を禁ずる法案である[57]。また、1901年6月の高等労働評議会でも週休問題に関する討議が行われた結果、成人男女および児童に日曜日の週休の権利を認める旨の勧告が表明された[58]。かかる勧告を受けた政府は下院に週休法案を提出し、法案は1902年3月27日の下院本会議において可決された。さらに、可決された法案は上院に送られ、1905年から上院での審議が開

始された。法案の検討にあたった上院委員ポワリエ Poirrier やプレヴェ Prévet による報告と、審議を通じた修正を経て、上院は1906年7月5日に週休法案を可決した。7月10日には下院もこれを採択し、こうして1906年週休法が制定される。商工業に従事する職員および労働者に対して、日曜日に連続24時間の休息を認めた点で、この法律は画期的であった。

1906年週休法制定の背景に、週休問題に対する社会的関心の高まりがあったことは間違いない。その一つとしてフランス日曜休息国民連盟（LPRD）の活動が挙げられる。LPRD は1889年パリ万国博覧会を契機とする週休国際会議 Congrès international du repos hebdomadaire によって誕生し、私的イニシアティヴに基づく日曜休日化推進のために国民の結集を図ることを目的としていた。そこには、カトリックおよびプロテスタントの宗教関係者、技師、上・下院議員などの他に、高等労働評議会の委員を務めたレオン・セェも名を連ねており、1899年時点で6,940名の加盟員を数えた。とりわけシェイソンはLPRDの運営に深く関わり、設立時には副会長、1901-1902年と1908-1910年には会長を務めている[59]。では、シェイソンは週休問題に対していかなる見解を示したのか。ここでわれわれは、彼のパトロナージュ論との関連に留意しつつ、週休問題の位置づけを検討してみたい。

シェイソンは、LPRD の活動を通じて、週休の普及に対する要望を繰り返し表明している。その際、週休推進の根拠の一つは労働者の身体的疲労に求められた。すなわち、労働者は日々の労働によって疲労・過労の蓄積を感じており、労働力の再生のためには適度の休息が不可欠である。生活が複雑化し、競争が刺激されるほど、週休の必要性はより一層強く認識される。したがって、日曜を休日にすることは生産力の無味乾燥な喪失ではない。そもそも永続的労働というのは夢想であって、経済的非常識にすぎない。事実、日曜休日化を遵守する国民が世界市場での弱い競争力に甘んじているわけでは決してないと。こうしてシェイソンは、イギリスの事例として、商工業の優越性を支える要因の一つを週休に求める見解を紹介している[60]。

シェイソンにとっての週休のもう一つの意義は、労働者家庭の再建に資する

ということである。社会の基本的な構成単位を家族に求める彼にとって、国の盛衰は家族の組織化の如何にかかっていた。彼によれば、平日はさまざまな作業場に散らばっている家族を結束させるために、週に1日は一家団欒の場を確保すべきである。休日こそが家族を道徳的かつ健康的な状態のもとで強固にするのであって、日曜日がなければ家族もない(61)。シェイソンは、小売店舗での週休の徹底に関しては、特に婦人の役割に訴えた。すなわち、日曜閉店を実行する店舗の顧客となり、それ以外の店舗での購買を拒否することで、日曜閉店を徹底させることができる。日曜開店による従業員の超過労働を強いているのは、雇主よりもむしろ消費者たちなのだから、婦人は責任ある自覚的行動を取らなければならない。また、「家族の番人」として家政全般を担う婦人には、家族の利益と結合した週休を守ることも強く求められている(62)。

さらに彼は、社会平和の観点からも週休の必要性に言及している。すなわち、生産増大や費用削減のために雇主が労働強化に走るならば、労働者は休息のない労働に拘束され続け、家庭生活の喜びを奪われてしまう。その結果、神経を尖らせた労働者たちは、社会の混乱を狙う者たちの格好の餌食とされるであろう。これに対して、日曜休日化を実践する者たちは、休日を習俗の最良の学校あるいは繁栄の強固な基礎と見做している。したがって、労働者に休日を与えることは、労働者と社会秩序を共存させることであり、国における平和と調和の必要性に応えることでもある(63)。

以上の主張に見られる特徴の一つは、労働者の身体的疲労に基づき、週休を労働生産力と結びつけて解釈している点であろう。一見すると、それは前節で検討したアンベールの議論と共通しているようにも思われる。しかしながら、シェイソンが志向したのは、週休=労働時間短縮による生産性上昇を通じた近代化ではなかった。彼は経済近代化・合理化と伝統的小規模生産を対立的関係において捉え、社会的安定の観点から、近代化・合理化の推進よりも大工業と小工業の均衡=「二重構造」の維持を優先させていた。彼によれば、大工業が富の創出や生産性上昇の代償として階級対立を引き起こし得るのに対して、小工業は技術革新に乗り遅れるものの、伝統的道徳や家族の維持を通じた社会平

和の支柱としての役割を果たし続ける。小工業が道徳的な力を機能させる一方で、大工業は物質的な力に呼びかけるのだから、両者は時代の社会経済的状況に応じて併存することが望ましい[64]。したがって、彼は生産性上昇を通じた福祉の実現という視角から週休問題を捉えておらず、依然として伝統的な「二重構造論」あるいは「近代化抑制論」の立場にとどまっていたというべきであろう[65]。シェイソンとアンベールの見解の本質的相違はここにある。そもそもパトロナージュ論においては、婦人の家事労働を軸とする家庭生活のモラル化が唱えられ、労働者家族の再建が大衆的貧困に対する有効な解決策と見做されていた。上述した通り、シェイソンにとっての週休の意義もまた、労働者家族の安定を通じた社会平和の構築にあり、それはまさにパトロナージュ論の核心となる理念と重なり合っていた。

では、1906年週休法の制定に関して、シェイソンはいかなる態度を示したのであろうか。まず、週休法案提出以前において、彼は週休制度には賛成しながらも、その法制化に対しては、国家介入の回避という観点から否定的な立場をとっていた。すなわち、法律による強制化が魅力的で単純で便利なことは認めるが、法律は短期間で反対派を抑圧する手段を準備するにすぎない。われわれは法律に頼るのではなく、従来の伝統でもある自らの個人的努力に依拠すべきであると[66]。とはいえ、シェイソンにとって、労働者家庭の安定化は国家介入の回避に優先すべきものであった。ゆえに、1902年3月に週休法案が下院を通過する可能性が高まると、彼は現実路線に転じる。「世論の協力がなければ、この種の法律は無力になるか失敗するかの運命にある。……LPRDの役割がそこから生じてくる。LPRDは法律の受容と順応を助ける重要な存在となり得るであろう」[67]。かくして、週休法の制定後は、彼は現状に対応した法律改正に向けてのLPRDの関与を唱え続ける。「LPRDの役割は変化した。法律に必要な改善策を引き出すために、LPRDは週休の宣伝から週休法の欠陥と不備の検討に移行しなければならない」[68]。とりわけ彼は、交代制・補償休暇・グループ分けといった形で特例を与える余地が生じたことに強い不満を表明した。彼によれば、交代制によって労働監督官による監視が極めて困難となり、家族

の一体性が雇主の意のままに壊されてしまう。また、週休日のグループ分けは、7日のうち1日を休むことによって体力が物理的に回復されるという法則に反している。もしも法案が可決されるならば、週休法第2条「週休は日曜日に与えられなければならない」の後退は避けられない[69]。

では、週休法は実際にはいかに運用されたのであろうか。週休法第1条および第2条は、すべての労働者・職員に対する日曜休日の原則を定めたものの、第3条は職業の特殊性に応じた交代制を承認し、溶鉱炉のような連続式加熱炉工場の専門職労働者については特例事項が行政によって規定されることを明記した。この特例事項の作成を主に担ったのが労働局である。以下では、週休法成立後の特例事項の準備・検討過程に焦点を絞って、労働局と業界団体の関係を検証してみたい[70]。

(2) 労働局とフランス鉄鋼協会

フランス鉄鋼業の代表的な業界団体であるCFは、連続式加熱炉工場の専門職労働者を対象とする特例事項を条文に盛り込ませるために、週休法案の検討段階においてポワリエやプレヴェに覚書を送付していた[71]。週休法第3条の実現は、そうしたCFの働きかけの成果であったといえる。したがって、特例事項の準備作業に関しても同様の動きが見られた。週休法成立直後の1906年7月20日に、CFMMはフォンテーヌと商務大臣に資料・情報を自発的に提供することを確認した[72]。また、10月までにCF事務局長のロベール・ピノはフォンテーヌに会って、規定の詳細に関する協議を開始し、12月までにCFは10月19日採択の決議文を商務大臣に提出した[73]。決議文は、労働力不足と作業秩序維持を理由に、非専門職への交代制の導入に対する猶予を要請し、専門職への特例措置については、技術的必要性から現状維持を求めている[74]。

鉄鋼業界と労働局の連携は、ピノとフォンテーヌの間の直接的かつ継続的な情報交換を軸として展開された。1907年2月のCFMMによれば、フォンテーヌは少なくとも今後3カ月間は規定問題に取り組まないことをピノに伝えた。新たな規定が出てくるまで週休法が連続式加熱炉工場に適用されないと判断し

たピノは、「最善策は何もしないこと。すなわち、何も言わず、動かず、何も約束しないことである」と同業者に述べている[75]。

他方、1900年1月19日の商務大臣通達によって、労働監督局と労働者職業団体の公式な協力関係が確立されて以来、鉄鋼業界は労働監督局の臨検監督に対する警戒を強めていた。CFMMによれば、臨検監督は「賃金労働者の手に委ねられた、雇主への社会的報復の道具」に変容しつつあり、「当初の技術的性格を失って、単なる公安と告発の業務となっている」。法律条文や通達を解釈した上で経営者たちに助言を与え、企業に敵対的な臨検監督に対しては法的な対抗措置を講じるために、鉄鋼業界では法律専門技師 avocat-ingénieur の役割が高まった[76]。また、CFは臨検監督時の対応方法を詳細に記した覚書を加盟企業に送付し、臨検監督を受けた際には早急にCFに通知するよう要請した。情報の集中化によって、当局の関心の内容を知り、業界の足並みを揃えるためである[77]。

こうした状況下で、CFと労働監督官の間には週休法の適用をめぐる摩擦が発生する。ピノからフォンテーヌに宛てた1908年8月24日の書簡によれば、ナンシーの労働監督官シュヴァリエ Chevalier は、週休法が連続式加熱炉工場に適用されると主張し、法律が遵守されていない場合には違反調書を作成すると警告した。これに対してピノは強く抗議する。すなわち、連続式加熱炉工場での週休はデクレによって規定されることになっており、デクレが公布されていないのだから、シュヴァリエの行動は「誤り、あるいは過度の熱意」であると。そして彼は、フォンテーヌとともに特例事項を検討する旨の要望を繰り返し伝えている[78]。

では、監督官側の主張はいかなるものだったのか。フォンテーヌから事情説明を求められたナンシーの第4管区労働監督本部長グレゴワール Grégoire は、1908年9月29日の報告書で次のように述べている。オメクール社 Homécourt において、荷役・運搬部に所属する百人近い労働者たちが超過労働を訴えた。これを受けたシュヴァリエが責任者に文書で説明を求めると、経営側は、当該部署の労働者がすべて専門職であって、法律には抵触していないと回答した。

シュヴァリエは、1906年9月3日の通達に則り、火を使用する作業の連続性の確保に不可欠な労働者にのみ特例事項の対象が限られる点を指摘し、荷役・運搬部における週休法の適用状況を再度文書で尋ねたが、結局、企業からの回答は得られなかった。さらに彼は、他の溶鉱炉経営者たちに対しても作業組織の状況を提示するよう要請したが、そこでの反応も一切なかった。かかる事態に直面した彼は、特例事項の成立を待たずに週休法の原則の適用を強く要求し得るとの発言に至る。したがって、違反調書の問題は臨検監督時の会話の対象となったにすぎず、シュヴァリエ自身が調書作成を示唆するような威嚇を行った事実はない。このようにグレゴワールはシュヴァリエを擁護しつつ、企業家たちを次のように批判している。1906年9月3日の通達が専門職種を明確に規定していないため、ロレーヌ地方の企業家たちは「専門職」を最も広義に解釈し、実情は週休法制定以前と全く変わっていない。規定の欠如を楯として企業家たちが法的措置に抵抗しているのは遺憾であり、一刻も早くこの問題を解決することが望ましいと[79]。この報告を受けたフォンテーヌは、監督官が違反調書を作成しておらず、非専門職への週休の適用を勧告するにとどまっている点のみをピノに伝達した[80]。

　専門職種の規定に関する作業が本格的に動き始めたのは1909年半ばに入ってからである。まずフォンテーヌは、溶鉱炉労働者における通常休息日（図5-2）以外の年間休暇を26日間とする意向を示し、専門職種の幅を「寛大に」認めることをピノに約束した[81]。結局のところ、提示された休暇日数は業界内部の慣行と同一であり、専門職種に関しても業界からの申告を基本的に承認するという従来の方針に沿った判断であったといえる[82]。これを受けて、CFは専門職種の分類作業に着手し、1910年3月には特例事項案がピノからフォンテーヌに送付された[83]。特例事項案は数十種類に及ぶ鉱山・製鉄専門職種を設定し、作業日程についても現状を維持する内容となっていた。CFは理由として以下の点を挙げている。まず一つめは国際競争力の問題である。ドイツやベルギー、ルクセンブルクでは、日曜休日の原則が立法化されたものの、鉄鋼業に関しては特例が幅広く認められている。そのうえ、これらの国々は燃料費や人件費の

図 5-2 溶鉱炉専門職労働者昼夜交代制

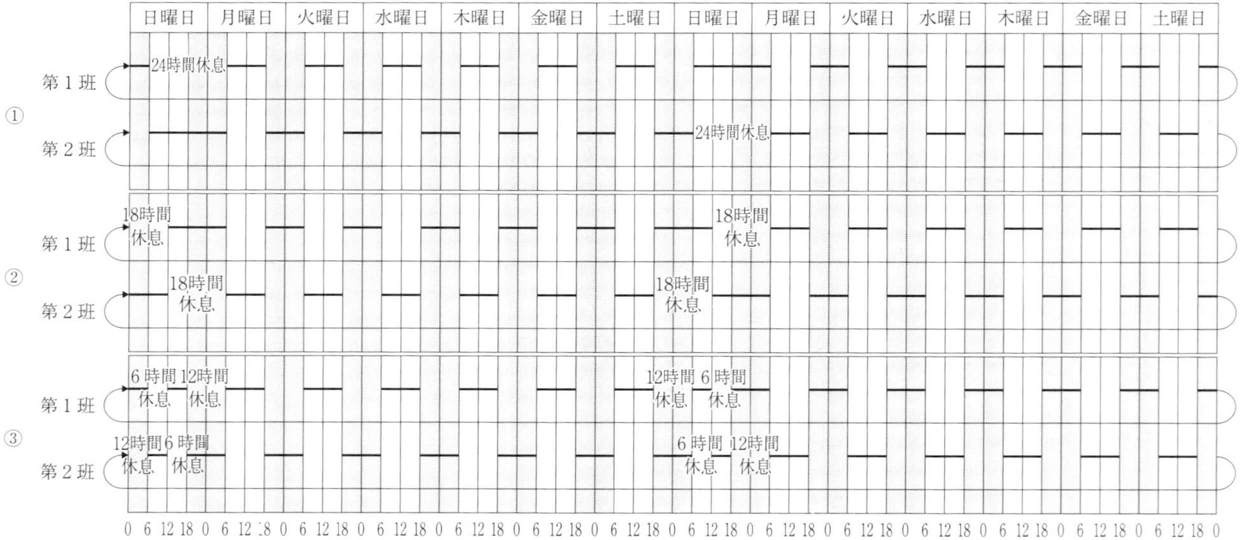

注：溶鉱炉では、原則として2班に分けた労働者の昼夜交代制（昼間勤務は6時から18時まで、夜間勤務は18時から6時まで）によって連続操業が維持されている。勤務時間帯の変更に合わせて設けられる「通常休息日」には交代制の種類に応じて次の三通りがある。①一週間に1回、連続24時間（12時間の通常勤務時間帯に12時間の勤務非勤務時間帯を加える）の休息を設定。②一週間に1回、連続18時間（12時間の通常勤務時間帯に6時間の勤務非勤務時間帯を加える）の休息を設定。勤務時間帯の変更は一週間に1回。③一週間の中で、連続12時間の休息（実質的には通常午後6時間の休息を1回ずつ設定、勤務時間帯の変更は一週間に1回ずつ設定。連続6時間の休息を1回ずつ設定、勤務時間帯の変更に1回、CFによれば、労働者には①の勤務体制が最も好まれている。

出典：SGA, 6669, CF. Rapport sur les dérogations à la loi sur le repos hebdomadaire pour les ouvriers spécialistes des usines à feu continu, 1906, pp. 16, 58 より作成。

第5章　労働局の設立と活動　179

点でも恵まれた環境にある。ゆえに、フランスでの現行の制度に少しでも修正を加えることは、工業に対する競争上の深刻な重圧を意味する。二つめは工場での作業班の組織化に関する問題である。各作業班は一人の監督の指揮下で協力しながら均一な集団を形成している。したがって、専門職に週休を強制し、非専門職に対して別の週休制度を導入するならば、労働者の間の連帯が著しく損なわれ、労働意欲の減退がもたらされることになる。三つめの問題は、専門・非専門の職種を問わず労働力調達が困難であるという事実である。とりわけ、専門職種を担うことのできる労働者の数は極めて限られている。また、工場内の溶鉱炉設備は多種多様なので、週休法導入によって、特定の溶鉱炉の操作に携わっている専門職労働者を他の溶鉱炉に配置転換させることは不可能であると[84]。

　こうしたCFの主張の背景には、当時の鉄鋼業に特有の事情があった。すなわち、19世紀末にはトーマス製鋼法の普及によって鋼鉄の低廉化と均質化が実現されたため、市場では販売価格を軸とする競争が強まった。また、1890年代以降、「大不況」から脱出した鉄鋼企業は競って生産量を増大させていた。その結果、20世紀初頭のフランス鉄鋼業は、鉱山経営および製鉄三分化工程（製銑・製鋼・圧延）の一貫経営を行う混合企業によって牽引されるようになる。製造コスト削減を要求される大型鉄鋼企業では、熱経済の観点から、採掘・製銑・製鋼・圧延部門の有機的結合に立脚した昼夜連続操業と、それを維持する労働力の安定的確保が一層不可欠な課題となっていた[85]。

　1910年7月に入ると特例事項の審議も大詰めを迎える。業界側の要望通り、専門職に対する26日間の年間休暇の中に病欠も含まれることになると、CFは内容が公にならないように細心の注意を払っている。「この問題を議論すると、労働者たち、より正確にいえば政治屋たちがその周囲で騒ぎ立て、規定を修正しようとするはずだから、絶対的沈黙を保たねばならない」。また、CFの会員たちは、規定の成立後は週休法を遵守することで合意し、会員への助言として、CFは週休法の適用に関する通達を各企業に送付することになった。不正行為は法律改正を招くことになりかねないからである[86]。

かくして1910年8月31日のデクレが完成する。デクレは連続式加熱炉工場で働く専門職労働者の範疇を明確に規定した。2班の交代制で組織される工場の専門職労働者に対しては、二週間ごとに連続24時間の休息、あるいは勤務時間変更時に毎週連続18時間の休息を定め、それに加えて一年あたり26日間の補償休暇を認定した。それらはいずれも、溶鉱炉での従来の労働慣行をほぼ踏襲した内容であり、CFの要望を大幅に受け入れた形となっていた。デクレは1910年9月18日に公布され、同年12月19日に発効した[87]。

おわりに

　本章のねらいは、第三共和政期における労働局の活動事例を通じて、社会運営をめぐる国家の介入と産業界の私的イニシアティヴの相互関係を検討することにあった。最後に、以上の考察によって明らかになった点を確認しておきたい。

　まず、労働局を指揮するフォンテーヌにおいて、労働・社会政策における国家介入の根拠は主に次の点に求められた。すなわち一方で、人類や国民の生存を保障する「道徳的規範の番人」として国家が果たすべき役割であり、それは19世紀前半以来の連続性において理解される。しかし他方で、国家は社会の異質な要素の連帯を実現する主体として認識されていた。世紀転換期のフランスで広まりつつあった連帯主義は、労働局内部にも着実に根を下ろしていたといえる。これに対して、ル・プレのパトロナージュ論を継承するシェイソンは、私的イニシアティヴを重視する立場から連帯主義に批判的であったが、統計の精緻化という原則において、留保つきながらも労働局を通じた国家介入に賛同した。労働局におけるル・プレ学派の影響は、モノグラフィー分析の積極的採用という点に表れているものの、シェイソン自身は保険整備の基礎作業に関して労働局の活動内容に不満を抱き、結果的には私的イニシアティヴに一層傾倒することになった。

　他方、労働の科学的分析という視点から労働局の活動を捉えるならば、労働

局と医学物理学者の協力関係が社会改革の新しい流れを生み出しつつあった。すなわち、労働局から調査協力を求められたアンベールは、雇主から見た偏向的な労働者評価のあり方の再考を促し、医学的・物理学的視点から社会問題の解決と社会平和の実現を模索した。そのうえ彼は、労働時間短縮による生産性上昇の可能性を展望するとともに、労働疲労軽減の観点から新型機械の導入を評価し、機械化推進の中に社会進歩の手段を見出していた。これに対して、シェイソンにおいては生産力増大による福祉の実現という観点が希薄であった。たしかに彼は1906年週休法を通じた国家介入を容認したが、パトロナージュ論の観点から、週休の主要な意義を労働者家族の道徳的安定に求め、社会的安定のためには生産性の低い小工業の温存もやむを得ないと考えていた。こうした二重構造論あるいは近代化抑制論は、世紀転換期のフランスでは依然として支配的であり、そこから脱却できなかった点にシェイソンの議論の限界が看取される。

　こうして、労働局の活動の中から経済近代化の理念が芽生えつつあったことが確認された。とはいえ、かかる理念が1906年週休法の運用に直ちに反映されたわけではない。20世紀初頭の鉄鋼企業においては、市場での価格競争の激化を背景として、昼夜連続操業のための安定的な労働力供給の必要性が一層増大していた。ゆえに、鉄鋼業界では労働時間短縮に対する否定的な見解が根強く存在し[88]、CFは週休法の導入に反対し続けた。その結果、労働局は業界の意向をほぼ全面的に受け入れ、現状維持を選択することになった。CFが労働局の意思決定に及ぼした影響力は、フォンテーヌとピノの間の人脈関係に負うところが大きい。労働局との情報交換能力を武器として、CFは対峙する労働監督局をも強く牽制し得る立場にあった。

　このように、国家と産業界の関係において、第一次世界大戦以前の労働局の関与は、企業の生産活動の実態に配慮した緩やかな国家介入であったといえる。しかしながら、社会改革の方向性として、労働局の活動が経済近代化を視野に入れていた事実は注目に値する。労働局で醸成された経済近代化の理念は、産業界における近代化・合理化の遅れゆえに、戦間期以降の国家介入の正当性を

裏づける要素の一つとなり得るからである。

注

（ 1 ） I. Lespinet-Moret, *L'Office du Travail（1891-1914）. La République et la réforme sociale*, Rennes, 2007.
（ 2 ） Luciani (dir.), *Histoire*.
（ 3 ） モノグラフィーは現地での直接観察（面接や聞き取り調査など）に立脚した実証的分析方法であり、観察およびデータ収集は、標準化された調査表に基づいて実施される。モノグラフィー分析は、19世紀半ばにフレデリック・ル・プレェの「家族モノグラフィー」（労働者家庭の家計調査を中心とする）によって基礎が築かれ、第三共和政期に彼の後継者たちによって方法論的発展を遂げた。モノグラフィー分析については以下を参照せよ。廣田「フランス・レジョナリスムの成立」；A. Savoye, «La monographie sociologique: jalons pour son histoire（1855-1914）», *Les Etudes sociales*, no. 131-132, 2000.
（ 4 ） J. Luciani et R. Salais, «Matériaux pour la naissance d'une institution: l'Office du Travail（1890-1900）», *Genèses*, no. 2, 1990.
（ 5 ） 清水克洋「19世紀末セーヌ県における工業労働者の労働市場──1891年労働局調査『フランス工業における賃金と労働日』の検討──」（『商学論纂〔中央大学〕』第44巻第6号、2003年6月）。
（ 6 ） こうした視角は国家介入と自由主義の連関をも問うものであり、公共性と自由の緊張・調和をめぐる問題としても捉え直され得る。19世紀的な公序から20世紀的な公序への転換期において、どのような言説・思想・論理が国家・団体・社会の介入を正当化したのか。この問いを検討した小野塚知二の論考は示唆に富んでいる。小野塚知二「介入的自由主義の時代──自由と公共性の共存・相克をめぐって──」（小野塚編『自由と公共性』）。
（ 7 ） 例えば、レスピネ＝モレの研究においても、労働局と産業界の関係は十分に検討されていない。Lespinet-Moret, *L'Office du Travail*, pp. 266-268.
（ 8 ） *Conseil supérieur du Travail, première session, février 1891*, Paris, 1891, p. 92. なお、高等労働評議会は1891年1月22日のデクレによって創設された。この評議会は、社会改革論者、労使双方の代表、国会議員などから構成され、生産と労働をめぐる社会・経済問題を討議した。高等労働評議会については、I. Lespinet, «Rencontres autour de la question sociale: Le Conseil supérieur du travail entre 1891-1914», C. Chambelland (dir.), *Le Musée social en son temps*, Paris, 1998.

（9） *Conseil supérieur du Travail, première session, février 1891*, pp. 161-165.
（10） *Conseil supérieur du Travail, première session, février 1891*, pp. 98, 170.
（11） 「大不況」期のフランスにおける社会的・経済的状況については以下を参照せよ。M. Perrot, *Les ouvriers en grève. France. 1871-1890*, 2 vol., La Haye, 1974; Noiriel, *Les ouvriers*, pp. 83-119; Y. Breton, A. Broder et M. Lutfalla (dir.), *La longue stagnation en France. L'autre grande dépression. 1873-1897*, Paris, 1997; 権上康男「フレシネ・プラン（1878-82）と財政投資政策――大不況期における国家と経済――」（遠藤輝明編『国家と経済――フランス・ディリジスムの研究――』東京大学出版会、1982年）。
（12） *Conseil supérieur du Travail, première session, février 1891*, pp. 99, 167, 170.
（13） *Annales de la Chambre des Députés. 5ᵉ législature. Débats parlementaires. Session ordinaire de 1891*, tome2, Paris, 1891, p. 681.
（14） *JO*, 21/8/1891, p. 4162.
（15） 労働局に調査の指令をする主体としては、高等労働評議会の他にも、商務省や労働省、議会などが挙げられる。以下もあわせて参照せよ。労働局の組織構成の変遷については、Lespinet-Moret, *L'Office du Travail*, pp. 101-102. 労働省については、J.-A. Tournerie, *Le ministère du Travail. Origines et premiers développements*, Paris, 1971. 労働監督局については、Viet, *Les voltigeurs*; J.-L. Robert (dir.), *Inspecteurs et Inspection du Travail sous la IIIᵉ et IVᵉ République*, Paris, 1998.
（16） 労働局の人員と予算については、Lespinet-Moret, *L'Office du Travail*, pp. 103-118, 142-146もあわせて参照せよ。
（17） 1891-1914年の予算については、AN, F/12/7391-7407, Service du Contrôle (Budget du Ministère). Etablissement du budget du ministère avec carnet des dépenses engagées et ordonnancements.
（18） マルッセムの職業モノグラフィーの基礎作業は、次の三つの調査から構成される。①文献調査。分析対象となる職業の技術・歴史・先行研究などに関する文献を収集する。②個人調査。調査する者が「社会的権威」に聞き取り調査を行い、当該地域における職業の「地形図」を作成する。③モノグラフィー調査。経済的観点としての作業場の調査と社会的観点としての家族の調査を区域ごとに実施する。集団の中での調査対象に関しては、個別単位を一定の基準で序列化し、最小のもの・最大のもの・その中間のものという三つのサンプルを抽出する。このような三段階の基礎作業を経て、最終的に以下の項目について内容の開示を行う。①環境（街区の表示）、②当該職業への商業の影響力、③雇主数と労働者数に関する統計、④区域の決定と各区域における企業の分類、⑤作業場と家族のモノグ

ラフィーのサンプル、⑥雇主の状況（販路の広さ、注文における国家の影響、事業と収益、雇主になる難易度）、⑦労働者の状態（労働時間と賃金）、⑧雇主と労働者の関係、⑨コルポラシオン、⑩全般的考察。P. du Maroussem, *Les enquêtes. Pratique et théorie,* Paris, 1900, pp. 15-16, 24-44.

(19) Office du Travail, *La petite industrie. Salaire et durée du travail,* 2 vol., Paris, 1893, 1896.

(20) 例えばフランスでの1906年の調査によれば、以下の通りである。工業事業所総数に占める割合は、従事者数1-10人の事業所が59％、11-100人の事業所が16％、101人以上の事業所が25％。工業従事者総数に占める割合は、被用者数0人の事業所（＝家内工業）が28％、1-10人の事業所が32％、11-50人の事業所が12％、51人以上の事業所が28％。Dewerpe, *Le monde,* p. 97.

(21) 例えば、『下着工業での家内労働に関する調査』によれば、「業者たちに関して収集された情報を報告するためには、モノグラフィー形式のみが実行可能なように思われた。実際、作業場の質問表は彼らを枠に入れるのには全く適していなかった。……調査のこの部分の結果は、あまりに膨大かつ多様であって、厳密な枠の中に入れることができなかったのである」。Office du Travail, *Enquête sur le travail à domicile dans l'industrie de la lingerie,* tome1, Paris, 1907, pp. 16-17.

(22) Office du Travail, *Les caisses patronales de retraites des établissements industriels,* Paris, 1898.

(23) Office du Travail, *Statistiques des grèves et des recours à la conciliation et à l'arbitrage survenus pendant l'année,* Paris, 1893-.

(24) Office du Travail, *Etude statistique des accidents du travail d'après les rapports officiels sur l'assurance obligatoire en Allemagne et en Autriche,* Paris, 1892; Office du Travail, *Hygiène et sécurité des travailleurs dans les ateliers industriels,* Paris, 1895.

(25) Office du Travail, *De la conciliation et de l'arbitrage dans les conflits collectifs entre les patrons et les ouvriers en France et à l'étranger,* Paris, 1893.

(26) フォンテーヌに関する研究として、M. Cointepas, *Arthur Fontaine（1860-1931）. Un réformateur, pacifiste et mécène au sommet de la Troisième République,* Rennes, 2008.

(27) A. Fontaine, *Notes sur l'intervention de l'Etat dans le contrat de travail,* Paris, 1896, pp. 5-7, 10-11.

(28) Fontaine, *Notes,* p. 8.

(29) レオン・ブルジョワによれば、他者の労働に由来する財・役務・遺産・資本な

どから利益を得る限り、人間は常に社会に対する「負債者」であり続け、人間がこの「社会的負債」を返済した時に公正が実現する。「社会的負債」はブルジョワの連帯主義の鍵となる概念である。この点に関しては第6章で言及する。

(30) A. Fontaine, «La solidarité dans les faits économiques», *EU1900, CIES*, pp. 53-54.

(31) 『社会分業論』の中でデュルケムは、個人と集団との関係を基準に、「機械的連帯」と「有機的連帯」の二類型を提示する。彼によれば、諸個人の類似性に由来する前者の連帯においては、個人意識が集団意識に含み込まれており、自由な個人の人格は存在しない。それに対して、分業に基づく相互依存関係に立脚する後者の連帯は、異質な諸個人からなる社会を前提としており、固有の人格の確立と個性の発展を実現させることになる（E. Durkheim, *De la division du travail social*, Paris, 1991〔田原音和訳『社会分業論』青木書店、1971年〕, pp. 98-102)。したがって、経済学者が経済的機能の観点から分業を捉えるのに対して、デュルケムは分業の倫理的意義を重視する。すなわち、分業は人間相互を恒久的に結合する権利と義務の完結的一体系を創出すると（Durkheim, *De la division*, pp. 402-406)。

(32) Fontaine, «La solidarité», pp. 54-55.「職業的リスク」に関しては第6章で検討する。

(33) A. Fontaine, *Les grèves et la conciliation*, Paris, 1897, pp. 9-11.

(34) シェイソンと労働局の関連については、Y. Breton, «Emile Cheysson et l'économie sociale», Luciani (dir.), *Histoire* もあわせて参照せよ。

(35) *EU1889, RJI, GES*, 2e partie, pp. 447-449.

(36) Cheysson et Toqué, *Les budgets comparés*, p. 1.

(37) E. Cheysson, «Les lacunes de la statistique et les lois sociales, communication faite au Congrès des Sociétés savantes, le 30 mai 1890», *Bulletin du Comité des travaux historiques et scientifiques. Section des sciences économiques et sociales*, 1890, pp. 337-338.

(38) E. Cheysson, *Etat présent de la question des accidents du travail en France*, s.l.n.d., p. 36.

(39) シェイソンによれば、モノグラフィーは個別事例に立脚しており、偶然にも例外的な事例を取り上げた場合には、それを一般化すると誤りが生じる可能性がある。これに対して、公式統計は総体を覆うことによって平均的な事例を導き出す。したがって、公式統計によって平均的事例を導き出した上で、モノグラフィーによって分析対象の主題を掘り下げることが可能となる。両者は各々の特質を保持しつつ、相互に制御し合っている（Cheysson et Toqué, *Les budgets comparés*,

pp. 1-3)。なお、こうしたシェイソンの理解はル・プレェの立場と異なる。ル・プレェは統計に対するモノグラフィーの優位を主張し、両者を対立的関係として捉えている（Le Play, *Les ouvriers européens*, p. 11)。

(40) E. Cheysson, «Les actuaires et la loi», *Bulletin du Comité des accidents*, 1897, pp. 75-77.

(41) E. Cheysson, *Rapport sur la statistique des accidents du travail*, Paris, 1905, pp. 1-3. フランス社会保険協会については第6章で検討する。

(42) G. Ribeill, «Les débuts de l'ergonomie en France à la veille de la Première Guerre mondiale», *Le Mouvement social*, no. 113, 1980; A. Rabinbach, "The European Science of Work: The Economy of the Body at the End of the Nineteenth Century", S. L. Kapla and C. J. Koepp (ed.), *Work in France*, New York, 1987.

(43) 労働科学に関して、フランスでは生理学研究、ドイツでは心理学研究が牽引的役割を演じた。前者が社会改革を主張し、現場への労働科学の適用を指向したのに対して、後者は政治的保守性を示す傾向にあり、自己の活動を実験段階に限定していた。Rabinbach, "The European Science", p. 498.

(44) A. Imbert et Mestre, «Recherches sur la manœuvre du cabrouet et la fatigue qui en résulte», *Bulletin de l'Inspection du travail*, no. 5, 1905; A. Imbert, «De la mesure du travail musculaire dans les professions manuelles», *Revue de la Société d'hygiéne alimentaire et de l'alimentation rationnelle de l'homme*, tome3, no. 4, 1906, pp. 638-642.

(45) A. Imbert, «Etude expérimentale du travail de transport de charges avec une brouette», *Bulletin de l'Inspection du travail*, nos. 1 et 2, 1909.

(46) A. Imbert, «Le surmenage par suite du travail professionnel au XIVe congrès international d'hygiène et de démographie», *L'Année psychologique*, 1908, p. 241.

(47) A. Imbert et Mestre, «Nouvelles statistiques d'accidents du travail», *Revue scientifique*, 21/10/1905, p. 520.

(48) Imbert, «De la mesure», p. 636.

(49) Imbert, «Le surmenage», p. 234.

(50) Imbert, «Le surmenage», pp. 246-247.

(51) Fontaine, *Notes*, pp. 13, 15.

(52) A. Imbert, «Le surmenage par suite du travail professionnel», *Bericht über den XIV. Internationalen Kongress für Hygiene und Demographie, Berlin, 23-29 September 1907*, Band2, Berlin, 1908, p. 643.

(53) フランスにおける科学的管理法については以下を参照せよ。原輝史「フランス

における科学的管理法の展開」(原輝史編『科学的管理法の導入と展開』昭和堂、1990年);原輝史『フランス戦間期経済史研究』日本経済評論社、1999年、41-120ページ;A. Moutet, *Les logiques de l'entreprise. La rationalisation dans l'industrie française de l'entre-deux-guerres*, Paris, 1997.

(54) A. Imbert, *Le Système Taylor. Analyse et commentaire*, Paris, 1920, pp. 95-122, 149-150.

(55) Imbert, *Le Système Taylor*, pp. 150-153.

(56) 1906年週休法については、ベックの研究において言及されているものの、週休法の運用過程、とりわけ特例事項の扱いに関しては十分な検討がなされていない。R. Beck, *Histoire du dimanche de 1700 à nos jours*, Paris, 1997, pp. 309-326.

(57) *BLPRD*, 1/6/1900, pp. 236-238.

(58) *Conseil supérieur du Travail, dixième session, juin 1901*, Paris, 1901, pp. 82-100.

(59) *BLPRD*, 1/12/1889, pp. II, 7; *BLPRD*, 1910, no. 2, p. 43.

(60) *BLPRD*, 1/5/1898, pp. 195-196.

(61) *BLPRD*, août 1908, pp. 115-116.

(62) *BLPRD*, 1/5/1898, pp. 209-211.

(63) *BLPRD*, 1/5/1898, pp. 197, 204; *BLPRD*, 1/4/1901, p. 161.

(64) *Journal des économistes*, novembre 1884, p. 314.

(65) 「二重構造論」、「近代化抑制論」については、廣田『現代フランスの史的形成』、37-38ページ。

(66) *BLPRD*, 1/4/1901, pp. 163-164.

(67) *BLPRD*, 1/5/1902, p. 178.

(68) *BLPRD*, 1/12/1906, p. 252.

(69) *BLPRD*, août 1908, p. 118.

(70) 1906年週休法へのCFの対応については、ラストの博士論文においても言及が見られるが、特例事項案に関するCFの主張や、CFと労働監督局の関係に関しては十分に論じられていない。M. J. Rust, *Business and Politics in the Third Republic: the Comité des Forges and the French Steel Industry*, Ph. D. Princeton University, 1973, pp. 230-235.

(71) SGA, 6669, CF. Assemblée générale ordinaire du 19 mai 1905, p. 6; SGA, 6669, CF. Assemblée générale ordinaire du 18 mai 1906, p. 6.

(72) SGA, 5424, CFMM. Compte-rendu sommaire de la réunion, 20/7/1906.

(73) SGA, 5424, CFMM. Compte-rendu sommaire de la réunion, 19/10/1906; SGA,

5424, CFMM. Compte-rendu sommaire de la réunion, 15/12/1906.
(74) SGA, 6669, CF. Rapport sur les dérogations à la loi sur le repos hebdomadaire pour les ouvriers spécialistes des usines à feu continu, 1906, pp. 43-48.
(75) SGA, 5424, CFMM. Compte-rendu sommaire de la réunion, 15/2/1907.
(76) SGA, 5424, Note du CFMM, novembre 1907.
(77) SGA, 6673, Pinot à Cavallier, 9/7/1907.
(78) AN, F/22/381, Pinot à Fontaine, 24/8/1908.
(79) AN, F/22/381, Inspecteur divisionnaire de la 4e circonscription au Ministre du Travail, 29/9/1908.
(80) AN, F/22/381, Fontaine à Pinot, octobre 1908.
(81) SGA, 6673, Commission de direction du CF. Compte-rendu sommaire de la réunion, 24/6/1909 ; SGA, 6673, Commission de direction du CF. Compte-rendu sommaire de la réunion, 18/11/1909.
(82) SGA, 5424, CFMM. Compte-rendu sommaire de la réunion, 19/10/1906; SGA, 6673, Commission de direction du CF. Compte-rendu sommaire de la réunion, 18/11/1909.
(83) AN, F/22/383, Pinot à Fontaine, 25/3/1910.
(84) AN, F/22/383, Examen de l'avant-projet de règlement sur le repos hebdomadaire des usines à feu continu.
(85) この点については、大森『フランス鉄鋼業史』、57-119ページ。
(86) SGA, 6673, Commission de direction du CF. Compte-rendu sommaire de la réunion, 21/7/1910.
(87) AN, F/22/381, Circulaire du 10 novembre 1910.
(88) 例えばPAMのカヴァリエは、第4章で確認されたような機械化への指向性を示したものの、労働時間短縮に関しては旧来の見解にとどまり、古い労働者観から脱却することができなかった。彼は1920年代でもなお次のように述べている。時短は生産力の低下をもたらし、暇を持て余した労働者の道徳的弛緩を惹起すると (SGA, 25653, Réponse de Camille Cavallier au questionnaire de la Société industrielle de l'Est sur la réduction du temps de travail, février 1920)。こうした主張には、アンベールによって批判された、雇主側からの偏向的労働者像が看取される。

第6章　世紀転換期における労災問題の展開

はじめに

　前章で確認したように、労働局は産業界との協調関係を維持しながら、公的秩序の把握・保全に向けて社会調査や社会的保護に関わった。本章では、産業界と国家の関係を規定したもう一つの事例として、19-20世紀転換期の労災問題(1)を取り上げる。労働者の生存に直結する労災問題は、社会問題の一端が先鋭に現れた領域であり、多くの同時代人によって社会改革の対象とされていた。当時のフランスでは、社会改革に際して、「自由と規制」、「個人と社会」、「進歩と公正」といった理念が絶えず問い直された。では、労災問題をめぐって、自由主義と国家介入の関係や、産業界と国家の関係はいかなる様相を呈していたのか。

　労災問題に関する従来の研究では、主として労災補償の観点から検討が加えられてきた。例えば岩村正彦は、1898年労災補償法（1898年4月9日の法律）の立法過程や法解釈について、損害賠償法（民法典の不法行為）との関連で論じるとともに、法律制定後の変容についても考察した。岩村の研究は、過失責任に基づく不法行為法の難点の克服として、「職業的リスク」の概念に立脚した労災補償法が出現する過程を法制史の視角から描き出している(2)。

　また労災補償問題は、フランス「福祉国家」研究において、社会統治思想と社会的諸制度の相互連関の観点からも検討された。エヴァルドは1898年労災補償法の「リスク」概念に着目し、リスク概念を前提とした政治的・法的合理性に基づく「保険の社会」の到来を福祉国家形成の契機として捉えた(3)。ある

いは田中拓道は、福祉国家の形成過程における複数の思想の拮抗状態を指摘し、1898年労災補償法が新世代の社会経済学・連帯主義と政治経済学・保守的社会経済学の対抗関係の中で成立したことを論じている[4]。

こうした政治社会学や政治思想史の研究に加えて、社会保障制度の源流の一つを雇主主導の保険整備に求め、生産現場の視点から実証する研究も存在する。例えばアッツフェルドや大森弘喜は、雇主による福利事業を検討し、鉱山・鉄鋼業における労災補償組織が国家介入への対抗として展開した過程を解明した[5]。さらに、岩村、エヴァルド、大森らの議論を整理して統一的に把握する試みは、廣澤孝之によって行われた[6]。

しかしながら、労災補償法をめぐる議会と産業界の相互関係について見ると、上述した研究は必ずしも十分な説明を与えていない。19-20世紀の社会保険制度を工業化に対応した社会運営の文脈で捉えるならば、特に工業社会の主要アクターである産業界の動向を議会審議との関連で検証する作業は、なお残された課題とされるであろう。

他方、労災問題を労災防止の観点から考察した研究は相対的に少ない。そうした中でヴィエット V. Viet は、労災防止対策における労働監督局と産業界の対抗関係を明らかにしている。彼の研究で特に注目に値するのは、労働監督局の衛生・安全監督活動が「合理化」概念に基づく労働過程の科学的分析を推進したという指摘である[7]。20世紀初頭に合理化・近代化論を牽引したのは労働生理学であり、労災事故に関する労働生理学者の研究活動は、リベイユ G. Ribeill やラビンバック A. Rabinbach によっても検討の対象とされた[8]。しかし、いずれの先行研究においても、「合理化・近代化」理念と労災問題の関係や、合理化・近代化論と国家介入の関係については明確に示されておらず、依然として検討の余地が残っている。

以上の先行研究を踏まえた上で、われわれは特に次の三つの点に留意して考察を進めたい。

一つめは、労災補償・防止に関する法制化と産業界の関係である。まず、1898年労災補償法の制定は保険制度の一大画期を成すとともに、労使関係への

国家介入の一形態としても捉えられる。では、同法律は議会審議の過程でいかなる論点に特徴を有し、いかなる論理によって産業界にとって受容可能なものとなったのか。また、労災補償問題に関して、議会の審議と産業界の対応はいかに連関したのか。議会と産業界の動向の対比は先行研究では十分に検討されてこなかったが、国家介入と「産業の自由」の整合性を理解する上で有益な観点となるであろう。他方、1890年代は、生産現場での衛生・安全問題に関する一連の法令によって、労働監督局を通じた国家介入が制度化された時期でもあった。では、労災防止問題において、産業界と国家はそれぞれいかに活動を展開し、両者の間にはいかなる関係が存在したのか。われわれは生産現場の実態を考慮に入れながら、安全対策に関する労働監督局と企業家団体の動向を検証する。

　二つめは、第三共和政期の社会改革の潮流における労災補償問題の位置づけである。世紀転換期に社会保険制度が導入された背景には、連帯主義の思想があった。19世紀後半に哲学や社会学の領域で理論化された「連帯」の理念は、急進派の政治家レオン・ブルジョワによって実践的な社会改革の教義としての役割を与えられた。では、ブルジョワの連帯主義において、労災補償問題はいかなる位置を占めていたのか。他方、1898年労災補償法を産業界に受容させた思想的背景を考えるならば、連帯主義のみでは十分な説明を与えることができない。その鍵となるのは、産業界の視点から私的イニシアティヴによる社会運営を提言した社会改革論者たちの主張であろう。例えばエミール・シェイソンは、連帯主義に対して批判的な態度をとりながらも、労災問題に積極的に関わった。では、労災問題に関する彼の議論の特徴はいかなるものだったのか。また、彼をはじめとする私的イニシアティヴの唱道者たちは、労災問題議論の場をいかに形成したのか。本章では、労災問題における思想と制度の接合を考察する上で、保険制度に伴う自律的な中間団体の組織化という点に特に留意したい。

　三つめは、社会改革を軸とする労働生理学と労災問題との関わりである。第5章でも検討したように、世紀転換期のフランスでは、自然科学的手法に基づ

く労働過程の分析が活発化した。とりわけ労働生理学は合理化や経済近代化の理論的考察に取り組み、生産現場での諸問題の一つとして労災問題をも分析の対象とした。では、労働生理学は労災問題をいかなる観点から捉えたのか。また、第三共和政期の社会改革において、その活動はいかなる意義を有したのか。これらの問いを考える際に、われわれは労災問題・労働時間規制・経済近代化という三つの要素が労働生理学を媒介として結びつけられる点に注目したい。かかる視角は先行研究では採用されなかったものの、経済近代化に関わる国家介入の正当性や、国家介入と自由主義の調和的発展を考える上で示唆を与えるからである。

以下においては、まず労災問題を労災補償と労災防止に区分して、それぞれの領域での立法化と産業界の関係を検証する。次に、労災問題を第三共和政期の社会改革の文脈において捉え直し、最後に労働生理学と労災問題の関連についても考察を加えたい。

第1節　労災補償をめぐる問題

まず本節では、第三共和政下の労災補償問題に焦点を絞って考察を加える。特に労災補償法の制定をめぐって、議会と産業界はそれぞれいかなる状況にあったのか。以下では、1898年労災補償法の審議過程での論点を整理した上で、産業界主導による補償制度と労災補償法の関連にも言及したい。

(1) 1898年労災補償法の制定理念

1898年労災補償法は下院議員マルタン・ナド M. Nadaud による1880年の法案提出に始まり、18年間の審議を経て制定された。この法律の特徴は、労災補償に関する過失責任原則に代わって無過失責任原則を導入した点にある。従来、労災事故の被害者が使用者に損害賠償を請求するためには、民法第1382条−第1383条の不法行為規定に基づき、被害者自身で使用者の過失を立証しなければならなかった。しかし、実際には過失の立証は極めて困難であり、そのうえ、

偶発事故の場合には使用者は免責されたため、多くの被害者が補償を得られずに放置されていた。これに対して1898年法は、使用者の過失の有無に関わらず、労災被害者の損害を填補する義務を使用者側に課した。それは労災事故の原因を「個人の過失」に求める市民法的な解釈からの転換であり、かかる転換は「職業的リスク」によってもたらされた。

　職業的リスクの概念の出発点は、下院議員フォール Faure の次の主張に看取される。あらゆる労働はリスクを有しており、事故は労働の不可避の結果である。そもそも産業の意思のみによってリスクが作り出されているのだから、雇主は労働者の安全や衛生を守る手段を講じねばならない。ゆえに、雇主は自らが作り出したリスクから労働者を保障し、機械から生じた事故に対して責任を負わねばならないと[9]。このように、労働に内在する「リスク」を措定することによって、個人の過失と事故の発生の因果関係は問われなくなる。またフォールは、雇主の責任に関しても、事故原因の観点からではなく、費用負担の分配の観点から捉えている。彼によれば、職業的リスクに伴う負担を個人ではなく企業に課すことで、企業主は労働者の職業上の危険性に対して必然的に責任を負うことになる。なぜなら、企業主は企業のあらゆる費用負担の分配者だからである[10]。こうして、損害の填補の負担は理念的には個人から切り離されて企業に求められ、さらに下院での議論の進展とともに、填補義務は産業に課せられていく。すなわち、近代産業が必然的なリスクを伴う以上、事故の補償は、産業そのもの、換言すれば生産の諸経費に求められねばならないと[11]。

　では、雇主の実質的な負担はいかに扱われるのか。その鍵となるのは、「職業的リスク」承認と引き換えに労災被害者の「民法第1382条以下に基づく損害賠償請求権」を排除する原理である。下院議員デュシェ Duché は次のように主張する。民事責任の一般法と職業的リスクの両立は、二つの異なる責任を併存させ、異なる裁判所で行使される二種類の請求権を労働者に認めることになる。その結果、訴訟件数が増加し、相互に矛盾する判決が下される場合もある。訴訟の費用と時間は雇主には重い負担である。また、賠償額評価に関する裁判官の恣意性を回避するためにも、予め規定によって雇主の責任を定めねばならな

い(12)。

　こうした主張への反対意見は存在したものの(13)、民事責任の一般法の原則的排除は大筋で受け入れられていく。その背景には、職業的リスクの導入に伴う負担バランスへの配慮が存在した。下院議員リカール Ricard によれば、職業的リスクは事故のすべての結果について雇主に責任を負わせる一方で、労使間の困難や訴訟をなくすとともに、雇主の責任を保険料の支払いに限定する。雇主は職業的リスクの保険から生じる負担を受け入れ、その代わりに平和を保障されることを望んでいる。かかる状況下で、民法第1382条以下による民事責任をも雇主に負わせるならば、平和の保障は不可能となってしまうと(14)。

　かくして、民事責任の一般法が排除された結果、雇主は有限責任のみを負うことになった。有限責任の具体的な形態としては、労使間でリスクを配分する「定率塡補制＝一括補償制 forfait」が採用された。補償額を裁判所の判断に委ねると、訴訟件数の増加や補償額の変動が予想される(15)ため、訴訟の回避や法律の円滑な施行のために、「法的示談 transaction légale」によって予め補償額を年間賃金の一定割合に固定することが必要とされる(16)からである。補償額は、「不可抗力」と「雇主の過失」による労災発生リスクを雇主に負担させることを基準として算定された(17)。一括補償制は、職業的リスクに伴う負担の正確な把握という利点を経営者にもたらすであろう(18)。

　1898年法の制定過程において、もう一つの重要な論点となったのは、労災保険の強制化をめぐる問題である。まず下院は、1888年の法案において、職業的リスクの導入に伴う保険制度の必要性を認めつつも、保険の強制化については不採用の立場をとった。雇主には、国家や民間の保険制度に加入したり、業界内部で保険を組織化したりする自由が与えられた(19)。これに対して、リカールの報告に基づく1893年の法案は、補償の確実化の観点から強制保険原則への変更を行うとともに、管区制の国民事故保険金庫 Caisse nationale d'assurance en cas d'accident の組織化によって、民間保険会社の排除を目指した。ただし、ここで注目に値するのは、強制化の文脈であっても、国家管理の一元的な保険機構は退けられ、相互扶助組織 mutualité の枠内で複数の選択肢が認められた

点である。すなわち法案は、国民事故保険金庫以外に、雇主主導の相互保険組合の可能性をも視野に入れていた[20]。

他方、上院では、国家の権限拡大に対して産業界の自律性を擁護する意見が優勢を占め、国家運営の保険組織や保険の強制化への反対が貫かれた。例えば、上院議員ポワリエは次のように主張する。あらゆる援助や保護を国家に期待する習慣が定着すると、私的イニシアティヴは無力化されるに至る。こうした不幸な結果として、人々の失望や災難のすべてに責任を負う「福祉国家 Etat providence」[21] が出現するが、われわれの民主主義に導入すべき習俗がそこに存在するのか大いに疑問である。雇主の人道的感情が困難を除去していた領域において、管区制の保険組織を導入すると、金庫という匿名性の保護者しか見出せなくなってしまう[22]。また上院議員テヴネ Thévenet によれば、国家運営の保険金庫は、工業活動からの膨大な資金収奪によって資本蓄積を進める結果、産業の将来に深刻な影響を及ぼし得る。保険における企業家の間の相互扶助組織は有効であり、われわれは雇主が公共の利益を協議する協同組織を絶えず奨励せねばならないと[23]。

保険における国家管理組織や強制化をめぐっては、上院と下院の間に隔たりが見られたものの、相互扶助原理に立脚した自発的な協同組織に関しては、両者ともに受容可能性を示していた。当時のフランスでは、社会問題の解決策を私的任意団体の活動に委ねる立場が優位であった。結果的には補償の履行の確保[24] を妥協点として保険強制化は退けられ、補償制度は、民間保険会社、共済組合や補償組合、国民事故保険金庫などの多様な組織を通じて担われることになった。補償制度の実質的機能の観点からすると、任意保険制度の採用は1898年法の大きな限界であった。

こうしてみると、下院で提起された「職業的リスク」を上院が受容し、上院で優勢を占めた任意保険制度を下院が承認した点で、1898年労災補償法制定の背景には、上院・下院の協調と譲歩が存在したといえる。また同法律は、労使双方の利害への配慮も表現していた。すなわち、無過失責任原則が労働者保護に合致する一方で、民事責任の一般法の排除は雇主の実質的保護を意味してい

た。では、以上のような立法化の動向に対して、産業界はいかに反応したのか。次に産業界における労災補償問題について検証してみたい。

(2) 産業界と労災補償制度

　第三共和政期における労災補償制度は、当初は企業内福利事業の一環として実施されていた。例えば、アンザン鉱山会社は企業の全面的負担で医療費を無料とし、労災事故で負傷した労働者に対しては、食料援助とともに、負傷の程度に応じた日給補償金（最大２フラン）を支給していた。あるいは製鉄業のシュネーデル社でも、労働者とその家族に対する医療サービスの無料化に加えて、労災事故の際には、原因の如何を問わず、職場復帰まで賃金の３分の１に相当する日給補償金（１-２フラン）が支払われていた[25]。個別企業における救済・補償制度は、労働者の保護を通じて「労働力の定着化」や「労使関係の安定化」を実現させる手段として位置づけられていたものの、重度の労災事故に対する補償の点では限界を抱えていた[26]。かかる状況下で、企業の協同を通じた労災補償問題への取り組みとして、CFはフランス鉄鋼相互保険組合金庫（CSAMF）の設立を計画する。

　CSAMFの設立を促した要因は、個別企業の補償制度の限界のみに求められるわけではない。設立計画の背景には、労災補償法案に伴う国家主導の強制保険制度の導入可能性に対するCF側の強い警戒があった。国家管理の強制保険制度に内在する危険としてCFは以下の点を挙げている。まず、制度実施に携わる官僚機構の維持費用の負担が産業界に課せられるとともに、工業施設への日常的な行政介入が多様な不都合を生じさせる。また、保険掛金に関わる危険係数の決定において、産業界の実情を考慮しない絶対的専制が行われる。さらに、保険制度を通じて国家が労使間に介入する結果、従来の労使協調に楔が打ち込まれることになると。1888年の下院と1890年の上院での労災補償法案においては、職業組合による保険組織化の可能性が示されていた。ゆえに、CF会員の間では、議会での法案審議が本格化する前に、産業界主導の保険組織を早急に立ち上げる必要性が認識されていた。かくして、1891年のCF総会におい

てCSAMF設立案は満場一致で採択された[27]。企業は賃金支払い総額や労災危険度に応じた拠出金をCSAMFに支払い、CSAMFは加盟企業での重大な労災事故に限って被害者に補償金を支給した[28]。この補償制度は、相対的に軽度の労災事故を対象とする個別企業の補償制度と相互補完的に用いられた。

では、CFは1898年における労災補償法の制定をいかに受け止めたのか。何よりも、保険組織の選択が経営者の裁量に委ねられたことは、CFにとって満足すべき結果であった。CF事務局長ピノによれば、1898年法はCSAMFの構造や機能に本質的な変化をもたらさず、CSAMFの原理を他の事業者の間にも適用したにすぎなかった。法律制定以前から、CSAMFは労災被害者への確実な補償が自由な組織によって可能であることを実証していた。議会での法案審議の過程でその存在は好意的に取り上げられ、国家による強制保険体制以外の選択肢を認める根拠の一つとされたと[29]。事実、強制保険制度への賛否の立場を越えて、リカール、ポワリエ、テヴネのいずれもが、報告の中でCSAMFに言及し、労災補償における相互組合組織の有効性を主張している[30]。ゆえに、「幸いにも、鉄鋼業経営者の取り組みは労災補償の国家管理を妨げるのに貢献したのである」[31]。

また、1898年法で採用された、民事責任の一般法の排除に伴う定率填補制は、CFにとっても積極的意義を有するものであった。これによって、将来の危険予測の計算や、保険加入による危険の分散が容易に可能となるからである。CFは、定率填補制を支える「示談」原理と「一括補償」原理こそが、補償額決定の基礎として労災補償問題全般に影響を及ぼすと認識していた。したがって、1898年法制定後は、それらの原理を堅持するために、CFによる議会への働きかけが継続的に行われた[32]。

かくして、CSAMFは1898年法の補償原理の下で着実に発展していく。1897年には、加盟企業49社、保険対象労働者5万9,018人、拠出金98万7,763フランであったのに対して、1899年には、加盟企業95社、保険対象労働者8万3,670人、拠出金170万フラン以上になった。さらに、CFが冶金・鉱山業連合 Union des industries métallurgiques et minières に加盟すると、連合に所属する他の企業

もCSAMFに加わり始め、1913年には拠出金総額が1,025万フランを上回るまでに成長した[33]。

第2節　労災防止をめぐる問題

　労災補償法の審議過程において、議会が雇主の負担や産業界の実情への配慮を示す一方で、産業界側は、補償制度を通じた国家管理を警戒しつつも、結果的には労災補償法を積極的に受け入れることになった。では、労災防止問題において産業界と国家の関係はいかに展開したのか。本節では、生産現場での安全対策をめぐる両者の動向を検証したい。

(1)　産業界と労災防止活動

　労災防止の領域においても、産業界主導の組織的な取り組みが見られた。その先駆的事例は、1867年にアルザス地方で設立された工場事故防止協会に求められる。第2章で考察したように、この協会はSIMのイニシアティヴによって労働力保全の観点から実現したものであった。第三共和政期に入ると、ミュルーズの事例に倣って、工場での事故防止を目的とする協会が各地で組織化され始めた。ここでわれわれは、19世紀末の代表的な団体の一つであるフランス労災事故防止企業家協会の事例を考察する[34]。

　1883年初めに、徒弟保護協会 Société de protection des apprentis のアンジェル Engel とシェ Chaix は、民事技術協会 Société du Génie civil 会長のエミール・ミュレール E. Muller に対して、労災事故から労働者を保護する協会の設立を依頼した。これを受けたミュレールは、民事技術協会理事会での検討を開始した。こうして、1883年3月の民事技術協会総会での設立計画承認を経て、同年12月の総会において「全種類の労働者を労災事故から保護するためのパリ企業家協会 Association parisienne des industriels pour préserver des accidents du travail les ouvriers de toutes spécialités」の設立が決定された。この協会は企業監督活動や出版活動を通じた労災事故防止を目的とし、1887年には全国規模

での活動に向けて、「労働者を労災事故から保護するためのフランス企業家協会 Association des industriels de France pour préserver les ouvriers des accidents du travail」と名称を変更した（その後、フランス労災事故防止企業家協会（AIF）に変更）(35)。評議員のグリュネール Grüner は、「行政管理を望まぬ者は自己管理をせねばならない」という SIM 会長アンジェル＝ドルフュスの言葉を引用し、労災補償法の議会審議に伴う国家介入への備えとして、全国の企業家の結集を訴えた。すなわち、強制保険の議論と連動して労災防止への関心が高まった際に、産業界主導の強力な労災防止組織がなければ、公的監督制度の導入を余儀なくされると彼は考えていた(36)。

こうした中で、1890年代前半には、生産現場での衛生・安全問題に関して、労働監督局を通じた国家介入が制度化された。1892年児童・婦人労働法（1892年11月2日の法律）は児童・女子労働者を衛生・安全面で保護することを雇主に義務づけ、法律施行の監視を労働監督官の任務とした。さらに、1893年労働者衛生・安全法（1893年6月12日の法律）は衛生・安全面での保護の対象をすべての工業労働者に拡大し、法律の施行状況に関する年次報告書の作成を労働監督官に義務づけた。同法律の運用は1894年3月10日のデクレによって補強された(37)。

では、AIF はこうした国家介入の強化にいかに対応したのか。まず、会長ペリセ Périssé は、商務大臣ルルティ Lourties 宛ての書簡の中で、AIF 直属の監督員による企業家への衛生・安全指導に言及し、労働監督局に対する補完的役割という観点から自分たちの活動の意義を訴えている。これに対して商務大臣は、法令施行における行政と協会の協力関係の構築に向けて、AIF の関与に賛同と謝意を表明し、会員名簿の送付を依頼した。同時に彼は、AIF 加盟企業も臨検監督の対象となることを確認するとともに、AIF 監督員の指導内容を記した特別記録簿を全加盟企業に備えつけて、労働監督官の閲覧に供するよう要請した。その後、この内容は1894年12月21日の商務大臣通達によって労働監督官に伝えられた(38)。

AIF 首脳部の間では、商務大臣からの要請を受諾する合意が形成されていた。

第3節で述べるように、1890年代前半の労災事故・社会保険国際会議では、私的イニシアティヴと当局の活動の連携が提唱されていたからである。ゆえに、1895年1月21日の会員向け通達では特別記録簿の送付が予告された。ところが、会員からは異論が噴出し、急遽組織された14の地方委員会での審議の結果、記録簿制度を全面的に拒否することで全委員会が一致した。反対理由は次の二点である。①労働監督官にはAIF監督員の指導を不十分と見做す権利が与えられているゆえに、記録簿はAIF監督員を労働監督官に従属させることになる。②企業家がAIF監督員の指示をすべて実行できない場合には、公式の臨検監督の際に記録簿が企業家にとって不利に働く。結局、首脳部は記録簿制度の導入を撤回し、商務大臣通達に付された妥協案をも拒否することを余儀なくされた。1895年4月23日の総会において、記録簿への反発を「思わぬ障害」と表現した評議員のシェイソンは、地方委員会の決定を尊重しつつも、労働監督官とAIF監督員の衝突の回避や、行政機関との交渉関係の維持を訴えた[39]。

　こうした混乱は生じたものの、AIFの活動は企業家層に確実に浸透していった。1898年労災補償法の制定後も会員数は増加を続け、1899年11月30日時点での加盟事業所は2,790、対象となる労働者は28万人以上に達した[40]。他方、首脳部は記録簿問題の後も政府との連携を模索し続け、その動きは労災事故防止・工業衛生博物館 Musée de Prévention des Accidents du travail et d'Hygiène industrielle の設立に結実した。もともと1893年から1895年までAIF本部建物内には機械安全装置が展示されていたが、手狭ゆえにそれらは国立工芸学校 Conservatoire national des arts et métiers に寄贈された。その後、1902年にAIF首脳部の間では博物館設立構想が浮上した。交渉の結果、国立工芸学校による展示場所の提供が承認されると、首脳部は設立資金の寄付を募り始め、自治体からの補助金をも獲得した。さらに、1904年9月24日のデクレによって、労災事故防止・工業衛生博物館を国立工芸学校内部に設置することが決定され、運営に関わる技術委員会が組織された。16名の委員の中には、労働部長アルテュール・フォンテーヌや国立工芸学校運営委員リエボー Liébaud の他に、AIF首脳部の4名（会長デュモン Dumont、ペリセ、シェイソン、マミー Mamy）が

名を連ねている。こうして、1905年12月9日に開館記念式典が行われた。工業での衛生・安全問題に関する資料を紹介し、機械安全装置を動態展示する「生きた博物館」への政府の期待は大きかった。大統領エミール・ルベ E. Loubet は当局の協力に支えられた私的イニシアティヴの力強さを称賛し、社会的事業としての博物館設立に貢献したデュモンへの叙勲を行った[41]。

このように、AIF 首脳部は労災防止活動の主体として企業家を結集させつつ、行政当局との連携を目指したが、下部組織の会員の間では、労働監督官との日常的な接触という観点から、当局への対抗意識が鮮明に表れた。博物館設立への AIF の関与は、記録簿問題において会員に譲歩せざるを得なかった首脳部にとって、政府との協力関係を構築するための苦肉の策であったといえる。では、実際に生産現場での衛生・安全問題をめぐって、行政当局と AIF はいかなる関係にあったのか。以下では、労災防止問題における労働監督局の活動について検討してみたい。

(2) 労働監督局と労災防止活動

労災防止問題への労働監督局の関与は、1880年代までは極めて限られたものであった。1874年児童労働法（1874年5月19日の法律）は機械装置の危険から児童を保護することを義務づけ、作業場での児童の健康に必要な衛生・安全措置を労働監督の対象に指定していた。しかし、生産現場での安全問題に関しては、1874年法の他に有効な法令がなかったため、企業家の形式的な遵法行為による事故防止対策の形骸化が指摘されていた。リールの労働監督本部長ドゥラットル Delattre によれば、企業家は機械の改善よりも児童労働者の解雇によって安全問題を処理したり、児童がいない作業場所については安全対策を拒否したりする。実際には、成人労働者の事故は児童労働者の事故よりもはるかに多く、労働監督官は労災防止に関して無力であると[42]。

これに対して1890年代には、衛生・安全関連の一連の法令によって、労働監督局の活動領域が大幅に拡大する。ただし、労働監督官は法令の複雑さを理由として完全な施行には慎重な姿勢を示すとともに、改善要求に関しても経営者

の費用負担を考慮して緊急措置のみに限定していた(43)。では、上述した AIF はどのように捉えられていたのか。当初、監督官がそれを好意的に受け入れていたのは事実である。例えば、ナンシーの労働監督本部長シャンバール Chambard にとって、事故防止に注意を払う AIF の活動は、「労働監督に対する貴重な協力」であった(44)。しかし、彼の称賛はやがて厳しい批判に転じていく。1898年の年次報告書によれば、企業家を勧誘する AIF は、会員弁護と称して、違反調書が作成された場合には、法廷で監督官の要求の不可能性を立証すると説明している。また AIF は、企業が加入する労災保険の免責事項（法律違反に起因する事故は免責の対象とされる）を利用して、保険会社と企業家の間で立ち回っている。一方で AIF は、直属の監督員の指導による事故撲滅効果を主張して、加盟企業に関して免責事項を適用しないよう保険会社に要求して承認させる。他方で AIF は、加盟企業が免責事項の適用外となることを喧伝し、企業家は法律違反による事故の発生を想定して AIF に加盟するようになる。ゆえに、今日では労災防止の観点において AIF の役割は「無価値」であると(45)。

こうした AIF の態度の背景には、上述した記録簿問題のように、会員の現実的な要求に配慮せざるを得ない事情があった。とりわけ、1898年労災補償法の規定によって、雇主の「許し難い過失 faute inexcusable」に起因する労災事故は補償年金の増額や刑事罰の対象とされたため、そうした事態を回避することが企業家の AIF 加盟の動機の一つとなっていた(46)。ゆえに、現場での安全対策をめぐって、労働監督局と AIF の間には衝突が発生した。例えば、ヴォージュ県 Vosges の労働監督官モンジェル Mongel がシャトルガード garde-navette 未装備の織機の使用に関する有罪判決を裁判所に要請したのに対して、AIF の弁護人は、会報を根拠に、実用的なシャトルガードが存在しないと反論した。モンジェルを支持するシャンバールによれば、当該部品は AIF 会報に掲載されており、弁護人の反論は誤りである。企業家が起訴されるたびに、AIF は労働監督局と対立する書類や意見を提示してくる。AIF は会員を無罪とすることのみを目的としているため、会報の内容と矛盾する発言さえも恐れていないと(47)。結果として、裁判所は監督局側の主張を認めることになった(48)。

このように、労災防止問題において労働監督局と AIF が緊張状態にある中で、1900年1月19日の商務大臣通達は、労働監督官に対して労働者職業団体との協力関係の構築を要請した。すなわち、労働立法の完全施行に向けて、労働取引所や労働組合と連絡を取り、現場での法令違反に関する情報提供をそれらの職業団体に依頼することが求められた[49]。では、監督官は企業家への対抗として労働者と連携したのか。たしかに、新たな接触機会が設けられたのは事実である。例えば、労働組合からの要請を受けた監督官によって、衛生・安全問題や労働立法に関する講演が各地で行われた。講演には多数の労働者が出席し、監督官への謝意が伝えられた[50]。しかし、両者の間の隔たりは依然として大きかった。概して労働組合からの情報提供数が限られ、連絡にも継続性が欠けていたのに加えて[51]、違反通報後の事情説明を求める労働組合と、「職業上の秘密」を理由に詳細を明かさない監督官の間に摩擦が生じることもあった[52]。また、「政治活動に関与する人々を抱えた労働組合が、復讐心を満足させるために労働監督局を何度も利用しようとした」ことに対して監督官は強い警戒を示した[53]。そして何よりも、監督官は安全問題に対する労働者の意識の低さを指摘していた。監督官によれば、機械作動中の掃除や注油が法令で禁止されているにもかかわらず、この禁止事項に違反するのはたいてい労働者自身である[54]。長年の作業習慣と法規が衝突しており、多数の事故が労働者の過失によって発生している。常に危険と隣り合わせの労働者が軽率な行為に走った結果、生命が犠牲となる場合もあると[55]。

労働監督局が労働組合との連携に消極的姿勢を示した一因は、専門的な技術官僚から構成される職能集団としての特質に求められる。例えば、1890年代以降、労働監督局の選抜試験が高度な理論的知識を重視する中で、商務大臣は別枠による長期熟練労働者の採用を提言したが、労働監督官の強い支持は得られなかった。監督官自身は労働監督局を技術職団として捉え、その運営には、多様な問題への対処能力を持ち、知識・教育面で雇主に敬意を表される「エリート」のみが求められると考えたからである[56]。実際に技術的な専門知識を有する彼らは、作業場での衛生改善や機械事故防止に関する独自の研究ノートを

残すとともに(57)、第4節で述べるように、労働生理学の調査活動への積極的な協力も行った。こうして労働監督官は、世紀転換期以降の公衆衛生の高まりとともに、衛生・安全問題への関与を深めていく。

第3節　社会改革における労災問題

　世紀転換期の労災問題に関しては、労災補償よりも労災防止の領域において産業界と国家の対抗関係が顕在化していた。では、第三共和政下の社会改革論において、労災問題はいかに扱われたのか。本節では、中間団体の組織化という観点から、ブルジョワとシェイソンの言説を対比するとともに、労災問題を議論する場の形成についても考察を加えたい。

(1)　レオン・ブルジョワにおける労災問題

　第三共和政下での世紀転換期の社会立法の背景には、「連帯主義」の思想潮流が存在する。19世紀後半にシャルル・ルヌーヴィエ C. Renouvier やアルフレッド・フイエ A. Fouillée などによって哲学的に考察された「連帯」論は、エミール・デュルケムをはじめとする社会学者に影響を及ぼした(58)。さらに、19世紀末のフランスでは「連帯」論が社会改革の実践的教義として語られ始めた。社会改革論としての連帯主義を提唱した代表的人物はレオン・ブルジョワである。以下では彼の「連帯」論における労災問題の位置づけを検討したい。

　ブルジョワは、「連帯」概念を論じるにあたり、「自然的連帯 solidarité naturelle」と「社会的連帯 solidarité sociale」の区別から出発する。彼によれば、「自然的連帯」は生物個体における諸器官の相互連関として現れる。それは諸生物間の相互依存としても存在し、種の諸法則をもたらしている。人間も同様に、社会生活や社会的分業を通じて他者との相互依存関係の中に入り込んでおり、社会の進歩と個人の成長は連関している(59)。しかし、こうした自然的連帯から直接的に人間社会の権利や義務を定めたり、「公正 justice」を導き出したりすることはできない。自然は「公正に反する injuste」ものではないが、「公正を

欠いた ajuste」ものである。公正とは、社会的役務の交換における負担と利益に関する諸個人の間の均衡であり、それは意図的で考え抜かれた連帯によってのみ実現し得る(60)。このように彼にとっては、公正を実現する連帯こそが「社会的連帯」とされ、「自然的連帯の科学的教義の上に、いかに道徳的・社会的連帯の実践的教義を構築するか」(61) が彼の課題となる。

　ブルジョワは、公正を論じる前提として、「社会的負債」の概念に言及する。すなわち、生活を営む人間は、同時代の他者によって提供される財や役務から利益を得るとともに、過去の世代によって蓄積された遺産や資本をも享受している。ゆえに人間は常に社会に対する負債者であり、この社会的負債を人間が認識して返済した時に公正は実現すると(62)。だが実際には、各人の社会的負債を詳細に計算することはできない。では公正はいかに実現されるのか。ブルジョワは解決の糸口を「契約」に求める。彼によれば、公正を実現させる手段は契約であり、契約の本質は、共通の基礎から生じる利益を公平に保証し、共通のリスクから公平に保護することにある。ただし、社会的負債を計算し得ないのと同様に、各人への利益とリスクの分配を前もって算定することは不可能であり、人間は予め意志を持って取り決めの諸条件を議論することができない。ゆえに、かかる状況における契約は、「仮に平等かつ自由に協議し得ならば、人間の間で予め成立したはずの合意の解釈や表現の形をとるしかない」。すなわち、契約とは「平等で自由な意志によって与えられるような合意を推定すること」であると。このように遡及的に合意がもたらされる契約をブルジョワは「準契約 quasi-contrat」と呼称する(63)。

　準契約を取り結ぶ諸個人は、「各人の社会的状況が均衡し、リスクと利益が共有されるという希望」を持つ(64)。「希望」はいかに充足されるのか。ブルジョワは利益とリスクの相互化の原理に準拠を見出した。すなわち、疾病・火災・事故などは、「自然の運命や偶然に帰すべきリスク」として予測不能であるから、すべての人間は団結によってリスクからの保護に要する費用（＝リスクが現実化した際の補償費用）を相互に負担せねばならない。われわれは、リスクと利益を相互化する相互扶助組合によって将来に備えた状況にある。相互

化の原理を連帯のあらゆるリスクに拡張すれば、真の社会契約が得られるであろうと[65]。また、こうした相互扶助組織を通じた将来への備えは、諸個人の義務とも見做された。社会の相互依存関係において、各人が他者に対して「負債」を有する以上、予見能力の欠如は結果として他者への負担をもたらすからである。よって、現在や将来を考慮しない個人の行為は、社会的害悪として矯正の対象とされた[66]。

ブルジョワにおいて、労災事故は社会的リスクの一つとして認識されていたから、相互化の適用対象として、関連費用は集団によって担われねばならなかった。その意味で、1898年労災補償法の制定は、フランスが「社会的リスクに対する集団的保険を組織化する道」にようやく足を踏み入れた画期を成していた[67]。したがって、労災保険制度に関しても、ブルジョワは国家管理による一元化を退けるとともに、リスクの相互化を担う自発的な協同組織と国家の間の補完関係を積極的に認めていた。彼によれば、そもそも国家の存在意義は人間の間に公正を確立することにあり、その役割は諸個人の自由な合意に基づく契約の履行を保証することに厳しく限定されている[68]。ゆえに、国家は相互扶助組織の発展を援助かつ奨励せねばならない。国家を補い、その負担を軽減し、責任の一端を除去する唯一の制度を国家は相互扶助組織の内に見出さねばならないと[69]。

では、連帯主義に与しない立場から労災問題に関わった社会改革論者の主張はいかなるものだったのか。以下では、産業界の視点から私的イニシアティヴによる社会運営を提言したシェイソンの議論を検討してみたい。

(2) エミール・シェイソンにおける労災問題

第3章と第4章で考察したように、シェイソンはパトロナージュ論を通じて産業界主導の福利事業に社会的機能を付与した。他方で、彼はル・プレェ学派の立場から連帯主義を次のように批判している。「社会的負債」の下に国家が私的慈善活動を吸収して膨大な責任を負う結果、国家の財政負担は著しく増大する。他方、国家による丸抱えの結果、諸個人は自助精神を低下させて道徳的

に弛緩する。協同組合制度や相互扶助制度を説く連帯主義者もいるが、それらの制度は彼らが宣伝する以前から存在している。社会的負債が相互依存の理念に立脚する以上、国家は、市民が共有財産を濫費したり、生活保護を通じて公共部門の負担に陥ったりしないよう、当然のように市民の行動を管理するようになるであろう。要するに、社会的負債の理論は、あらゆる専制主義に都合のよいものであり、官僚制の拡大や権威主義を必然的に導くと[70]。

　国家と中間団体の調和的・補完的関係を是認したブルジョワの議論を考慮するならば、国家介入の観点からなされたシェイソンの連帯主義批判は必ずしも妥当とはいえない。シェイソンは社会問題解決の鍵を私的任意団体としてのアソシアシオンに求め、国家による私的イニシアティヴの奨励を説いており[71]、その主張にはブルジョワの議論との類似性さえ看取される。では、両者の本質的相違はどこにあるのか。それは、シェイソンが工業社会の中核としての中間団体を企業体＝「工業家族」に求め、中間団体における階層的関係から労働者の社会的生存保障を導き出した点にある。彼によれば、労働者は概して予見能力を欠く上に、工業化に伴って土地から乖離した「根無し草」となり、機械の一部と化して人格を失いつつある。企業にも責任の一端があるのだから、雇主は労働者を援助し、労使協調に向けて一つの「家族」を構築せねばならない。「あらゆる優越性には義務が伴う Toute supériorité oblige」[72]。かかる文脈において、労災補償を担う雇主後援の救済金庫は、「工業の繁栄と社会平和の真の礎」と見做され、産業界の協同組織による労災防止活動も、「工業家族」に属する労働者の保護という雇主の社会的義務行為として認識された[73]。

　また彼は、職業的リスクを大工業に固有の概念として捉えていた。すなわち、工業設備の大型化や複雑化に伴い、生産手段の自由な選択や完全な制御が労働者には不可能となっている。よって職業的リスクは、近代的設備に由来する新しいリスクとして、大工業のみに適用されるべきであり、小工業に関しては従来の民事責任の一般法の適用が妥当であると[74]。そのうえ彼は、職業的リスクの法的規定の必要性を認めつつも、法的規定に拘束力を見出さなかった。労災補償対策は雇主の自発性に委ねられ、保険の担い手は共済組合や地域金庫な

どの私的任意団体に求められた。ゆえに彼において、「職業的リスク」と「保険の自由」の両立や相互扶助組織間の連携強化は、労災補償法の貴重な成果と見做された[75]。

しかしながら、シェイソンが国家の介入を完全に排除したわけではない。彼によれば、公式統計の実施は国家に属すべき正当な権限および義務である[76]。社会的諸制度は強固な統計的基礎がなければ崩壊の危険に陥るのだから、議会における社会立法の審議が増加する時代には、公式統計が一層不可欠となっている。しかるにフランスでは、行政監督下にある鉱山・鉄道などの産業を除いて、有効な労災統計資料が作成されていないため、スイスやドイツのような他国の統計の利用を余儀なくされていると。こうしてシェイソンは、労災保険制度の前提となる危険係数算出のために、労災事故の統計的定義や職業センサス実施の必要性を訴えた[77]。

(3) 労災事故国際会議の結成と活動

シェイソンをはじめとする私的イニシアティヴの唱道者たちは、労災問題を社会改革の課題として議論する場を求めて、労災事故国際会議 Congrès international des accidents du travail（その後、労災事故・社会保険国際会議［CIAT］に名称変更）に関わった。CIATは1889年パリ万国博覧会を契機として誕生し、労災問題を技術・統計・行政・経済・立法の観点から検討することを目的とした。結成にあたっては、790名以上の個人会員の他に、CF、AIF、フランス各地の商業会議所や工業協会なども名を連ね、大会には12の諸外国から公式代表や名誉会員が列席した[78]。

1889年パリ大会での議論の特徴は、社会改革をめぐる国家介入への警戒にあり、任意保険制度の支持が多数派を占める中で、ドイツの保険制度に対する批判が顕著に見られた。代表のオスカール・ランデール O. Linderはドイツの社会保険立法を「極度に権威主義的」と評し、その絶対的強制化が労使の予見・予防精神を弛緩させ、国家の保険金庫を通じて経済活動資金を収奪すると主張した。シェイソンもまた、ドイツの強制保険制度の弊害として、官僚制の肥大

化や自発性の抑圧を指摘した[79]。これに対して、1891年ベルン大会以降、ドイツが本格的に参加し始めると、直接的なドイツ批判は弱まり、各国の事情に応じた労災補償制度の多様性の容認へと論調が変化していく[80]。さらに1900年パリ大会では、ランデールはフランスの任意保険制度の有効性を改めて強調する一方で、ドイツの強制保険制度を「優れて美しく力強い記念碑」と表現した。同時に彼は、議論の対象を、原理に関する問題から、既存の成果や今後の進歩に関する問題へと移すよう提言した[81]。

1900年パリ大会以降の議論の重心が移動した背景には、1898年労災補償法の制定がある。すなわち、任意保険制度の正式採用によって労災保険原理の問題に決着がつけられ、労災に関するCIATでの議論は統計整備の問題に移っていった。その際、活動の拠点となったのは、CIATフランス支部として1905年に設立されたフランス社会保険協会である[82]。会長のシェイソンは、1891年ベルン大会の際に、フランス労働局による統計整備への期待を表明していたが、20世紀以降、政府の統計調査に関する彼の不満は増大しつつあった。彼によれば、フランスの労災統計は、国家管理型保険制度に立脚したドイツの統計に匹敵する正確さを欠き、科学的精度を放棄していた[83]。そうした中で、フランス社会保険協会にはCIATからの一定の自立性が付与されたため、一国の問題への対応が容易になり、シェイソンや事務局長フュステール Fuster はフランス労災統計の精緻化に取り組んだ。彼らは、正確なリスク計算のための労災分類法のみならず、国際比較に必要な労災統計の規格化をも提言し、その活動は国際労災統計特集号に結実した[84]。

とはいえ、CIATにおける労災問題自体の比重は、社会改革の対象の多様化に伴い低下し始めた。CIAT結成の出発点は労災問題にあったが、1905年ウイーン大会では老廃疾保険が第一テーマとなり、1907年には組織名が社会保険国際会議 Congrès international des assurances sociales へと変更された。また、1908年ローマ大会ではレイモン・ポワンカレ R. Poincaré が新代表に選出され、さらに1913年にはブルジョワが代表に就任するに至った[85]。かくして、国家介入への対抗という組織の性格が薄れて、社会改革論者の広汎な協力関係が構

築されるとともに、社会保険に関する包括的な議論の場が形成されていくことになる。

第4節　労働生理学と労災問題

　上述したように、第三共和政下における労災問題は、国家介入と私的イニシアティヴの関係をめぐる社会改革論の対象とされていた。それらの議論の結節点となったのは、相互扶助原理に立脚した自律的な中間団体の組織化であった。では、労災問題に関して、社会構造論的アプローチ以外の議論はいかなる展開を見せたのか。その鍵となるのは労働生理学の展開である。すでに第5章で、われわれは労働局と労働生理学者アンベールの連携を指摘した。以下では、労災問題へのアンベールの取り組みと、労働生理学が労災問題を通じて社会改革に及ぼした影響について検討したい。

　アンベールは、職業的疲労の観点から労災問題を考察した先駆的人物として位置づけられる。1903年のCIHDにおいて、彼は次のように主張している。労災事故と身体的疲労の間には関連性がある。職業的疲労に関する研究は発展途上にあるが、作業時の人体の運動速度の計測や労災事故の統計分析を進めることによって、身体的疲労の存在や程度が明らかになるであろうと。彼は職業的疲労に関する研究への支援を各国政府に勧告するよう提言し、その提言は総会において採択された[86]。

　こうしてアンベール自身は、労働監督官メストルとともに労災統計分析に取り組んだ。例えば、1903年にエロー県で申告された2,065件の労災事故[87]の記録に基づき、彼は次のような特徴を導き出した。①労働疲労の蓄積と労災事故発生の間には強い連関がある。②事故発生時刻を整理すると、午前10時台と午後4時台の一日2回の極大化が観察され、午後の極大値は午前の極大値よりも大きい。エロー県内の業種別（荷役・運搬業、化学工業、木材業、土木・石材建築業、商業・銀行業、金属加工業の6業種）労災事故や、トゥルーズToulouse管区（エロー県も含まれる）全体の労災事故に関しても、極大化の

時間帯に若干のずれがあるものの、同様の趨勢が示される。③事故の発生状況を業種ごとに調べると、各業種における「事故の典型 accident type」（最も頻度の高い事故の内容）が析出される。④業種別の事故件数を見ると、荷役・運搬業が最も高く、化学工業が次に来るが、業種別の被害者数を当該業種従事者数で割った数値を比較すると、両者の順位は逆転する。以上の分析を通じて、労働疲労による事故発生リスクが高まる午後半ばに短時間の休憩を設定することや、「事故の典型」に対する監督を強化することが、労災事故の減少に有効であると結論づけられる[88]。

さらにアンベールとメストルは、労災事故を曜日ごとに集計することで、一週間を通じての労働疲労の蓄積を立証し得ると考えた。こうして、1904年のエロー県での労災事故申告記録2,151件に関する調査が実施されたが、結果は事前の予測を十分に裏づけるものではなかった。結論として以下の点が指摘されている。①操業の規則性を持つ化学工業は、月曜日から土曜日まで事故が増加していく趨勢を示す。しかし、荷役・運搬業や土木・石材建築業では、船舶発着の不規則性や天候に由来する一時的失業が頻繁に起こるため、事故発生増加の趨勢が現れにくい。②休日明けの月曜日に関しては、欠勤労働者の比率が他の曜日よりも高く、労災と疲労の関連性が現れにくい[89]。③エロー県全体の労災事故件数は土曜日に急増するが、その背景には、過労という物理的要因に加えて、事故発生日の操作という人為的要因が混在していると推測される。すなわち、週の途中で軽度の労災事故に遭った労働者は、雇主との合意の上で負担の少ない作業に週末まで従事し、事故発生日は土曜日として事後的に処理される。それは一時的失業の影響を受ける荷役・運搬業の労働者にとって好都合であり、事実、荷役・運搬業では土曜日の事故件数増加が著しい。かかる不正行為は過労の存在を隠蔽し、公共の利益を損ねている[90]。

19世紀末以来、科学者や政府関係者を対象とする学術会議が頻繁に開催される中で、アンベールは労働者の諸問題（労働、栄養摂取、疾病、労災事故など）を扱う会議への労働者自身の関与を不可欠のものと考えていた。彼によれば、問題検討のためには現場の労働者による発言が有益であるにもかかわらず、多

くの場合、彼らの会議参加が認められていないため、その見解は事後的にしか表明され得ない。当事者たる労働者を議論の場から締め出し、彼らの意見を考慮せずに解決策を探る方法は、眼前にある危険を直視しない行為に等しい[91]。他方、労働者側の態度を見ると、警戒心の混じった自尊心ゆえに、彼らは社会衛生に携わる団体から距離を置き、自らの問題を組合活動の中だけで解決しようとする傾向にある。仮に労働者代表が各種の学術会議に列席すれば、彼らは先入観を排除した実験データのみが重視されていることを実感し、会議での議論の公正さや誠実さを目の当たりにするであろう。そして、エリート労働者によって会議から得られた有益な情報は、労働者全体に徐々に浸透していくであろうと[92]。

　アンベールは、労災補償をめぐる労働者と保険会社の間の摩擦についても、労働生理学的分析に基づく解決法を提案している。彼によれば、労働者は補償金給付に厳しい保険会社の態度に不満を抱き、保険会社は労働者による虚偽申告や誇張の横行を批判している。労働者は頻繁な失業に直面するゆえに、できるだけ多くの補償金を得るために労災補償の長期化を望む傾向にある。しかるに、保険会社が財政的理由で新しい検査方法を容易に承認しない状況下で、医師は労災による負傷を正確に判断する術を持ち合わせていない。こうした問題の解決のためには、労働者の身体機能に関わる生理学的分析が有効であると[93]。

　そもそもアンベールは、労働時間短縮や賃金引き上げといった労働者の要求が保険会社の利益にも合致すると考えており、両者を対立関係として捉える見解に異議を唱えていた。時短が身体的疲労を緩和し、賃上げが生活状況改善を通じて疲労への抵抗力を増大させる結果、労災事故減少による保険会社の負担軽減が実現するからである。さらに注目に値するのは、彼が労災問題への対処の内に労働時間規制の積極的根拠を見出したことである。すなわち、労災事故は社会の総エネルギーの減少として捉えられるから、労災事故を減らすことは保険会社のみならず社会全体に関わる課題でもある。労災事故件数と労働時間は密接に関連しており、労働時間規制によって労災事故を減少させることが可能なのだから、政府は労働時間の領域において詳細にわたり直接的に介入する

権利と義務を有すると⁽⁹⁴⁾。

　労働時間規制をめぐるアンベールのこうした見解は、他の労働生理学者たちによっても共有されていた。例えばルネ・ロフェール R. Laufer は次のように主張している。労働問題に関する従来の議論において、労働は通常の商品と同様に需給変動に従属する要素と見做され、生産活動を支える人的動力への関心は極めて低い状態にあった。こうした中で、人的動力を研究対象とする生理学は、客観的な分析手法ゆえに、最も公正で信頼に足る評価を与えることが可能である。そもそも、すべてのエネルギーを良好な機能状態に保つことは社会にとっての利益である。ゆえに、それらのエネルギーが濫用されたり、活動中の人的動力が損なわれたりしていないかを点検すべく、社会は介入する権利と義務を有している。これによって労働時間規制に関する国家や公権力の直接的介入が正当化される。ただし、介入の権利が効力をもって行使されるためには、規制行為が厳密なデータに立脚していなければならない。その際、労働生理学の研究は、人間の力の正常かつ系統的な使用と合致した最大限の「労働割当量 ration de travail」を各業種に対して設定し得る[95]。

　このように、ロフェールは労働時間規制の根拠を社会の総エネルギー保全行為に求め、政府の具体的な規制行為に合理性を与えるものとして労働生理学を位置づけた。さらに彼は、労働割当量の観点から8時間労働の合理性を説くとともに、労働時間規制の先に機械化の推進や労働生産性の上昇を展望する。すなわち、労働時間の統一が合理的に承認されるためには、法定労働時間が最大限の時間と必然的に見做されるとともに、職業に応じた労働割当量が実験によって決められなければならない。その意味で、8時間労働はあらゆる場合において完全に受容可能である。そして、かかる労働時間規制が多産的であるためにも、それは工業技術の改善や労働者の生産性向上と並行して進められなければならない。労働時間規制を通じた時短は、機械設備の点から見ると、新たな必要性に応える最適な機械の開発を促したり、工業の設備更新を後押ししたりするであろう。また、すでにイギリスやドイツの工場での経験でも明らかにされているように、合理的な時短が実現されれば、労働者自身は生産性のみなら

図6-1　労働者・農民家庭における職業労働生理学、生活環境、職業的適性、職業訓練に関する研究計画準備委員会

委員長：H. Chéron（労働大臣）
副委員長：A. Ribot

委員
　上院：F. Dreyfus ②, A. Ribot ②
　下院：Painlevé ①, R. Géret ②, A. Thomas ②
　科学アカデミー：Chauveau ①, A. Gautier ②
　道徳・政治科学アカデミー：C. Benoist ②, C. Colson ②
　医学アカデミー：Dastre ②, C. Richet ①
　高等労働評議会：Briat ②, Tourron ②
　高等教育：Imbert ①, Le Chatelier ①, Weiss ①
　学術団体：L. Bourgeois ②, J. L. Breton ①, Langlois ①, E. Gerrier ②
　農業省：Berthault ②
　商務省：Bouquet ①
　労働省：A. Fontaine ①, L. March ②

事務局員
　Fuster ①, Huber ②, Amar ①, Séguin ①, Verne ②

注：①は第1小委員会（生理学研究）、②は第2小委員会（統計・調査）。
出典：AN, F/22/526, Commission de physiologie et d'enquêtes relatives au travail; AN, F/22/526, Commission d'études relatives à la physiologie du travail professionnel, aux conditions de l'existence, aux aptitudes professionnelles et à leur formation, dans les familles ouvrières et paysannes. Séance du 21/6/1913. Compte-rendu sommaire より作成。

ず労働の質をも向上させることになるであろうと[96]。

実験科学に基づく労働生理学者の提言は、こうした「経済近代化」理念を包含しつつ、第三共和政下の社会改革の中で確実に存在感を増していった。その一つの表れが、1913年5月17日のデクレによって労働省内部に設置された「労働者・農民家庭における職業労働生理学、生活環境、職業的適性、職業訓練に関する研究計画準備委員会 Commission chargée de préparer un programme d'études relatives à la physiologie du travail professionnel, aux conditions d'existence, aux aptitudes professionnelles et à leur formation dans les familles ouvrières et paysannes」である。労働大臣アンリ・シェロン H. Chéron の下で組織された委員会には、労働部長フォンテーヌや下院議員アルベール・トマ A. Thomas の他に、労働生理学の分野から、アンベール、ショヴォー、アンリ・ル・シャトゥリエ H. Le Chatelier、ジュール・アマール J. Amar などが参加していた。委員会は生理学の研究に関わる第1小委員会と統計・調査に関わる第2小委員会に分かれ、労働生理学者たちはフォンテーヌらとともに第1小委員会に配属された（図6-1）。

第1小委員会では活動の方向性として三つの準備課題が設定された。①疲労の測定を対象とする科学的結果を企業家に周知させるべく明確化する。②従来の研究成果を整理する。③研究を必要とする職業とその研究の性質に関する方法論一覧を学者や実験従事者に提示する(97)。この中で③の基調報告を求められたアンベールは、特に必要とされる研究分野（栄養摂取、疲労と休息、労働強度、テイラー・システム、婦人・児童労働、職業技術）を列挙した上で、労災問題についても将来の研究計画に加える可能性を示唆している。彼によれば、現状では労災事故の診断・治療に関するデータが確立されていないため、医師は負傷の程度を正確に把握できない状態に置かれている。しかも、労災被害者が検査を受ける場所は専ら診察室であるため、診察の精緻化という点では十分ではない。かかる状況の改善のためには、研究所での多様な方法・器具を用いた実験による総合的データの活用が有効である。また、レントゲン写真法や動体写真法といった研究所での本格的な検査方法によって、医師は事実をより詳細に検討することが可能となる(98)。

こうしてアンベールは、資本と労働の対立の解決に向けて、労働生理学の活用を提言する。すなわち、「労働と賃金の均衡」という原則に異議を唱える者はいないが、この原則を用いる前提としては、労働の測定方法を知ることが不可欠である。労働者自身は体内の感覚によってのみ労働を判断するのだから、労働の測定には機械的観点のみならず生理学的観点をも導入すべきである。とりわけ、現場での「労働と賃金の均衡」を疑問視するストライキの解決のためには、最も確実かつ公正な生理学的データを用いることによって、当事者の間に遺恨のない「科学的仲裁」が可能となるであろうと(99)。

おわりに

本章の目的は、社会改革における自由主義と国家介入の関係や、産業界と国家の関係を念頭に置きつつ、第三共和政下の労災問題を検討することにあった。最後に、以上の考察によって明らかになった点を確認しておきたい。

まず、1898年労災補償法は、「職業的リスク」に基づく無過失責任原則を導入することによって、労災事故原因を個人の過失に求める従来の市民法的な解釈からの転換を図った。自らの過失の有無に関わらず、雇主には労災被害者の損害を塡補する義務が課せられた。ただし、議会における労使間の負担バランスへの配慮から、民事責任の一般法は排除され、雇主の有限責任として定率塡補制が採用された。その結果、賠償額の正確な算定や、保険を通じた危険の予測と分散が可能となった。産業界はこうした点を高く評価し、労災補償法制定後のCFは、定率塡補制の維持を議会に継続的に働きかけた。他方、保険制度の形態に関して見ると、議会では相互扶助原理が広く支持されていたため、法制化に先んじて急遽結成されたCSAMFは、国家管理型強制保険の回避という産業界の目標を達成させる原動力となり得た。ゆえに、最終的に議会が強制保険化を退け、保険組織の選択を経営者の裁量に委ねると、そうした産業界主導の相互保険組合は発展を遂げていくことになった。このように、1898年労災補償法が産業界によって積極的に受容されたのは、定率塡補制と任意保険制度の採用によるところが大きい。

　労災補償問題と比較すると、労災防止問題においては産業界と国家の対抗関係がより明瞭に表れた。AIFは、労災補償法案審議との関連で、労災防止における国家介入を警戒しつつも、労災事故・工業衛生博物館の設立活動を通じて政府との協調関係の構築に成功した。ただし、企業家協会の首脳部は、労働監督官と日常的に接触する会員の現実的な要求に対して配慮や譲歩を余儀なくされていた。したがって、1890年代以降、衛生・安全関連の法令によって労働監督局の活動領域が拡大すると、生産現場での安全対策をめぐって、会員を擁護する企業家協会は、労働監督局との間に激しい摩擦を引き起こした。労働監督局は経営者団体との緊張関係に立ちながら、商務大臣による労働者職業団体との連携の要請に対しても消極的姿勢を示し続けた。その一因は、技術職団としての労働監督局の性格に求められる。労働監督局は専門的な技術官僚から構成されていたがゆえに、労使双方との距離を置きつつ、世紀転換期以降は衛生・安全問題に一層深く関わっていくことになった。

次に、第三共和政下の社会改革思想の視角から考えるならば、労災補償問題には二つの異なる立場からの積極的関与が見られた。まず、連帯主義を唱えるブルジョワは、利益とリスクの相互化の原理に「公正」実現のための準拠を見出すとともに、相互扶助組織を通じた将来への備えを諸個人の義務として認識した。労災事故は社会的リスクとして相互化の適用対象とされ、労災補償法の制定は社会的リスクに対して集団的保険を組織化する一大契機と見做された。彼はリスクの相互化を担う自発的な協同組織と国家の間の補完関係を是認し、国家管理による労災保険制度の一元化を退けた。これに対して、パトロナージュの実践を唱えるシェイソンは、企業における労使間の階層的関係から労働者の社会的生存保障を導き出した。雇主後援の労災補償組織は社会平和の基礎と見做され、産業界主導の労災防止活動は雇主の社会的義務行為として認識された。彼は職業的リスクを大工業に固有の概念として捉え、その法的規定には拘束力を見出さなかった。すなわち、労災補償対策は雇主の自発性に委ねられ、保険の担い手は共済組合や地域金庫などの私的任意団体に求められた。ゆえに彼は、任意保険制度や相互扶助組織間の連携強化を労災補償法の貴重な成果と見做した。このように、ブルジョワとシェイソンの間には、「リスク」概念の射程や保険組織化の意義に関して大きな隔たりが存在したものの、労災補償をめぐっては、相互扶助原理に基づく自律的な中間団体を志向する点で一致を見ることになった。

　さらに、シェイソンをはじめとする私的イニシアティヴの唱道者や企業家団体の関係者たちは、労災問題を社会改革の観点から議論する場として、CIATの運営に関わった。この組織はドイツの保険制度へのフランス産業界の対抗を表現しつつ、フランスにおける国家管理型保険導入への批判や牽制に活動の主眼を置いていた。ゆえに、1898年労災補償法において任意保険制度が採用されると、CIATでの議論の重心は労災統計の問題に移された。そもそも、彼らは統計調査への国家介入の必要性を認めていたにもかかわらず、フランスでは公式統計の整備がドイツよりも遅れていたからである。社会的保護に関わるドイツへの対抗意識は、労災統計整備においても顕著に表れていた。とはいえ、20

世紀以降、社会改革の領域の拡大に伴い、労災問題への相対的関心は低下しつつあった。結果として、社会保険国際会議への名称変更や代表の交代を経た組織は、国家介入への対抗という性格を弱め、保険制度の包括的な議論の場へと変容していった。

　最後に、世紀転換期の社会改革の潮流において、労災問題への自然科学的接近法を試みた労働生理学の独自性が指摘される。例えば、職業的疲労と労災事故の関係を分析したアンベールは、学術会議への労働者の参加を促し、時短や賃上げといった労働者の要求を労災事故削減効果の点から支持した。労災問題における労働生理学研究の特徴は、実験科学の立場から政府の労働時間規制に積極的根拠を与えた点にある。すなわち、労働時間と労災事故の関連性が示される一方で、労災事故が社会の総エネルギーの減少として把握された結果、労働時間に関する国家の直接的介入は総エネルギー保全行為として正当化された。さらに労働生理学者は、労働割当量の観点から8時間労働の合理性を説くとともに、労働時間規制の先に機械化の推進や労働生産性の上昇を展望していた。このように、労災問題、立法化による労働時間短縮、経済近代化という三つの要素が連関づけられ、政策論として提示された事実は注目に値する。経済近代化の文脈で規制の意義を捉え直すことで、自由主義と国家介入の整合的解釈が可能となるからである。かくして、労働問題に関する労働生理学者の提言は、労働省との連携を背景に、第三共和政下の社会改革論としての存在感を増していくことになる。

注
（1）　本章の考察対象である第一次世界大戦前において、「労働災害」概念は労働に伴う事故を指しており、職業病のような労働由来の疾病を含んでいない。鉛中毒・水銀中毒による職業病が労災認定されるのは1919年、さらに、四塩化エタン中毒・ベンジン中毒・黄燐中毒・放射線障害への労災認定の拡大は1931年を待たねばならない。
（2）　岩村正彦『労災補償と損害賠償——イギリス法・フランス法との比較法的考察——』東京大学出版会、1984年、177-342ページ。

（ 3 ） Ewald, *L'Etat providence*.
（ 4 ） 田中『貧困と共和国』、226-248、255ページ。
（ 5 ） Hatzfeld, *Du paupérisme*, pp. 103-125; 大森『フランス鉄鋼業史』、182-188ページ。
（ 6 ） 廣澤孝之『フランス「福祉国家」体制の形成』法律文化社、2005年。
（ 7 ） Viet, *Les voltigeurs*, pp. 137-162, 273-300, 411-462.
（ 8 ） Ribeill, «Les débuts»; Rabinbach, "The European Science".
（ 9 ） Faure. *JO*, Documents parlementaires, 1882, Chambre des députés, annexe no. 399, séance du 11/2/1882, pp. 357-359.
（10） Faure. *JO*, Débats parlementaires, 1888, Chambre des députés, séance du 17/5/1888, p. 1427.
（11） *Rapport par Ricard. Chambre des députés, no. 1926, Annexe au procès-verbal de la séance du 25/2/1892*, Paris, 1892, p. 36.
（12） Duché. *JO*, Documents parlementaires, 1887, Chambre des députés, annexe no. 2150, séance du 28/11/1887, pp. 388-389, 392.
（13） 例えば総理大臣によれば、産業が持つ条件の結果ではなく、雇主の過失によって事故が発生した場合には、職業的リスクの枠内には入らない。民事責任の一般法と職業的リスクは併存させねばならず、労働者から民法第1382条の利益を奪うことはできない（Président du Conseil. *JO*, Débats parlementaires, 1888, Chambre des députés, séance du 26/5/1888, pp. 1522-1523）。また、下院議員ラフォン Laffon は、民法第1382条適用の排除によって雇主の不注意に対する不処罰が保障されると、雇主は保険料さえ支払えば責任を免れるので、事故防止措置を講じなくなると主張した（Laffon. *JO*, Débats parlementaires, 1888, Chambre des députés, séance du 5/7/1888, pp. 1997-1999）。
（14） Ricard. *JO*, Débats parlementaires, 1888, Chambre des députés, séance du 5/7/1888, p. 1999.
（15） *Rapport par Thévenet. Sénat, no. 15, Annexe au procès-verbal de la séance du 25/1/1898*, Paris, 1898, p. 3.
（16） 商務大臣ロッシュの主張。Roche. *JO*, Documents parlementaires, 1890, Chambre des députés, annexe no. 746, séance du 28/6/1890, p. 1427.
（17） 1889年のドイツの労災統計は、労災の原因の割合を、不可抗力47％、雇主の過失20％、被害者の過失25％、その他8％と算出し、1893年についても同様の傾向が観察された。終身完全労働不能に対する補償年金額を年間賃金の3分の2に設定した主要な根拠の一つは、不可抗力と雇主の過失に相当する部分を雇主が負担

すべきという主張に求められる。*JO, Documents parlementaires,* 1895, Sénat, annexe no. 73, séance du 3/4/1895, p. 268.

(18)　*Rapport par Thévenet,* p. 15.

(19)　*Rapport par Ricard,* pp. 36-37.

(20)　*Rapport par Ricard,* pp. 80-86.

(21)　ロザンヴァロンによれば、「福祉国家」というフランス語の表現は第二帝政期に現れ、国家の権限拡大と極端な個人主義に対する批判的立場から使用された。この表現は、個人の「特殊利益」と国家の「一般利益」の二極構造を前提とするル・シャプリエ法への批判を含意していた。P. Rosanvallon, *La crise de l'Etat-providence,* Paris, 1992, p. 141.

(22)　*Rapport par Poirrier. Sénat, no. 73, Annexe au procès-verbal de la séance du 3/4/1895,* Paris, 1895, pp. 13-14.

(23)　*Rapport par Thévenet,* pp. 7, 10-11.

(24)　雇主による補償金支払い不能への対策として、労災被害者の治療費・葬儀費・休業補償金は先取特権によって保護され、補償年金の支払いを担保する補償基金が設立された。補償基金は企業による分担金によって賄われ、国民老齢年金金庫によって管理された。

(25)　*EU1889, RJI, GES,* 2e partie, pp. 463, 503.

(26)　Hatzfeld, *Du paupérisme,* pp. 111-118; 大森『フランス鉄鋼業史』、182-184ページ。

(27)　SGA, 6673, CF. Extrait du procès-verbal de l'Assemblée générale du 5/6/1891, pp. 2-4.

(28)　Pinot, *Les œuvres sociales,* pp. 52-54. 労災事故に遭遇した労働者への補償は次の通りである。①終身かつ完全な労働不能の場合は、扶養家族数に応じて、年間賃金の30-50％に相当する年金（最大600フラン）を支給。②終身かつ部分的な労働不能の場合は、不能の程度と扶養家族数に応じて、年間賃金の10-40％に相当する年金（最大500フラン）を支給。③90日以上の一時的労働不能の場合は、賃金の半額に相当する日給補償金（最大2フラン）を支給。④死亡の場合は、終身かつ完全な労働不能の場合の補償金の3分の1に相当する年金を配偶者に支給し、3分の1に相当する年金を14歳未満の子の間で分割して支給（子一人当たり最大額は6分の1相当分）。SGA, 6673, CF. Extrait du procès-verbal de l'Assemblée générale du 5/6/1891, pp. 1-2.

(29)　Pinot, *Les œuvres sociales,* pp. 51, 55-56.

(30)　*Rapport par Ricard,* p. 86; *Rapport par Thévenet,* pp. 24-25.

(31) Pinot, *Les œuvres sociales*, p. 51.
(32) SGA, 6669, CF. Assemblée générale ordinaire du 19/5/1904, p. 8; SGA, 6669, CF. Assemblée générale ordinaire du 19/5/1905, p. 5.
(33) Pinot, *Les œuvres sociales*, pp. 59, 64; SGA, 6673, CSAMF. Assemblée générale du 22/4/1898, p. 4.
(34) その他の団体として、ノルマンディー工場事故防止協会 Association normande pour prévenir les accidents de fabrique（1880年に設立され、綿工業従事者の多いフランス西部地方を活動の中心とする）、フランス・ノール事故防止協会 Association des industriels du Nord de la France contre les accidents（1894年にフランス労災事故防止企業家協会の北部部門の分離によって結成され、繊維工業や製鉄・鉱山業の盛んなフランス北部地方を活動拠点とする）が挙げられる。
(35) *BAIF*, 1888, pp. 3-5, 17.
(36) AN, F/12/4617, AIF. Assemblée générale du 6/4/1887, pp. 16-19.
(37) AN, F/22/490, Rapport sur l'application de la loi du 12 juin 1893 par A. Millerand.
(38) *BAIF*, 1895, pp. 42-45, 58-59.
(39) *BAIF*, 1895, pp. 48, 75-81. フランス・ノール事故防止協会では記録簿制度が導入されたが、労働監督局はその実効性を疑問視している。すなわち、協会監督員は「優・良・特記事項なし」などの表現で安全性を評価するだけで、改善措置を命じることもなく、衛生や安全に関する助言を与えても記録簿には痕跡を残さないと。*RAL. 1897*, 1898, p. 233.
(40) *BAIF*, 1900, p. 83.
(41) *BAIF*, 1905, pp. 26-27; *BAIF*, 1906, pp. 58-63, 68-70.
(42) AN, F/12/4743, Rapport annuel sur le service d'Inspection. 1886 (8^e circonscription); AN, F/12/4743, Rapport annuel sur le service d'Inspection. 1888 (8^e circonscription).
(43) *RAL. 1895*, 1896, pp. 113-114.
(44) *RAL. 1894*, 1895, p. 135.
(45) *RAL. 1898*, 1899, pp. 120-121.
(46) *BAIF*, 1900, p. 88.
(47) AN, F/22/489, Chambard au Ministre du Commerce, 31/5/1901.
(48) AN, F/22/489, Tribunal correctionnel de Remiremont, jugement du 12/6/1901.
(49) AN, F/22/543, Circulaire du Ministre du Commerce, 19/1/1900.
(50) *RAL. 1900*, 1901, pp. 163, 211.
(51) *RAL. 1900*, 1901, p. 210; *RAL. 1901*, 1902, pp. 193-194.

(52) AN, F/22/563, Secrétaire général de la Fédération des syndicats ouvriers de Meurthe-et-Moselle au Ministre du Commerce, 16/3/1901; AN, F/22/563, Chambard au Ministre du Commerce, 31/3/1901.
(53) *RAL. 1901*, 1902, p. 193.
(54) *RAL. 1895*, 1896, p. 169.
(55) *RAL. 1898*, 1899, pp. 183, 191.
(56) AN, F/22/543, Ministre du Commerce au Président de la Commission supérieure du travail, 23/10/1899; AN, F/22/543, Chambard au Ministre du Commerce, 12/11/1899.
(57) 例えば、AN, F/22/553-554, Inspecteurs du travail: travaux originaux, 1911-1914.
(58) 19世紀後半におけるフランス自由主義の展開を、折衷主義から新カント主義的観念論を経て社会学に至る過程として捉え、かかる観点から「連帯」概念を論じた研究として、Logue, *From Philosophy*.
(59) Bourgeois, *Solidarité*, pp. 43-48, 60-66.
(60) L. Bourgeois, «Solidarité, justice, liberté», *EU1900, CIES*, pp. 86-90; Bourgeois, «L'idée», pp. 8-11.
(61) Bourgeois, *Solidarité*, p. 72.
(62) Bourgeois, *Solidarité*, pp. 101-106, 116-123; Bourgeois, «Solidarité», p. 93; Bourgeois, «L'idée», pp. 32-33.
(63) Bourgeois, «L'idée», pp. 45-47, 49-50; Bourgeois, *Solidarité*, pp. 132-133. 古典的な社会契約論が、社会の起源として、何らかの規範に準拠した契約の成立を論じるのに対して、ブルジョワは、すでに存在する社会を前提として、利益とリスクの分配に関する契約が事後的に遡って成立すると考える。彼は自らが論じる契約を社会契約と認めながらも、契約を事物の起源に置くルソー J.-J. Rousseau の社会契約論との差異を次のように強調する。「契約はわれわれの現在の社会的進展の最後に成立する」(Bourgeois, «L'idée», pp. 46-47) と。よって、エヴァルドが指摘するように、ブルジョワにおける契約は、各人が従うべきことを定めるのではなく、あたかも契約があるかのように各人が振舞うことになっているという事実に基づいているにすぎない (Ewald, *L'Etat providence*, p. 369)。なお、ブルジョワの準契約については、北垣徹「新たな社会契約——フランス第三共和政期における福祉国家の哲学的基礎——」(『ソシオロジ』第40巻1号、1995年5月) が示唆に富んでいる。
(64) Bourgeois, «L'idée», pp. 87-88.

(65) Bourgeois, «L'idée», pp. 48-50.
(66) Bourgeois, *La politique*, p. 159.
(67) Bourgeois, «L'idée», pp. 86-87; L. Bourgeois, *Solidarité*, 7e édition, Paris, 1912, p. 275.
(68) Bourgeois, *Solidarité*, 1896, p. 22; Bourgeois, «L'idée», p. 92.
(69) Bourgeois, *La politique*, p. 157.
(70) Cheysson, «La solidarité sociale», pp. 11-12.
(71) *CIAT, BC*, 1893, no. 2, p. 306.
(72) *EU1889, RJI, GES*, 2e partie, pp. 375-377; E. Cheysson, «Le patron, son rôle économique et social», E. Cheysson, *Œuvres choisies*, tome2, Paris, 1911, pp. 132-133; Cheysson, «La monographie», p. 780.
(73) *EU1889, CIAT, CR*, Paris, 1890, p. 353; *CIAT, BC*, 1893, no. 2, pp. 301, 312-313.
(74) *EU1889, CIAT, CR*, pp. 237-238. 大工業と小工業を区分する彼の議論には「二重構造論」的な特徴が看取される。
(75) «Les accidents du travail. La garantie d'indemnité», *La Réforme sociale*, 1/5/1898, pp. 727-728, 737; *EU1889, CIAT, CR*, pp. 352-357; E. Cheysson, «La coopération et la mutualité», *La Réforme sociale*, 1/12/1900, p. 803.
(76) Cheysson et Toqué, *Les budgets comparés*, p. 1.
(77) Cheysson, «Les lacunes», pp. 322-323.
(78) *EU1889, CIAT, CR*, pp. 4-7, 13. CIATの開催年と開催都市は次の通りである。1889年パリ、1891年ベルン、1894年ミラノ、1897年ブリュッセル、1900年パリ、1902年デュッセルドルフ、1905年ウィーン、1908年ローマ。その後は、参加者を限定した会議conférenceの形態で、1910年ハーグ、1911年ドレスデン、1912年チューリッヒと開催された。なお、CIATについては、R. Gregarek, «Joutes franco-allemandes autour de la paix sociale. Français et Allemands aux Congrès internationaux des accidents du travail et des assurances sociales (1889-1914)», *Cahiers d'études germaniques*, no. 21, 1991も参照せよ。
(79) *EU1889, CIAT, CR*, pp. 12, 329-330, 401-402. 第3章でも言及したように、ドイツ社会保険制度に関するこうした見解は、実態的批判という点では説得力を欠いている。われわれは、彼らのドイツ批判が社会的保護をめぐるフランスの国家的理念型の確立に向けられていたと解釈すべきであろう。
(80) 1889年パリ大会でのドイツからの参加はアルザス＝ロレーヌのみであった。なお、1891年ベルン大会では、労災防止における個人・アソシアシオン・国家の連携、

労災保険の多様性の承認、労災統計の整備促進などが決議され、これらの原則は1894年ミラノ大会でも踏襲された。*CIAT, BC,* 1891, no. 5, pp. 545-546; *CIAT, BC,* 1894, no. 4, pp. 318-321.

(81) *EU1900, CIAT, CR,* Paris, 1901, pp. 52, 182-183.

(82) 協会の会長にはシェイソン、副会長の一人にはCSAMF金庫長のアルベール・ジゴ A. Gigotが就任し、評議員にはAIF会長のデュモンも選ばれた。*CIAT, BC,* 1905, no. 2, pp. 438-443.

(83) Cheysson, *Etat présent,* pp. 35-36; *Bulletin du Conseil supérieur de statistique,* no.9, 1905, pp. 93-102.

(84) *BAS,* 1909, no. 3, pp. 316-333; *BAS,* 1912, supplément, no. 2.

(85) *CIAT, BC,* 1905, no. 2, pp. 444-446; *Bulletin du Comité permanent des Congrès internationaux d'assurances sociales,* 1907; *BAS,* 1913, no. 2, pp. 11-13.

(86) AN, F/22/526, XIe Congrès international d'hygiène et de démographie. Rapport présenté par A. Imbert, pp. 7-8, 17.

(87) 1898年労災補償法によって、4日以上の労働不能を引き起こした労災事故に関しては申告が義務づけられた。

(88) A. Imbert et Mestre, «Statistique d'accidents du travail», *Revue scientifique,* 24/9/1904, pp. 385-390.

(89) ただしわれわれは、労働者の欠勤が合理的選択と見做され得る点にも留意せねばならない。一部の現場では超過労働と労災事故発生の連関が経験的に認識され、雇主も労働者の欠勤を一定の範囲内で黙認していた。例えば、当時のPAMオブエ鉱山では、20％以下の欠勤率は許容されており、労働者側が自己防衛的な事故防止策として経験的に算出した欠勤率に対して、雇主側も一定の合理性を与えていたと思われる。Köll, *Auboué,* pp. 126-127; 大森『フランス鉄鋼業史』、135ページ。

(90) Imbert et Mestre, «Nouvelles statistiques», pp. 520-526.

(91) A. Imbert, «Rôle des ouvriers dans certains congrès scientifiques», *La Grande Revue,* 10/4/1909, pp. 575-576.

(92) A. Imbert, «Congrès ouvriers et congrès scientifiques», *Revue scientifique,* 13/5/1905, pp. 589-590.

(93) A. Imbert, «Les accidents du travail et les compagnies d'assurance», *Revue scientifique,* 4/6/1904, pp. 710-715; A. Imbert, «Syndicats ouvriers et compagnies d'assurances», *La Grande Revue,* 10/3/1908, pp. 97-98.

(94) Imbert, «Les accidents», pp. 717-718.

(95) R. Laufer, *L'organisation physiologique du travail,* Paris, 1907, pp. 2, 48-49.

(96) Laufer, *L'organisation physiologique*, pp. 44, 49-50.
(97) AN, F/22/526, Commission de physiologie et d'enquêtes relatives au travail. Première sous-commission. Recherches physiologiques. Séance du 25/6/1913.
(98) AN, F/22/526, Commission de physiologie et d'enquêtes sur le travail. Première sous-commission. Rapport par Imbert, pp. 5-23, 27-28.
(99) AN, F/22/526, Commission de physiologie et d'enquêtes sur le travail. Première sous-commission. Rapport par Imbert, pp. 28-29.

終　章　総　括

　本書を総括するにあたって、われわれは序章で示された基本的分析視角に立ち戻り、以上の考察を通じて明らかになった点を再確認した上で、研究の展望に言及しておきたい。

第1節　工業化・社会的保護の展開と市場経済原理

　19世紀初頭から20世紀初頭のフランス資本主義において、工業化と社会的保護は市場経済原理をめぐる思想・実践の局面でいかなる展開を見せたのか。とりわけ、産業界は生産拡大および福利拡充の過程で市場経済原理といかに関わり、かかる産業界の動向は当時の思想潮流といかに結びついていたのか。

　まず、工場制度が進展しつつあった19世紀前半において、市場経済原理の修正に向けた産業界の自発的行為を表現したのが1841年児童労働法である。1820年代以降、SIMは生産過剰や過当競争の問題に直面する中で、市場経済における自由放任主義の欠陥を認識し始めた。かかる状況下で提案された児童労働規制は、適正利潤形成の観点から、公正で安定的な自由競争秩序を追求するアルザス産業界の意向を反映していた。ただし、19世紀の市場規範は、本質的には生産活動における自己規制的な慣行によって支えられていた。ゆえに、競争秩序の強制的創出を目的として、児童労働規制よりも直接的な市場規制措置が講じられることはなかった。

　さらに、七月王政期の社会問題は、産業界に市場経済の社会的弊害を認識させ、その改善策を模索させるに至った。SIMは労働者の貧困現象を市場経済との連関で捉えた上で、労働者のモラル化や生存保障を奨励したから、児童労

働保護を労働者階層安定化の契機と見做した。他方、議会で児童労働法案推進の先頭に立った社会カトリシスム勢力は、工業化抑制や農村復興を念頭に置きつつ、工業労働に内在する弊害の是正を訴え、市場経済の修正に基づく労働者福祉への配慮を示した。彼らの思想的特徴は、国富の総体的増大に関わる生産局面よりも、民衆の福祉増進に関わる分配局面を重視した点にある。ヴィルヌーヴ＝バルジュモンは労働生産物の公正な分配の欠如という理由でイギリス経済学を批判し、規範的経済理念の再構築として社会的経済を提起した。

このように、アルザス産業界と社会カトリシスム勢力は工業労働に関する評価の相違を示したものの、労働者福祉をめぐっては市場経済原理＝ポリティカル・エコノミーへの批判的見解を共有していた。ゆえに、1841年児童労働法の実現過程の内には、七月王政期の支配階層における社会的経済の萌芽が看取され得る。

復古王政期から第二帝政期までのアルザスにおいて、労働者福祉の向上を実質的に担ったのは、産業界主導のパテルナリスムである。パテルナリスムの本質は工業生産に適合的な労働力再生産の確立にあったから、アルザス産業界は福利事業を梃子にして労働力の安定的調達や規律化を推進しながら、積極的な技術革新と生産拡大を追求した。しかし他方で、産業界は労働者のモラル・エコノミー的規範にも配慮せねばならなかったから、市場経済の展開に伴い、労働者の生存保障に対応した諸制度を整備することになった。ゆえに、企業家の鋭敏な社会的意識に支えられたパテルナリスムは、イギリス由来のポリティカル・エコノミーへの実践的な対抗潮流を形成したといえる。

ただし、アルザス産業界がイギリス産業の法制的枠組みをポリティカル・エコノミーの貫徹と同一視したわけではない。彼らは公正を規準としてポリティカル・エコノミーの内に自由放任主義の危険性を見出す一方で、イギリス工場法の施行形態を企業活動に反する過剰規制と見做していた。19世紀を通じて、アルザス産業界はイギリスにおける生産技術と産業福利の先進性に刺激されながらも、市場経済の「自由と規制」に関わる理念と制度の両面から、イギリスの社会経済状況を批判的に観察していた。

第三共和政期の社会問題はパテルナリスムの新たな展開をもたらした。市場経済の拡大や労働運動の顕在化によって、労働者の生存保障と規律化が産業界にとって一層焦眉の問題となったからである。第三共和政期のパテルナリスムは、労働者の生活上の必要性に応える点でモラル・エコノミー的規範を継承しつつ、社会問題への対応として階級協調や共和政維持の機能を付加していった。

　例えば、生産拡大の途上にあったロレーヌの製鉄企業PAMは、1905年ストライキを経験した後、労働者監視の制度的強化とともに、言説と福利事業に基づくパテルナリスムを本格的に推進し始めた。すなわち、労働者のモラル化や生存・雇用保障を通じて、パテルナリスムは企業における労使協調体制の構築や公共性の創出を目指した。また、社会改革の視角に立つならば、PAMではパトロナージュと連帯主義の混合状態が言説と福利事業の両面において看取された。

　産業福利事業を社会改革の思想・実践と積極的に連関づけたのは、ル・プレ学派のパトロナージュ論である。個人と国家の中間領域の再編に向けて、ル・プレ学派は階層的な社会紐帯の再強化を模索していたから、雇主＝社会的権威の自発性による労働者保護の諸制度を高く評価した。パトロナージュ論は経済的自由放任主義の問題点を公正の欠如に見出し、労働者の生存に関わる雇主の社会的責任を理論化した結果、産業界主導の福利事業に社会的機能を与えることになった。

　ル・プレのパトロナージュ論は、伝統的社会秩序観から「富の創出」よりも「福祉の分配」を重視しつつ、イギリス由来の市場経済原理を批判する点で、七月王政期の社会的経済の思想的系譜を引いていた。ゆえに、1867年パリ万博はパトロナージュを新褒賞部門の軸とすることで、産業福利事業に社会的承認を与えるとともに、潜在的には社会的経済を社会改革に適用する試みとしての意義を有していた。ただし、産業福利事業の基底を成すパテルナリスムは労働者の「土地からの離脱」を展望していたから、ル・プレの影響の下で農工兼業を称賛する新褒賞部門との間に理念的な「ずれ」を生じさせていた。

　1889年パリ万博のEESは、アソシアシオン原理や私的イニシアティヴの観

点から、社会的経済を生存保障制度の包括的概念として認知し、第三共和政の統治技術と結びつけるに至った。1889年パリ万博でのシェイソンの活動を通じて、産業福利事業は社会的経済の中に公式に位置づけられ、第三共和政における社会的機能を獲得した。当時の社会問題は労働運動や農業不況を包含していたから、シェイソンは階級協調や農工兼業放棄を新たに視野に収めながら、パトロナージュと共済・協同原理の融合へと進んでいった。

他方、19-20世紀転換期には、ブルジョワに導かれた連帯主義が第三共和政の労働・社会政策理念として台頭し始めていた。連帯主義は労働局のような行政機関の中枢に浸透しつつ、労災補償制度の導入にも思想的影響を及ぼした。連帯主義は経済的自由放任主義と集産主義の双方を峻拒し、相互化やアソシアシオンに媒介される公的秩序を志向したから、1900年パリ万博のCIESでは社会的経済と理念的に結合した。連帯主義とパトロナージュ論の間には社会的権利・義務に関する認識の相違が存在したものの、社会的経済を結節点として社会改革実践面での相互接近が実現することになった。

第2節　生産・福祉の展開局面における産業界と国家

19-20世紀フランスにおいて、生産と福祉をめぐる産業界と国家の関係は、実態としていかに展開し、思想的観点からいかに把握されたのか。特に産業界の立場から見た場合、工業化や社会的保護の領域における国家介入はいかに認識され、国家との関係はいかなる形で追求されたのか。

1841年児童労働法は、生産と福祉の両面における産業界と国家の関係を考える上で示唆に富んでいる。まず、SIMは産業の自由を信奉していたが、生産過剰問題を放置する経済的自由放任主義に対しては不満を表明していた。ゆえに、工業危機に対応した企業間競争秩序の構築に合致する限り、国家＝政府による児童労働規制は自発的な形で提起されることになった。当時の市場規範では企業家の自己規制が国家の法制的規制に優越したから、国家に強力な市場規制の権限は委ねられなかったものの、自由競争に対する国家介入の補完的役割

は産業界において整合的に認識されていた。

　SIM は他方で七月王政期の社会問題を危機的に捉え、労使協調体制の推進を奨励し始めた。児童労働保護は、労働者階層の安定化を通じて労使関係の改善や労働力の将来的向上に寄与する措置と見做された。ゆえに、社会問題に対応した企業内秩序の構築に直結する点で、児童労働の法制的規制をめぐる国家＝政府の介入は容認された。ただし、社会的保護へのアルザス産業界の関与形態を見るならば、1841年児童労働法は産業界が福利事業の一部を例外的に国家に委譲した事例にすぎなかった。福利事業の背景にあるパテルナリスムの理念は、国家からの自立性を基調としていたからである。

　産業界と国家の関係においてパテルナリスムの社会的位置を規定したのは、官僚制や労働・社会立法に関わる動向である。フランスでは、革命後の中央集権化に基づく官僚制整備に加えて、第二帝政期の知事職団＝国家官僚への行政執行権付与によって、後見的行政監督の制度化が進行した。さらに第三共和政における社会問題の顕在化に伴い、国家＝政府は新たな労働・社会立法に依拠しつつ労使関係に介入するに至った。

　こうした国家の動きに対して、産業界は福利事業を梃子に労働者の生存を保障することで、個人と国家の中間領域における公共性創出の主体として現れ始めた。福利事業は社会の公益的問題と密接に連関していたから、しばしば個別企業の枠組みを越えた協同組織によって担われ、「産業界の自立性」や「官僚制への対抗」といった理念に支えられた。SIM はコミューン自治を軸として知事職団と対抗関係にあったし、CF は自発的な相互扶助組織によって官僚制や国家管理主義の回避を模索していた。

　思想的見地に立つならば、ル・プレェ学派もまた、革命後の中間集団再編に向けて、国家の役割を最小限に抑えようとした。ル・プレェは大衆的貧困の原因を経済的自由放任主義に求めたものの、その解決を国家に委ねたわけではなかった。社会的権威によるパトロナージュこそが最善の介入形態と認識されており、大衆的貧困への全面的な国家介入は社会対立を生み出す行為と見做された。特に彼の批判対象となったのは、国家運営の中核を成す官僚制であった。

官僚制は複雑な中央集権的統制によって個人の活動領域を侵害し、国家への公衆の吸収と従属を進行させると考えられたからである。

シェイソンも国家的統制に対するパトロナージュの優位を認め、私的イニシアティヴを侵害する官僚制の排除を唱えていた。ただし、彼は国家介入をすべて否定したわけではなかった。彼によれば、調査の実施、児童・婦人の保護、衛生問題への関与、相互扶助組織の支援などは国家の正当な権限に属するものであり、パトロナージュ、アソシアシオン、国家は相互に補完的関係に立っていた。ゆえにル・プレェ学派は、国家介入という事実よりも官僚制という介入制度のあり方を問題にしたといえる。

第三共和政下の産業界と国家の関係を労働・社会立法の実態面から捉えるならば、産業界の実情に配慮した緩やかな介入形態が観察された。労災補償法案の議会審議では、労使間の負担バランスを反映した定率塡補制が採用されるとともに、任意保険制度の下で既存の相互扶助組織の継続が承認された。ゆえに、CFは1898年労災補償法を積極的に受容し、CSAMFは発展を遂げていった。また、1906年週休法特例事項の作成過程では、フォンテーヌとピノの間で緊密な情報交換が行われた結果、労働局は鉄鋼業界の意向をほぼ全面的に受け入れ、現状維持を選択することになった。

しかし他方で、産業界と労働監督局の間では、社会的保護の主導権をめぐって持続的な緊張関係が生み出された。1890年代以降、衛生・安全関連の法令に伴って労働監督官の権限が拡大すると、生産現場での安全対策において、AIFは労働監督局としばしば激しく対立した。また、1906年週休法の適用に関しても、CFと労働監督局の間には摩擦が引き起こされた。労働監督局は専門的な技術官僚によって構成される職能集団であったから、労使双方との距離を置きながら、独自の視点から労働問題への関与を深めていった。

19-20世紀転換期の社会改革潮流において、産業界と国家の関係は、私的イニシアティヴと国家介入の調和性、あるいは私的部門と公的部門の相互補完性という文脈で絶えず問い直された。かかる諸関係を思想的観点から理解する場合、鍵となるのはパトロナージュ論と連帯主義の交錯状況である。

労働・生産実態調査機関として1891年に設立された労働局は、国家介入に関する二つの異なる見解に支えられていた。シェイソンは、パトロナージュに基づく私的イニシアティヴを優先させながらも、労働統計の精緻化という原則において、労働局を通じた国家介入を留保つきで容認した。これに対してフォンテーヌは、生存保障に関わる「道徳的規範の番人」という国家の従来の役割を認める一方で、連帯主義の影響の下で、分業社会における異質な要素の連帯の実現に国家介入の主要な根拠を見出していた。

　1898年労災補償法においても、二つの異なる立場からの関与が看取された。シェイソンは産業界主導の労災補償組織を社会平和の基礎として認識しつつも、職業的リスクの法的規定には拘束力を見出さなかった。ゆえに、労災補償対策は雇主の自発性に委ねられ、保険の担い手は共済組合や地域金庫などの私的任意団体に求められた。他方、ブルジョワは利益とリスクの相互化に「公正」の規準を見出し、労災補償法制定を社会的リスクに対する集団的保険組織化の一大契機と見做した。彼はリスクの相互化を担う協同組織と国家の間の補完関係を是認し、国家管理による労災保険制度の一元化を退けた。このように、労災補償制度に関してシェイソンとブルジョワの間には認識の隔たりが存在したものの、相互扶助原理に基づく自律的な中間団体を志向する点では一致が見られた。

　19-20世紀転換期に登場した労働生理学は、生産と福祉の相互連関を射程に収めつつ、産業界と国家の関係を独自の視角から捉え直した点で注目に値する。労働生理学者は労働局や労働監督局と連携し、職業的疲労に関する研究を通じて、労働時間規制に科学的根拠を与えた。すなわち、労働時間と労災事故の関連性が示され、労災事故が社会の総エネルギー減少として認識された結果、労働時間に関する国家介入は総エネルギー保全行為として正当化された。さらに労働生理学者は、労働割当量の観点から8時間労働の合理性を主張するとともに、労働時間規制の先に機械化推進や労働生産性上昇を展望していた。この時期の労働生理学は萌芽的段階にあったとはいえ、労災問題、労働時間短縮、経済近代化という三つの要素が連関づけられることで、自由主義経済における国

家介入は新たな角度から整合的に把握されるに至った。

第3節　展望

　以上の結論を踏まえるならば、今後の展望としていかなる研究の方向性が示されるだろうか。最後に、われわれは三つの課題に言及しておきたい。

　一つめは、19-20世紀を通じた社会的経済の展開に関わる問題である。われわれは、ポリティカル・エコノミーや市場経済原理との関連で、社会問題に対する支配階層の思想と実践に着目し、社会的保護の視角からフランスにおける社会的経済の態様を検証してきた。とはいえ、社会的経済の歴史的展開を見るならば、本書はその一側面を分析対象としたにすぎない。そもそも社会的経済の担い手は、支配階層のみに求められるわけではない。例えばシャニアル P. Chanial とラヴィル J.-L. Laville は、19世紀以降の「社会的経済」組織に関して、民衆による主体的なアソシアシオンの先駆的形成を重視している[1]。民衆のアソシアシオン主義と社会的経済の関係においては、1901年アソシアシオン法に伴う転換が重要となるであろう[2]。あるいはゲラン A. Gueslin は、社会的経済の歴史的起源として、①社会主義、②社会キリスト教主義、③連帯主義、④自由主義という四つの思想潮流を提示している[3]。多様な思想の相互作用が社会的経済の展開に影響を及ぼしたのは事実であり、かかる思想的系譜の解明には意義がある。ただし、論者の言説を特定の思想的範疇に分類し、経済的アクターの行為・実践に思想的解釈を加える場合には、「類型化・図式化の陥穽」や「理念と実態との乖離」に十分に留意する必要があろう。本書でも考察したように、社会的経済の理念および実践は、19世紀を通じて必ずしも明確な一貫性を伴ってはいなかった。また、シャニアルとラヴィルによれば、20世紀以降の社会的経済は、複雑な制度化や統合化によって分散する傾向を示した[4]。さて、19-20世紀の社会的経済の展開は、制度的理念と実践的活動の両面からいかに捉えられるのか。社会的経済は多元性に特徴づけられるゆえに、その体系的把握は容易ではないが、歴史的な検証作業は課題として残されている。

二つめは、第一次世界大戦期以降の経済近代化と国家官僚の関係をめぐる問題である。われわれはアルザス・ロレーヌの企業や1867年・1889年パリ万博の事例を検討し、生産の優位性と福祉の先進性の相互連関をフランス産業界において確認した。生産拡大と福利拡充の両立への指向性は、パテルナリスムの展開過程で特徴的に観察された。しかしながら、パテルナリスムは革新性や合理性の点で明らかな限界を呈していた。それは労使間の対等な契約関係を欠いた上に、労働時間短縮に対する否定的見解や古い労働者観から脱却できなかったからである。他方、労働生理学者は、すでに第一次世界大戦以前において、労働時間短縮に伴う技術革新・生産力上昇の実現可能性を展望しながら、労働官僚との連携を模索し始めていた。労働官僚を中心とした改良主義者の動きは、1919年の八時間労働法（1919年4月23日の法律）成立に帰結するであろう[5]。また、商務大臣エティエンヌ・クレマンテル E. Clémentel や商務官僚は、第一次世界大戦の経験でフランス経済の「相対的遅れ」を認識し、体系的な経済近代化構想の作成を通じて、国家介入の新たな役割を提起するに至った。経済近代化をめぐる国家介入への強い社会的関心が1920-1930年代に持続することはなかったものの、第二次世界大戦直前の近代化論の再燃を経て、戦後には本格的な近代化・合理化に向けた国有化・計画化が実現した[6]。さて、第一次世界大戦期以降、国家官僚はいかなる形で近代化・合理化に関与していったのか。本書においてわれわれは、私的イニシアティヴと国家介入の対抗という文脈で、産業界やル・プレ学派の主要な批判対象として官僚制を位置づけるにとどまった。20世紀以降のフランス資本主義を理解するためには、近代化への構想と実践の両面から官僚制メカニズムを分析する必要があろう[7]。

　三つめは、19世紀末以降の労働・社会政策の国際的展開に関する問題である。本書の目的は、工業化と社会的保護の相互関係から19-20世紀フランス資本主義を検討することにあった。では、その態様はフランス資本主義の「独自の道」を示しているのだろうか。中間団体、社会問題、経済的規範といった諸要因の交錯は、たしかにフランス資本主義に固有の歴史的展開をもたらした。しかしながら、「独自の道」の強調は、社会的保護の領域における国際的な相互作用

や並行性の意義を看過する危険を孕んでいる[8]。本書でも確認したように、フランスの労働生理学はヨーロッパでの労働科学の流れを汲んでいたし、CIATやCIHDは、労働・社会政策に関して国際的次元での検討を試みる場であった。コットによれば、19世紀末以降の国際会議は、各国の社会改革者、官僚、産業界関係者たちの交流をもとに社会政策の国際的規範を形成し、フランスとドイツの間で労働立法を並行的に進展させていた[9]。本書との関連で見るならば、20世紀の国際労働政策形成に関しては、労働局の官僚が果たした役割が大きい。例えば、フォンテーヌは国際労働者法的保護協会 Association internationale pour la protection légale des travailleurs（1901年設立）での活動を通じて国際的な労働立法の実現に寄与し[10]、アルベール・トマとともに国際労働機関 Organisation internationale du Travail（1919年設立）の運営にも関わった。国際労働機関は国家間の公正な生産競争体制や平和的秩序の構築を指向しつつ、婦人労働や労働衛生をはじめとする各種の労働保護問題に取り組むことになった[11]。さて、こうした労働・社会政策の国際化現象は、生産と福祉をめぐってフランス資本主義の進展といかに連関していたのか。課題の検討に際しては、19世紀末以降の諸国間の経済的・社会的な相互作用を念頭に置きながら、「官僚制の国際的展開」と「労働力移動や企業活動の国際化」の双方を視野に入れる必要があろう。かかる分析視角はヨーロッパ統合に関する社会的アプローチを理解する上でも有益と思われるからである[12]。

注
(1)　P. Chanial and J.-L. Laville, "French Civil Society Experiences: Attempts to Bridge the Gap between Political and Economic Dimensions", A. Evers and J.-L. Laville (ed.), *The Third Sector in Europe*, Cheltenham, 2004（内山哲朗・柳沢敏勝訳『欧州サードセクター――歴史・理論・政策――』日本経済評論社、2007年）, pp. 84-88.
(2)　ジャンテ T. Jeantet は、1901年アソシアシオン法に社会的経済の本格的制度化の出発点を見出している。Jeantet, *Economie sociale*, p. 25.
(3)　Gueslin, *L'invention*, p. 4.
(4)　Chanial and Laville, "French Civil Society", p. 90.

（５）　八時間労働法に関しては、G. Cross, "Les Trois Huits: Labor Movements, International Reform, and the Origins of the Eight-Hour Day, 1919-1924", *French Historical Studies,* vol. 14, no. 2, 1985.

（６）　廣田「「大戦」とフランス経済社会の再編」、25-27ページ。

（７）　官僚制の経済史的分析に関しては、矢後和彦のアプローチが示唆に富んでいる。矢後は、構想の担い手としての官僚のみならず、メカニズムとしての官僚にも着目し、状況に応じて保守的にも革新的にも機能する官僚制のメカニズムを公的金融の領域において明らかにした。矢後和彦『フランスにおける公的金融と大衆貯蓄──預金供託金庫と貯蓄金庫　1816-1944──』東京大学出版会、1999年。

（８）　社会的保護の形成に関する「独自の道」論と「単線的発展」論の双方への批判として、M. Dreyfus, M. Ruffat, V. Viet, D. Voldman et B. Valat, *Se protéger, être protégé. Une histoire des Assurances sociales en France,* Rennes, 2006, pp. 10-11.

（９）　S. Kott, «Les politiques sociales en France et en Allemagne (1880-1914)», F. Guedj et S. Sirot (dir.), *Histoire sociale de l'Europe: industrialisation et société en Europe occidentale, 1880-1970,* Paris, 1997.

（10）　具体例としては、仏伊労働協定（1904年）、黄燐使用禁止条約（1906年）、婦人夜間労働禁止条約（1906年）など。Cointepas, *Arthur Fontaine,* pp. 161-179.

（11）　I. Lespinet-Moret et V. Viet (dir.), *L'Organisation internationale du travail. Origine, développement, avenir,* Rennes, 2011. 両大戦間期における国際労働事務局 Bureau international du Travail（国際労働機関の常設事務局）と経済近代化の関係については、T. Cayet, *Rationaliser le travail, organiser la production. Le Bureau international du Travail et la modernisation économique durant l'entre-deux-guerres,* Rennes, 2010.

（12）　例えば、ケルブレ H. Kaelble はヨーロッパの社会的統合という視点を提起し、1880年代以降のヨーロッパ社会が同質化に向けて収斂していく過程を検証している。またクラウゼン J. Klausen やティリー L. A. Tilly らは、ヨーロッパ統合に関して、20世紀における公式的な制度・政策の形成過程よりも、19世紀後半以降の民間アクターによる国際的な経済・社会活動の長期的影響を重視している。H. Kaelble, *Auf dem Weg zu einer europäischen Gesellschaft. Eine Sozialgeschichte Westeuropas, 1880-1980,* München, 1987（雨宮昭彦・金子邦子・永岑三千輝・古内博行訳『ひとつのヨーロッパへの道──その社会史的考察──』日本経済評論社、1997年）; J. Klausen and L. A. Tilly (ed.), *European Integration in Social and Historical Perspective: 1850 to the Present,* Lanham, 1997. ケルブレの問題提起を受けつつ、ヨーロッパ統合の社会史的アプローチを試みた研究として、永岑

三千輝・廣田功編『ヨーロッパ統合の社会史——背景・論理・展望——』日本経済評論社、2004年。

参考文献

1. 文書館資料

Archives nationales
    BB/20/139.
    BB/21/505.
    BB/30/376.
    F/1cIII/Haut-Rhin/7.
    F/7/9533.
    F/12/3767, F/12/4617, F/12/4704, F/12/4705, F/12/4712/B, F/12/4743, F/12/7391-7407.
    F/22/381, F/22/383, F/22/489, F/22/490, F/22/526, F/22/543, F/22/553-554, F/22/563.

Centre des Archives du Monde du Travail
    41/AS/1.
    65/AQ/K/178.

Archives départementales du Haut-Rhin
    1M66.
    6M403, 6M414, 6M423.
    9M3, 9M5, 9M9, 9M23, 9M24.
    10M3, 10M4, 10M5.
    1T90, 1T94, 1T779, 1T780.
    4X12, 4X44, 4X45.
    1Z423, 1Z511, 1Z513.

Archives départementales du Meurthe-et-Moselle
    10M36.

Archives municipales de Mulhouse
    DI a1.
    FVI Ea4, FVI Ea7.

Saint-Gobain Archives
　　3002, 5408, 5409, 5424, 6652, 6669, 6673, 6689, 6693, 6719, 6722, 6739, 6757, 7164, 18715, 25653, 27746, 27793, 36625, 41578.
　　DOC PAM 21, DOC PAM 22.

２．刊行資料

Annales de la Chambre des Députés.
Annuaire statistique de la France.
Bulletin de l'Association des industriels de France pour préserver les ouvriers des accidents de fabrique.
Bulletin des Assurances sociales.
Bulletin de la Ligue populaire pour le repos du dimanche en France.
Bulletin de la Société industrielle de Mulhouse.
Bulletin du Comité permanent des Congrès internationaux d'assurances sociales.
Bulletin du Conseil supérieur de statistique.
Congrès international des accidents du travail. Bulletin du Comité permanent.
Conseil supérieur du Travail. Compte-rendu.
Département du Haut-Rhin, *Réponses aux questions de l'enquête industrielle ordonnée par l'Assemblée nationale*, Mulhouse, 1848.
Exposition universelle de 1867 à Paris, Rapports du jury international, 13 vol., Paris, 1868.
Exposition universelle internationale de 1889, Congrès international des accidents du travail, tome2, Comptes rendus des séances et visites du Congrès, Paris, 1890.
Exposition universelle de 1889 à Paris, Exposition d'économie sociale. Enquête, Paris, 1887.
Exposition universelle internationale de 1889 à Paris, Rapport général, tome9, Paris, 1892.
Exposition universelle internationale de 1889 à Paris, Rapports du jury international, Groupe de l'Economie sociale, 2 vol., Paris, 1891.
Exposition universelle de 1900, Congrès international de l'éducation sociale, Paris, 1901.
Exposition universelle de 1900, Congrès international des accidents du travail et des assurances sociales, tome2, Comptes rendus des séances et visites du Congrès, Paris, 1901.

Journal des économistes.

Journal officiel de la République française.

L'économie sociale à l'Exposition universelle de 1900. Livre d'or des exposants du groupe XVI, tome3, Paris, 1903.

Le Moniteur universel.

Le Musée social. Mémoires et documents.

Les Ouvriers des deux mondes.

L'Industriel alsacien.

Musée social.

Office du Travail, *Etude statistique des accidents du travail d'après les rapports officiels sur l'assurance obligatoire en Allemagne et en Autriche*, Paris, 1892.

Office du Travail, *De la conciliation et de l'arbitrage dans les conflits collectifs entre les patrons et les ouvriers en France et à l'étranger*, Paris, 1893.

Office du Travail, *Statistiques des grèves et des recours à la conciliation et à l'arbitrage survenus pendant l'année*, Paris, 1893-.

Office du Travail, *Hygiène et sécurité des travailleurs dans les ateliers industriels*, Paris, 1895.

Office du Travail, *La petite industrie. Salaire et durée du travail*, 2 vol., Paris, 1893, 1896.

Office du Travail, *Les caisses patronales de retraites des établissements industriels*, Paris, 1898.

Office du Travail, *Enquête sur le travail à domicile dans l'industrie de la lingerie*, tome1, Paris, 1907.

Rapport de la Commission libre nommée par les manufactures et négociants de Paris sur l'enquête relative à l'état actuel de l'industrie du coton en France, Paris, 1829.

Rapport par Poirrier. Sénat, no. 73, Annexe au procès-verbal de la séance du 3/4/1895, Paris, 1895.

Rapport par Ricard. Chambre des députés, no. 1926, Annexe au procès-verbal de la séance du 25/2/1892, Paris, 1892.

Rapport par Thévenet. Sénat, no. 15, Annexe au procès-verbal de la séance du 25/1/1898, Paris, 1898.

Rapport sur l'Exposition universelle de 1867. Précis des opérations et listes des collaborateurs, Paris, 1869.

Rapports sur l'application pendant l'année... des lois réglementant le travail.

3．同時代文献

Blanqui, A., *Histoire de l'économie politique*, Paris, 1860.

Bourgeois, L., *Solidarité*, Paris, 1896.

Bourgeois, L., «Solidarité, justice, liberté», *Exposition universelle de 1900, Congrès international de l'éducation sociale*, Paris, 1901.

Bourgeois, L., «L'idée de la solidarité et ses conséquences sociales», *Essai d'une philosophie de la solidarité*, Paris, 1902.

Bourgeois, L., *Solidarité*, 7e édition, Paris, 1912.

Bourgeois, L., *La politique de la prévoyance sociale, tomeI, La doctrine et la méthode*, Paris, 1914.

Canisy, A. C. de, *L'ouvrier dans les mines de fer du bassin de Briey*, Paris, 1914.

Cheysson, E., «Leçon d'ouverture du cours d'économie politique», *Journal des économistes*, décembre 1882.

Cheysson, E., «L'économie sociale à l'Exposition universelle de 1889», *La Réforme sociale*, 1/7/1889.

Cheysson, E., «Les lacunes de la statistique et les lois sociales, communication faite au Congrès des Sociétés savantes, le 30 mai 1890», *Bulletin du Comité des travaux historiques et scientifiques. Section des sciences économiques et sociales*, 1890.

Cheysson, E. et Toqué, A., *Les budgets comparés des cent monographies de familles*, Rome, 1890.

Cheysson, E., «La lutte des classes», *Revue internationale de sociologie*, novembre-décembre, 1893.

Cheysson, E., «La monographie d'atelier», *La Réforme sociale*, 1/12/1896.

Cheysson, E., «Le rôle social de l'ingénieur», *La Réforme sociale*, 1/10/1897.

Cheysson, E., «Les actuaires et la loi», *Bulletin du Comité des accidents*, 1897.

Cheysson, E., «Coopération et mutualité», *Musée social*, octobre 1899.

Cheysson, E., «La coopération et la mutualité», *La Réforme sociale*, 1/12/1900.

Cheysson, E., «La solidarité sociale», *L'Economiste français*, 4/7/1903.

Cheysson, E., *Rapport sur la statistique des accidents du travail*, Paris, 1905.

Cheysson, E., «Le devoir social et la formation sociale du patron», *La Réforme sociale*, 1/7/1905.

Cheysson, E., «Le patron, son rôle économique et social», Cheysson, E., *Œuvres choisies*, tome2, Paris, 1911.

Cheysson. E., *Œuvres choisies*, 2 vol., Paris, 1911.

Cheysson, E., *Etat présent de la question des accidents du travail en France*, s. l. n. d.

Coquelin, C. et Guillaumin, G.-U. (dir.), *Dictionnaire de l'économie politique*, Paris, 1852.

Cordier, A., *Exposé de la situation des industries du coton et des produits chimiques dans la Seine-Inférieure et l'Eure, 1859-1869*, Rouen, 1869.

Cours populaires de Mulhouse, Mulhouse, 1865.

Dollfus, E., *Notes pour servir à l'histoire de l'industrie cotonnière dans les départements de l'Est*, Mulhouse, 1857.

Dollfus, J., *Plus de prohibition sur les filés de coton*, Paris, 1853.

Dunoyer, C., *Nouveau traité d'économie sociale*, Paris, 1830.

Durkheim, E., *De la division du travail social*, Paris, 1991(田原音和訳『社会分業論』青木書店、1971年).

Fontaine, A., *Notes sur l'intervention de l'Etat dans le contrat de travail*, Paris, 1896.

Fontaine, A., *Les grèves et la conciliation*, Paris, 1897.

Fontaine, A., «La solidarité dans les faits économiques», *Exposition universelle de 1900, Congrès international de l'éducation sociale*, Paris, 1901.

François-Poncet, A., *La vie et l'œuvre de Robert Pinot*, Paris, 1927.

Frégier, H.-A., *Des classes dangereuses de la population dans les grandes villes*, 2 vol., Paris, 1840.

Grad, C., *Etudes statistiques sur l'industrie de l'Alsace*, tome2, Colmar, 1880.

Imbert A., «Les accidents du travail et les compagnies d'assurance», *Revue scientifique*, 4/6/1904.

Imbert, A. et Mestre, «Statistique d'accidents du travail», *Revue scientifique*, 24/9/1904.

Imbert, A. et Mestre, «Recherches sur la manœuvre du cabrouet et la fatigue qui en résulte», *Bulletin de l'Inspection du travail*, no. 5, 1905.

Imbert, A., «Congrès ouvriers et congrès scientifiques», *Revue scientifique*, 13/5/1905.

Imbert, A. et Mestre, «Nouvelles statistiques d'accidents du travail», *Revue scientifique*, 21/10/1905.

Imbert, A., «De la mesure du travail musculaire dans les professions manuelles», *Revue de la Société d'hygiène alimentaire et de l'alimentation rationnelle de l'homme*, tome3, no. 4, 1906.

Imbert, A., «Syndicats ouvriers et compagnies d'assurances», *La Grande Revue*, 10/3/1908.

Imbert, A., «Le surmenage par suite du travail professionnel», *Bericht über den XIV. Internationalen Kongress für Hygiene und Demographie, Berlin, 23-29 September*

1907, Band2, Berlin, 1908.

Imbert A., «Le surmenage par suite du travail professionnel au XIVe congrès international d'hygiène et de démographie», *L'Année psychologique*, 1908.

Imbert, A., «Etude expérimentale du travail de transport de charges avec une brouette», *Bulletin de l'Inspection du travail*, nos. 1 et 2, 1909.

Imbert, A., «Rôle des ouvriers dans certains congrès scientifiques», *La Grande Revue*, 10/4/1909.

Imbert, A., *Le Système Taylor. Analyse et commentaire*, Paris, 1920.

Laufer, R., *L'organisation physiologique du travail*, Paris, 1907.

Le Grand, D., *Nouvelle lettre d'un industriel des montagnes des Vosges à M. François Delessert*, Strasbourg, 1839.

Le Play, F., *Les ouvriers européens*, Paris, 1855.

Le Play, F., *La réforme sociale en France*, 2 vol., Paris, 1864.

Le Play, F., *L'organisation du travail*, Tours, 1870.

Le Play, F., *La méthode sociale*, Tours, 1879.

Le Play, F., *L'école de la paix sociale*, Tours, 1881.

Leroy, M., *La coutume ouvrière; syndicats, bourses du travail, fédérations professionnelles, coopératives, doctrines et institutions*, 2 vol., Paris, 1913.

«Les accidents du travail. La garantie d'indemnité», *La Réforme sociale*, 1/5/1898.

Les établissements Schneider. Economie sociale, Paris, 1912.

Littré, E., *Dictionnaire de la langue française*, tome2, Paris, 1874.

Loyer, H., *Recueil pour servir aux Archives du Comité ou Chambre syndicale des filateurs de coton de Lille*, Lille, 1873.

Maroussem, P. du, *Les enquêtes. Pratique et théorie*, Paris, 1900.

Pinot, R., «Les revendications ouvrières au Congrès international des travailleurs», *La Science sociale*, novembre 1886.

Pinot, R., *Les œuvres sociales des industries métallurgiques*, Paris, 1924.

Reybaud, L., *Le coton*, Paris, 1863.

Say, J.-B., *Cours complet d'économie politique pratique*, Bruxelles, 1840.

Société des aciéries de Longwy. Institutions patronales. Œuvres de prévoyance sociale, s. l., 1909.

Société industrielle de Mulhouse, *Histoire documentaire de l'industrie de Mulhouse et de ses environs au XIXe siècle*, Mulhouse, 1902.

Véron, E., *Les institutions ouvrières de Mulhouse et des environs*, Paris, 1866.

Villeneuve-Bargemont, A. de, *Économie politique chrétienne*, Bruxelles, 1837.

Villeneuve-Bargemont, A. de, *Histoire de l'économie politique*, 2 vol., Paris, 1841.

Villermé, L.-R., «Sur la durée trop longue du travail des enfants», *Annales d'hygiène publique et de médecine légale*, tome 18, 1837.

Villermé, L.-R., *Tableau de l'état physique et moral des ouvriers employés dans les manufactures de coton, de laine et de soie*, 2 vol., Paris, 1840.

4. 外国語二次文献

Bec, C., *Assistance et République. La recherche d'un nouveau contrat social sous la Troisième République*, Paris, 1994.

Bec, C., Duprat, C., Luc, J.-N. et Petit, J.-G. (dir.), *Philanthropies et politiques sociales en Europe (XVIIIe-XXe siècles)*, Paris, 1994.

Beck, R., *Histoire du dimanche de 1700 à nos jours*, Paris, 1997.

Beltran, A. et Griset, P., *La croissance économique de la France, 1815-1914*, Paris, 1994.

Blais, M.-C., *La solidarité. Histoire d'une idée*, Paris, 2007.

Bonnet, S. et Humbert, R., *La ligne rouge des hauts fourneaux. Grèves dans le fer lorrain en 1905*, Paris, 1981.

Bouvier, J., *Le Crédit lyonnais de 1863 à 1882. Les années de formation d'une banque de dépôt*, 2 vol., Paris, 1961.

Breton, Y., «Les économistes, le pouvoir politique et l'ordre social en France entre 1830 et 1851», *Histoire, économie et société*, 4e année, no. 2, 1985.

Breton, Y., «Emile Cheysson et l'économie sociale», Luciani, J. (dir.), *Histoire de l'Office du travail, 1890-1914*, Paris, 1992.

Breton, Y., Broder, A. et Lutfalla, M. (dir.), *La longue stagnation en France. L'autre grande dépression. 1873-1897*, Paris, 1997.

Caron, F., *Histoire de l'exploitation d'un grand réseau. La Compagnie du chemin de fer du Nord, 1846-1937*, Paris, 1973.

Castel, R., *Les métamorphoses de la question sociale. Une chronique du salariat*, Paris, 1995.

Cayet, T., *Rationaliser le travail, organiser la production. Le Bureau international du Travail et la modernisation économique durant l'entre-deux-guerres*, Rennes, 2010.

Chanial, P. and Laville, J.-L., "French Civil Society Experiences: Attempts to Bridge the Gap between Political and Economic Dimensions", Evers, A. and Laville, J.-L. (ed.), *The Third Sector in Europe*, Cheltenham, 2004（内山哲朗・柳沢敏勝訳『欧州サー

ドセクター──歴史・理論・政策──』日本経済評論社、2007年).
Charle, C., *Histoire sociale de la France au XIXe siècle*, Paris, 1991.
Chatriot, A., Join-Lambert, O. et Viet, V. (dir.), *Les politiques du Travail (1906-2006). Acteurs, institutions, réseaux*, Rennes, 2006.
Cohen, Y. et Baudouï, R., «Gouverner le social, 1890-1945», Cohen, Y. et Baudouï, R. (dir.), *Les chantiers de la paix sociale (1900-1940)*, Fontenay/Saint-Cloud, 1995.
Cointepas, M., *Arthur Fontaine (1860-1931). Un réformateur, pacifiste et mécène au sommet de la Troisième République*, Rennes, 2008.
Coleman, W., *Death is a Social Disease: Public Health and Political Economy in Early Industrial France*, Madison, 1982.
Cross, G., "Les Trois Huits: Labor Movements, International Reform, and the Origins of the Eight-Hour Day, 1919-1924", *French Historical Studies*, vol. 14, no. 2, 1985.
Dewerpe, A., *Le monde du travail en France, 1800-1950*, Paris, 1998.
Donzelot, J., *L'invention du social. Essai sur le déclin des passions politiques*, Paris, 1994.
Dreyfus, M., *La mutualité. Une histoire maintenant accessible*, Paris, 1988.
Dreyfus, M., Ruffat, M., Viet, V., Voldman, D. et Valat, B., *Se protéger, être protégé. Une histoire des Assurances sociales en France*, Rennes, 2006.
Duprat, C., *Usage et pratiques de la philanthropie: pauvreté, action sociale et lien social à Paris au cours du premier XIXe siècle*, 2 vol., Paris, 1997.
Duroselle, J.-B., *Les débuts du catholicisme social en France (1822-1870)*, Paris, 1951.
Elwitt, S., *The Third Republic Defended: Bourgeois Reform in France, 1880-1914*, Baton Rouge, 1986.
Ewald, F., *L'Etat providence*, Paris, 1986.
Flonneau, J.-M., «Crise de vie chère et mouvement syndical. 1910-1914», *Le Mouvement social*, no. 72, 1970.
Fohlen, C., *L'industrie textile au temps du Second Empire*, Paris, 1956.
Frey, J.-P., *Le rôle social du patronat: Du paternalisme à l'urbanisme*, Paris, 1995.
Fridenson, P. et Strauss, A. (dir.), *Le capitalisme français, XIXe-XXe siècle, blocages et dynamismes d'une croissance*, Paris, 1987.
Fridenson, P., «Les organisations, un nouvel objet», *Annales E. S. C.*, 44e année, no. 6, novembre-décembre 1989.
Gaillard, J.-M., «Les beaux jours du paternalisme», *L'Histoire*, no. 195, 1996.
Gibaud, B., *De la mutualité à la sécurité sociale. Conflits et convergences*, Paris, 1986.
Godineau, L., «L'économie sociale à l'Exposition universelle de 1889», *Le Mouvement*

social, no. 149, 1989.

Gregarek, R., «Joutes franco-allemandes autour de la paix sociale. Français et Allemands aux Congrès internationaux des accidents du travail et des assurances sociales (1889-1914)», *Cahiers d'études germaniques*, no. 21, 1991.

Gueslin, A., *L'invention de l'économie sociale. Idées, pratiques et imaginaires coopératifs et mutualistes dans la France du XIXe siècle*, Paris, 1998.

Hatzfeld, H., *Du paupérisme à la sécurité sociale, 1850-1940. Essai sur les origines de la Sécurité sociale en France*, Paris, 1971.

Hau, M., *L'industrialisation de l'Alsace (1803-1939)*, Strasbourg, 1987.

Hau, M., «Pauvreté rurale et dynamisme économique: le cas de l'Alsace au XIXe siècle», *Histoire, économie et société*, 6e année, no. 1, 1987.

Heywood, C., *Childhood in Nineteenth-Century France: Work, Health and Education among the Classes Populaires*, Cambridge, 1988.

Hirsch, J.-P., *Les deux rêves du commerce. Entreprise et institution dans la région lilloise (1780-1860)*, Paris, 1991.

Horne, J. R., *A Social Laboratory for Modern France. The Musée Social and the Rise of the Welfare State*, Durham, 2002.

Jeantet, T., *Economie sociale: La solidarité au défi de l'efficacité*, Paris, 2006（石塚秀雄訳『フランスの社会的経済』日本経済評論社、2009年）.

Jonas, S., *Mulhouse et ses cités ouvrières: perspective historique 1840-1918: quatre-vingts ans d'histoire urbaine et sociale du logement ouvrier d'origine industrielle*, Strasbourg, 2003.

Kaelble, H., *Auf dem Weg zu einer europäischen Gesellschaft. Eine Sozialgeschichte Westeuropas, 1880-1980*, München, 1987（雨宮昭彦・金子邦子・永岑三千輝・古内博行訳『ひとつのヨーロッパへの道——その社会史的考察——』日本経済評論社、1997年）.

Kahan-Rabecq, M.-M., *La classe ouvrière en Alsace pendant la Monarchie de Juillet*, Paris, 1939.

Kalaora, B. et Savoye, A., *Les inventeurs oubliés. Le Play et ses continuateurs aux origines des sciences sociales*, Seyssel, 1989.

Kaplan, S. L. et Minard, P. (dir.), *La France, malade du corporatisme? XVIII-XXe siècles*, Paris, 2004.

Klausen, J. and Tilly, L. A. (ed.), *European Integration in Social and Historical Perspective: 1850 to the Present*, Lanham, 1997.

Köll, L., *Auboué en Lorraine du fer au début du siècle*, Paris, 1981.

Kott, S., «Enjeux et significations d'une politique sociale: la Société industrielle de Mulhouse (1827-1870)», *Revue d'histoire moderne et contemporaine*, tome34, oct.-déc., 1987.

Kott, S., *L'Etat social allemand. Représentations et pratiques*, Paris, 1995.

Kott, S., «Vers une historiographie européenne de l'Etat social? Recherches récentes sur les cas français et allemand au XIXe siècle», *Archiv für Sozialgeschichte*, Bd. 35, 1995.

Kott, S., «Les politiques sociales en France et en Allemagne (1880-1914)», Guedj, F. et Sirot, S. (dir.), *Histoire sociale de l'Europe: industrialisation et société en Europe occidentale, 1880-1970*, Paris, 1997.

Lagrave, M. (dir.), *La sécurité sociale. Son histoire à travers les textes, tome2. 1870-1945*, Paris, 1996.

Landes, D., "French Entrepreneurship and Industrial Growth in the Nineteenth-Century", *Journal of Economic History*, vol. 9, 1949.

Le Clère, B. et Wright, V., *Les préfets du Second Empire*, Paris, 1973.

Lefebvre, G., *Foules révolutionnaires*, Paris, 1934（二宮宏之訳『革命的群衆』創文社、1982年）.

Le Goff, J., *Du silence à la parole. Une histoire du droit du travail des années 1830 à nos jours*, Rennes, 2004.

Lespinet, I., «Rencontres autour de la question sociale: Le Conseil supérieur du travail entre 1891-1914», Chambelland, C. (dir.), *Le Musée social en son temps*, Paris, 1998.

Lespinet-Moret, I., *L'Office du Travail (1891-1914). La République et la réforme sociale*, Rennes, 2007.

Lespinet-Moret, I. et Viet, V. (dir.), *L'Organisation internationale du travail. Origine, développement, avenir*, Rennes, 2011.

Leuilliot, P., *L'Alsace au début du XIXe siècle (1815-1830)*, tome2, Paris, 1959.

Le Van-Lemesle, L., «L'institutionnalisation de l'économie politique en France», Breton, Y. et Lutfalla, M. (dir.), *L'économie politique en France au XIXe siècle*, Paris, 1991.

Le Van-Lemesle, L., *Le juste ou le riche. L'enseignement de l'économie politique, 1815-1950*, Paris, 2004.

Lévy, R., *Histoire économique de l'industrie cotonnière en Alsace*, Paris, 1912.

Lévy-Leboyer, M., «La croissance économique en France au XIXe siècle. Résultats préliminaires», *Annales E. S. C.*, 23e année, no. 4, 1968.

L'Huillier, F., *La lutte ouvrière à la fin du Second Empire*, Paris, 1957.

Logue, W., *From Philosophy to Sociology: The Evolution of French Liberalism, 1870-1914*, De Kalb, 1983(南充彦・堀口良一・山本周次・野田裕久訳『フランス自由主義の展開1870~1914——哲学から社会学へ——』ミネルヴァ書房、1998年).

Luciani, J. et Salais, R., «Matériaux pour la naissance d'une institution: l'Office du Travail (1890-1900)», *Genèses*, no. 2, 1990.

Luciani, J. (dir.), *Histoire de l'Office du travail, 1890-1914*, Paris, 1992.

Lynch, K. A., *Family, Class and Ideology in Early Industrial France: Social Policy and the Working-Class Family, 1825-1848*, Madison, 1988.

Marec, Y., *Bienfaisance communale et protection sociale à Rouen, 1796-1927. Expériences locales et liaisons nationales*, 2 vol., Paris, 2002.

Moulin, A., *Les paysans dans la société française de la Révolution à nos jours*, Paris, 1988.

Moutet, A., *Les logiques de l'entreprise. La rationalisation dans l'industrie française de l'entre-deux-guerres*, Paris, 1997.

Noiriel, G., *Les ouvriers dans la société française, XIXe-XXe siècle*, Paris, 1986.

Noiriel, G., «Du «patronage» au «paternalisme»: la restructuration des formes de domination de la main-d'œuvre ouvrière dans l'industrie métallurgique française», *Le Mouvement social*, no. 144, 1988.

Olszak, N., «La défense collective des intérêts: la loi du 21 mars 1884 relative à la création des syndicats professionnels», Le Crom, J.-P. (dir.), *Deux siècles de droit du travail. L'histoire par les lois*, Paris, 1998.

Perrot, M., *Les ouvriers en grève. France. 1871-1890*, 2 vol., La Haye, 1974.

Perrot, M., "The Three Ages of Industrial Discipline in Nineteenth-Century France", J. M. Merriman (ed.), *Consciousness and Class Experience in 19th-Century Europe*, New York, 1979.

Procacci, G., *Gouverner la misère. La question sociale en France (1789-1848)*, Paris, 1993.

Rabinbach, A., "The European Science of Work: The Economy of the Body at the End of the Nineteenth Century", Kapla, S. L. and Koepp, C. J. (ed.), *Work in France*, New York, 1987.

Reddy, W. M., *The Rise of Market Culture. The Textile Trade and French Society, 1750-1900*, Cambridge, 1984.

Reid, D., "Industrial Paternalism: Discourse and Practice in Nineteenth-Century French Mining and Metallurgy", *Comparative Studies in Society and History*, vol. 27, no. 4,

1985.

Ribeill, G., «Les débuts de l'ergonomie en France à la veille de la Première Guerre mondiale», *Le Mouvement social*, no. 113, 1980.

Robert, J.-L. (dir.), *Inspecteurs et Inspection du Travail sous la IIIe et IVe République*, Paris, 1998.

Rosanvallon, P., *Le moment Guizot*, Paris, 1985.

Rosanvallon, P., *L'Etat en France de 1789 à nos jours*, Paris, 1990.

Rosanvallon, P., *La crise de l'Etat-providence*, Paris, 1992.

Rosanvallon, P., *Le modèle politique français. La société civile contre le jacobinisme de 1789 à nos jours*, Paris, 2004.

Rust, M. J., *Business and Politics in the Third Republic: the Comité des Forges and the French Steel Industry*, Ph. D. Princeton University, 1973.

Sauvy, A., *Histoire économique de la France entre deux guerres*, 4 vol., Paris, 1965-1975.

Savoye, A., «Les paroles et les actes: les dirigeants de la Société d'économie sociale, 1883-1914», Topalov, C. (dir.), *Laboratoires du nouveau siècle. La nébuleuse réformatrice et ses réseaux en France, 1880-1914*, Paris, 1999.

Savoye, A., «La monographie sociologique: jalons pour son histoire (1855-1914)», *Les Etudes sociales*, no. 131-132, 2000.

Schafer, S., *Children in Moral Danger and the Problem of Government in Third Republic France*, Princeton, 1997.

Thompson, E. P., *Customs in Common. Studies in Traditional Popular Culture*, London, 1991.

Topalov, C. (dir.), *Laboratoires du nouveau siècle. La nébuleuse réformatrice et ses réseaux en France, 1880-1914*, Paris, 1999.

Topalov, C., «Patronages», Topalov, C. (dir.), *Laboratoires du nouveau siècle. La nébuleuse réformatrice et ses réseaux en France, 1880-1914*, Paris, 1999.

Topalov, C., «Les «réformateurs» et leurs réseaux: enjeux d'un objet de recherches», Topalov, C. (dir.), *Laboratoires du nouveau siècle. La nébuleuse réformatrice et ses réseaux en France, 1880-1914*, Paris, 1999.

Tournerie, J.-A., *Le ministère du Travail. Origines et premiers développements*, Paris, 1971.

Vasseur, E., «Frédéric Le Play et l'Exposition universelle de 1867», Savoye, A. et Cardoni, F. (dir.), *Frédéric Le Play. Parcours, audience, héritage*, Paris, 2007.

Vienney, C., *L'économie sociale*, Paris, 1994.

Viet, V., *Les voltigeurs de la République. L'Inspection du travail en France jusqu'en 1914*, 2 vol., Paris, 1994.

Vitoux, M.-C., *Paupérisme et assistance à Mulhouse au XIXe siècle*, Strasbourg, 1986.

Weissbach, L. S., *Child Labor Reform in Nineteenth-Century France: Assuring the Future Harvest*, Baton rouge, 1989.

日本語文献

安藤隆穂『フランス自由主義の成立――公共圏の思想史――』名古屋大学出版会、2007年。

イルシュ、ジャン＝ピエール（齊藤佳史・廣田功訳）「フランスにおける競争をめぐる言説と行為――19世紀から今日までを振り返って――」（『歴史と経済』第189号、2005年10月）。

岩村正彦『労災補償と損害賠償――イギリス法・フランス法との比較法的考察――』東京大学出版会、1984年。

遠藤輝明「フランス産業革命の展開過程」（高橋幸八郎編『産業革命の研究』岩波書店、1965年）。

遠藤輝明「「産業の規律」と独占――フランスにおける労働と資本と国家――」（『社会経済史学』第56巻第2号、1990年8月）。

遠藤輝明「フランス・レジョナリスムの歴史的位相――人と地域と国家をめぐる相関の変遷――」（遠藤輝明編『地域と国家――フランス・レジョナリスムの研究――』日本経済評論社、1992年）。

遠藤輝明「資本主義の発達と「工場／都市」――ル・クルーゾにおける「工場の規律」と労使関係――」（遠藤輝明編『地域と国家――フランス・レジョナリスムの研究――』日本経済評論社、1992年）。

大森弘喜「いわゆる La Grosse Métallurgie の生成・発展（2）――ベル＝エポック期のフランス鉄鋼業分析――」（『経済系〔関東学院大学〕』第148集、1986年7月）。

大森弘喜『フランス鉄鋼業史――大不況からベル＝エポックまで――』ミネルヴァ書房、1996年。

岡部造史「フランス第三共和政期の地方制度改革――1884年「コミューン組織法」の論理――」（『史学雑誌』第108編第7号、1999年7月）。

小田中直樹『フランス近代社会1814～1852――秩序と統治――』木鐸社、1995年。

小田中直樹「産業革命　フランス」（馬場哲・小野塚知二編『西洋経済史学』東京大学出版会、2001年）。

小野塚知二「介入的自由主義の時代――自由と公共性の共存・相克をめぐって――」（小

野塚知二編『自由と公共性――介入的自由主義とその思想的起点――』日本経済評論社、2009年)。
重田園江『連帯の哲学 I――フランス社会連帯主義――』勁草書房、2010年。
北垣徹「「連帯」の理論の創出――デュルケームを中心として――」(『ソシオロジ』第37巻第3号、1993年2月)。
北垣徹「新たな社会契約――フランス第三共和政期における福祉国家の哲学的基礎――」(『ソシオロジ』第40巻1号、1995年5月)。
喜安朗『近代フランス民衆の〈個と共同性〉』平凡社、1994年。
古賀和文『近代フランス産業の史的分析』学文社、1983年。
権上康男「フレシネ・プラン(1878-82)と財政投資政策――大不況期における国家と経済――」(遠藤輝明編『国家と経済――フランス・ディリジスムの研究――』東京大学出版会、1982年)。
権上康男・廣田明・大森弘喜編『20世紀資本主義の生成――自由と組織化――』東京大学出版会、1996年。
柴田三千雄『近代世界と民衆運動』岩波書店、1983年。
清水克洋『フランス工場体制論』青木書店、1996年。
清水克洋「19世紀末セーヌ県における工業労働者の労働市場――1891年労働局調査『フランス工業における賃金と労働日』の検討――」(『商学論纂〔中央大学〕』第44巻第6号、2003年6月)。
シャトリオ、アラン(廣田明訳)「フランス・パターナリズムの史的考察:19-20世紀」(『大原社会問題研究所雑誌』第611・612号、2009年9月)。
高井哲彦「フランス労使関係における多元構造の起源――スト破り組合の誕生と衰退、1897-1929年――」(『経済学研究〔北海道大学〕』第53巻第3号、2003年12月)。
高村学人『アソシアシオンへの自由――〈共和国〉の論理――』勁草書房、2007年。
武田晴人「日本経済史の視点から(コメント3)」(『歴史と経済』第203号〈2008年度政治経済学・経済史学会秋季学術大会特集〉、2009年4月)。
田中拓道『貧困と共和国――社会的連帯の誕生――』人文書院、2006年。
谷川稔『フランス社会運動史――アソシアシオンとサンディカリスム――』山川出版社、1983年。
遅塚忠躬『ロベスピエールとドリヴィエ――フランス革命の世界史的位置――』東京大学出版会、1986年。
堂目卓生『アダム・スミス――『道徳感情論』と『国富論』の世界――』中央公論新社、2008年。
中野隆生「フランス繊維業における福祉事業と労働者の統合――1920年代のリールを中

心に──」(『社会経済史学』第48巻第6号、1983年3月)。

中野隆生『プラーグ街の住民たち──フランス近代の住宅・民衆・国家──』山川出版社、1999年。

永岑三千輝・廣田功編『ヨーロッパ統合の社会史──背景・論理・展望──』日本経済評論社、2004年。

二宮宏之「フランス絶対王政の統治構造」(吉岡昭彦・成瀬治編『近代国家形成の諸問題』木鐸社、1979年)。

服部春彦『フランス産業革命論』未来社、1968年。

原輝史「フランスにおける科学的管理法の展開」(原輝史編『科学的管理法の導入と展開』昭和堂、1990年)。

原輝史『フランス戦間期経済史研究』日本経済評論社、1999年。

廣澤孝之『フランス「福祉国家」体制の形成』法律文化社、2005年。

廣田明「フランス革命以後における中間集団の再建──ル・プレェ学派を中心として──」(『土地制度史学』第127号、1990年4月)。

廣田明「フランス・レジョナリスムの成立──ル・プレェ学派における家族、労働、地域──」(遠藤輝明編『地域と国家──フランス・レジョナリスムの研究──』日本経済評論社、1992年)。

廣田明「社会的連帯と自由──フランスにおける福祉国家原理の成立──」(小野塚知二編『自由と公共性──介入的自由主義とその思想的起点──』日本経済評論社、2009年)。

廣田功『現代フランスの史的形成──両大戦間期の経済と社会──』東京大学出版会、1994年。

廣田功「「大戦」とフランス経済社会の再編」(『歴史と経済』第191号、2006年4月)。

深澤敦「レギュラシオン理論──「非市場的調整」の政治経済学──」(山本広太郎・大西広・揚武雄・角田修一編『経済学史』青木書店、1995年)。

深澤敦「非市場的調整の発展──20世紀フランスにおける労働と福祉──」(『土地制度史学』別冊〔20世紀資本主義──歴史と方法の再検討──創立五十周年記念大会報告集〕、1999年9月)。

藤村大時郎「第二帝政期フランスにおける経営パターナリズムをめぐって──同時代の労働問題研究家の関心状況を中心として──」(『社会経済史学』第44巻第6号、1979年3月)。

毛利健三『古典経済学の地平──理論・時代・背景──』ミネルヴァ書房、2008年。

矢後和彦『フランスにおける公的金融と大衆貯蓄──預金供託金庫と貯蓄金庫1816-1944──』東京大学出版会、1999年。

矢後和彦「両大戦間期のヨーロッパ経済　フランス――比較経済史と「修正史観」を中心に――」（馬場哲・小野塚知二編『西洋経済史学』東京大学出版会、2001年）。

柳澤治『資本主義史の連続と断絶――西欧的発展とドイツ――』日本経済評論社、2006年。

ロザンヴァロン、ピエール（北垣徹訳）『連帯の新たなる哲学――福祉国家再考――』勁草書房、2006年。

あとがき

　『フランスにおける産業と福祉――1815-1914――』。内容に比して大言壮語の感のある表題を掲げざるを得なかったのには訳がある。

　経済学部でアルザス綿織物業史の研究を始めた私は、1994-1996年フランス政府給費留学生としてストラスブール第二大学大学院に在籍した。19世紀フランス領アルザスでのパテルナリスムについて博士論文を執筆する心積もりでいたからである。フランス留学は、研究対象の資料に間近に接する貴重な機会を与えてくれた。しかし他方で、彼の地においてアルザス史研究の圧倒的な歴史的個性指向に直面した結果、私は「個性」と「法則性」の間で逡巡することになった。なるほど今日まで多くの研究者がアルザスの歴史に引きつけられてきたのは、その個性や独自性によるところが大きい。例えば、19-20世紀に仏独間で揺れ動いたアルザス特有の状況は、フランス国内外の優れた先学たちによって解明されつつあり、その学問的営為に疑いを挟む余地はない。しかしながら、個性の発現は何らかの法則性に従い得るのではないか。異彩を放つ独自性も法則化や理論化と両立し得るのではないかと。こうした戸惑いは、アルザスという土地に飛び込んで地域経済史研究を志す者が一度は突き当たる壁だったのかもしれない。

　留学から帰国すると、私は「アルザスの外に一歩を踏み出す」ことを選んだ。アルザス企業経営者の活動の軌跡をフランス産業界の動向として捉え直しつつ、フランスの工業化を社会的保護の視角から分析する――かくして研究主題が再設定されたものの、それは考察対象領域の大幅な拡大を伴ったから、完成までには予想以上の時間を費やしてしまった。また、ようやく書き上げた本書を前にして、当初の「壁」を乗り越えたのかと問われるならば、その成果の拙さゆえに内心忸怩たるものがある。とはいえ、本書の執筆を通じて、個性と法則性の統一的把握に向けた試行錯誤の痕跡だけでもとどめておきたいと私は考えた。

そうした試みの有効性に関しては、今後の読者の評価に委ねたいと思う。

　本書執筆の基礎となったのは以下の論文である。
「産業革命期フランス・アルザス地方における児童労働問題——1841年児童労働法と企業家——」（『社会経済史学』第64巻第5号、1999年1月）。
「産業革命期フランス・アルザス地方におけるパテルナリスム」（『土地制度史学』第164号、1999年7月）。
「19世紀フランスにおけるパトロナージュと社会運営——ル・プレとシェイソンを中心として——」（『専修経済学論集』第37巻第2号、2002年11月）。
「第三共和政期フランスにおける労働局と社会改革」（『歴史と経済（旧土地制度史学）』第190号、2006年1月）。
「第三共和政期フランスにおける労災問題」（『歴史と経済』第203号、2009年4月）。
「第三共和政期フランスにおけるパテルナリスム」（『歴史と経済』第212号、2011年7月）。

　本書の完成が多くの方々の学恩に負っていることはいうまでもない。
　肥前榮一先生は、駒場での経済史の講義を通じて、私を西洋経済史研究の入口へと導いてくださった。先生の講義は、穏やかな雰囲気の中でも学問に対する情熱に満ち溢れていた。本郷に進学した後、先生の学部ゼミナールでは、問題意識を明確にして研究対象文献を時には批判的に読み込むことの重要性を教えていただいた。
　フランス経済史を専攻するようになってからは、廣田功先生のご指導を仰いだ。大学院生時代には、朱筆を一切入れない論文指導の下で、口頭で述べられるコメントを聞き漏らさぬよう書き留めるのに精一杯であったが、そこでの先生の問いかけは現在でもなお重みを持ち続けている。結果として、当時のメモの束は本書の執筆過程でも繰り返し参照されることになった。10年から20年先を見据えた先生のご指導がなければ、本書の完成は到底望めなかったであろう。

あとがき　257

本書が先生の教えにどれだけ応えているかは心許ないものの、これまで賜ったご厚情に改めて深く感謝申し上げたい。

　大学院では、関口尚志先生や馬場哲先生のゼミナールにも参加を許された。関口先生には古典の読み方を、馬場先生にはドイツ経済史の基礎を丹念にご教示いただいた。ともするとフランス経済史の殻に閉じこもりがちな私にとって、両先生のゼミナールは複眼的な思考を養う貴重な場となった。また、学内で開催される経済史研究会では報告の機会を与えられ、そこで小野塚知二先生や石原俊時先生から賜った数々のコメントは、論文執筆を続ける上での励みとなった。

　留学に際しては、先輩研究者の小田中直樹氏と矢後和彦氏から助言や援助を受ける幸運に恵まれた。出発前に小田中氏のご自宅にまで押しかけた私に対して、氏はフランスでの一次史料収集の方法を懇切丁寧に説明してくださった。渡仏後は、パリ滞在中の矢後氏の手を煩わせた。経済史研究の方法論をめぐる日仏間の相違を理解する上でも、矢後氏のお話は含蓄に富んでいた。

　留学先のストラスブール第二大学大学院では、ミシェル・オー Michel Hau 先生が私を丁重に受け入れてくださった。19-20世紀アルザス経済の計量分析を通じて、先生は個性と法則性の両立の流儀を私に示された。また、私の不慣れな史料収集活動に関して、先生は常に援助の手を差し伸べてくださった。

　帰国後に就職した専修大学では、毛利健三先生と八林秀一先生から格別のご高配を賜った。毛利先生は、日々の校務や雑務に埋没することなく真摯な態度で研究に向かい続けることの大切さを私に説かれた。また八林先生は、多忙化する学内業務の諸局面において、常に寛大かつ鷹揚に私を見守ってくださった。就職後も落ち着いて研究に従事することができたのは、ひとえに職場での両先生の温かいご配慮のおかげである。

　本書の執筆においては多くの先学の業績から示唆を受けたが、ここでは特に廣田明先生のお名前を挙げておきたい。再設定された研究主題への有効な接近法が見つからずに焦燥感を募らせていた頃、ル・プレェ学派に関する廣田先生の論考は「闇に差す一筋の光明」となった。先生の一連のお仕事は、本書の成

立に多大な影響を及ぼしている。研究遂行の過程で賜った励ましのお言葉やご助言もまた、私にとって常に導きの糸であった。

　本書の刊行では、日本経済評論社出版部の谷口京延氏にお世話になった。厳しい出版事情にもかかわらずご快諾くださり、迅速に刊行への道筋をつけてくださったことにお礼申し上げたい。

　最後に私事となるが、フランス経済史研究者である妻の愛理の存在は、私が家庭生活と職業生活を両立させる強い原動力となってきた。今日に至るまで海外での資料調査に対する意欲を持ち続けることができたのも、彼女から受けた刺激によるところが大きい。ここに彼女に対する感謝を記しておきたい。

　本書は平成23年度専修大学特別研究員（特例）の研究成果の一部である。

2012年9月

齊藤　佳史

索　引

事　項

【ア】

アソシアシオン ····· 5,13-14,49,103,107,109,
　137-138,141,143-145,148,154,207,223,229-
　230,232,234,236
アンザン鉱山会社 ·················· 153,196
イギリス経済学（イギリス古典派経済学）
　············ 24-25,42,46,92-93,102,108,228
一般性の政治文化（ジャコバン主義）····14,16
一般利益 ·············· 6,68,126,146,170,220
ヴォージュ県 ··························· 202
衛生・人口学国際会議（CIHD）······ 169-170,
　210,236
エコノマ ························· 106,131
エロー県 ························ 168,210-211
オ＝ラン県 ········· 18,30,38-39,43-44,55,57,
　59-60,63-64,99,113

【カ】

階級協調 ······· 52,104,121,141,146,167,229-
　230
階級対立（階級闘争）············ 7,101,169,173
階級問題 ····················· 78,108,122,146,157
科学的管理法 ························ 170,186-187
官僚制 ········· 93,102-103,108,121-122,146,
　155,166,207-208,231-232,235-237
教育 ······· 9,15,24,27-28,32,49,69-70,
　76-77,94,97,99,104,111-112,126-127,132,
　145,152,203
共済組合（共済組織）········ 3,6,49,74,75,77-
　78,85,93,103-104,112,121,126,138,142-145,
　148,162,195,207,217,233
協同組合（協同組織）········· 35,72-73,77,99,
　106-107,109,121-122,131-132,138,140,142-
　143,162,166,195,206-207,217,231,233
キリスト教ポリティカル・エコノミー ····· 46,
　102,137

【サ】

規律化 ········· 52,62,68,77,79,120,127,146,
　228-229
経済近代化（近代化、合理化）······ 10-11,159,
　168-171,173,181,190,192,214,218,233,235,
　237
経済的規範 ················ 5,8-10,53,60,88,235
経済的自由主義 ·············· 8,15,18-19,107,137
工業化 ········· 1,3-11,17,19,35,41,43,45,51-
　52,62,78,80,91-92,96,100,117,158,190,207,
　227-228,230,235
工場事故防止協会 ············ 75-77,86,198,221
公正 ········· 8,24,40,42,50,60,63,65,79,105,
　144,185,189,204-206,212-213,215,217,227-
　229,233,236
高等統計評議会 ························ 167
高等労働評議会 ····· 160-161,171-172,182-183
国際労働機関 ······················ 236-237
国際労働者法的保護協会 ···················· 236
国民事故保険金庫 ······················ 194-195
国民老齢年金金庫 ····················· 129,141,220
国家介入 ······· 2,5,9-11,17,23-24,29,34,40,
　42-43,50,93,102-103,107-108,117,121-122,
　136,142,145-146,158-159,165-168,171,174,
　180-182,189-192,199,207-210,215-218,230-
　233,235
国家管理主義 ···················· 122,146,231
国家社会主義 ····················· 102,141,166
コルポラティスム ······················ 13-14

【サ】

産業革命 ················· 11,117,119,146
産業の自由 ············ 21,34,37,42,62,191,230
産業福利事業（産業福利、福利事業）····· 2-4,
　6-7,10,33,35,42,52,54,63-69,73,77,79-80,
　87-89,96,99-100,107-109,113-114,118-119,
　121-127,133-134,136-143,146-149,158,190,
　196,206,228-231

自己規制 ……… 37,40,43,46,50,110,227,230
市場経済 ……… 2,4,8-10,18-19,33,37,41-42,
　62-64,72,79-80,117,146,227-229
市場経済原理 ……… 4,9,18-19,25,41-43,52,
　54,63,77,88,108,147,227-229,234
私的イニシアティヴ ……… 3,10,102,108,114,
　122,134,141-143,145,147-148,158-159,166-
　167,171-172,180,191,195,200-201,206-208,
　210,217,229,232-233,235
児童労働規制 ,9,17-19,22-23,25-26,33-35,37-
　43,227,230
児童労働法 ……… 9,17-19,21,23-24,27-29,31-
　33,39,41-42,49,76,165,201,227-228,230-
　231
支配階層 ……… 7-9,15,18-19,25,41,53,66-67,
　78-79,87,157,228,234
社会衛生同盟 ……………………………… 155
社会改革 ……… 8,10,41-42,52-53,87-91,96,
　100,107,109,113,118-119,122,125,136-137,
　141,143-149,154,157-159,168,171,181-182,
　186,189,191-192,204,206,208-210,214-215,
　217-218,229-230,232,236
社会カトリシズム ……… 24,34,41,45,107-108,
　228
社会教育国際会議（CIES）…145,148,165,230
社会国家 ………………………………………… 3
社会主義（社会主義者）……… 7,78,101,145,
　169,234
社会調査 ……………… 7,61-62,89,157,189
社会の技師 ,105,109
社会的経済（エコノミー・ソシアル、社会経済
　学）…………… 9-10,16,25,34,42,46,66,87,
　90,100,102,107-109,118-119,137-139,141-
　143,145,148-149,153,155,161,190,228-230,
　234,236
社会の経済実践研究国際協会（社会的経済協
　会）………………………… 90,110,154
社会の経済展覧会（EES）……… 100,137-143,
　145,148,153,155,229
社会の結合 ………………… 5-6,15,52,77,79
社会の権威 ……… 95-97,107-108,111,121,
　183,229,231
社会の負債 ………………… 165,185,205-207

社会的保護 ……… 1,3-11,19,26,35,42-43,51,62-
　64,79,87-88,107-108,114,117,134,136,147,
　157-158,189,217,223,227,230-232,234-235,
　237
社会博物館 ………………… 142-145,148,154-155
社会平和連盟 ………………………………… 90
社会保険 ……… 2-3,12,102,114,142,144-145,
　149,161,166-167,190-191,208,210,223
社会保険国際会議 ………………………… 209,218
社会保障 ……………… 2-4,12,118,122,149,190
社会問題 ……… 5-10,14,19,33-34,41-42,
　45,62,79,87-88,93,101-102,106-108,117,
　131,137,148,150,157-158,160,169,181,189,
　195,207,227,229-231,234-235
週休国際会議 ……………………………… 172
週休法 ……… 159,164,171-172,174-177,179,
　181,187,232
自由競争 ……… 21,27,39-40,42,44,62,93,
　227,230
集産主義 ……………… 101,144-145,148,230
住宅 ……… 49,51-52,69-72,77,84,94,97,
　99,111-112,119,121,125,127-128,130-131,
　138,141
自由放任主義（経済的自由放任主義）……… 37,
　40,42,62-63,80,93,101,108,121,144-146,
　148,227-231
シュネーデル社 ……… 52,100,113,142,153-154,
　196
準契約 ……………………………… 205,222
職業組合 ……… 6,100,138,164-165,196
職業組合法 ……………… 5,7,13,100,113,160
職業的リスク ……… 166,189,193-195,207-208,
　216-217,219,233
生活給付 ……… 94-95,98,105-107,109,111,
　121,140
政治経済学協会 ……………………………… 8,137
政治的自由主義 ………………………………… 15
生存保障 ……… 9,11,26,33-34,41-42,61,63-
　64,68,72,77,88,94-95,98,100,106-108,117,
　121-122,126-127,131,136,141,145-148,166,
　207,217,227-230,233
セーヌ＝アンフェリゥール県 ……………63-64
相互化 ……… 126,144-145,148,205-206,217,

索　引　261

230,233
相互扶助原理 ………… 195,210,216-217,233
相互扶助組織（相互扶助組合）…… 194-195,
　205-206,208,217,231-232

【タ】

大衆的貧困 ………………… 7,21,25,42,61-62,79,
　91-94,96,107,120-121,146,174,231
大不況 ………… 7,106,117,121,160,179,183
中間団体 …… 5-6,9-11,13-14,122,146,155,
　191,204,207,210,217,233,235
貯蓄金庫 ………………… 112,127-129,138
貯蓄奨励協会 ………………………………… 75
テイラー・システム ……… 170-171,215
定率填補制（一括補償制）……… 194,197,216,
　232
特殊利益 ………………………… 6,126,220
ドルフュス・ミーク社 ………………… 31-32

【ナ】

二重構造論（近代化抑制論）………… 174,181,
　187,223
年金金庫（年金制度）……… 49,74-75,77,99,
　102,112,122,132-133,138,202,219-220
農工兼業 ……… 64,95,98,100,106,108-109,
　121,229-230
ノール県 ……………………………… 63-64

【ハ】

バ＝ラン県 ……………………………… 43,113
パテルナリスム（経営家父長主義）…… 9-10,
　49,51-54,61,63-68,77-79,81,84,87,99-100,
　108-109,117-122,124-127,134,136,142,146-
　149,157,228-229,231,235
パトロナージュ ……… 6,16,52,81,88-89,93-
　96,98,100,103-109,111,118,121,126-127,
　136,140-141,143,147-148,166,217,229-233
パトロナージュ論 …… 10,53,87-89,93,96-
　97,100,106-109,118,121-122,136,140-143,
　145-148,154-155,158-159,166,171-172,174,
　180-181,206,229-230,232
パリ万国博覧会（パリ万博）…… 89,96,100,
　108-109,118,137-138,141-142,145,148,153,
　172,208,229-230,235
半農半工型労働 ………………… 107,109
半農半工型労働者 ……………… 65,83,100
非市場的調整 ………………… 4,13,52,54
福祉国家 ………………… 189-190,195,220
フランス革命 ……… 1,5-6,10-11,14,44,88,
　110,137-138,146
フランス社会保険協会 ………… 167,186,209
フランス低廉住宅協会 ……………… 155
フランス鉄鋼協会（CF）… 122-124,128,133,
　175-181,187,196-197,208,216,231-232
フランス鉄鋼相互保険組合金庫（CSAMF）
　………… 128,196-198,216,224,232
フランス鉄鋼労働者年金金庫 ………… 133
フランス日曜休息国民連盟（LPRD）…… 172,
　174
フランス労災事故防止企業家協会（AIF）
　………… 198-203,208,216,221,224,232
法制的規制 ……… 17-18,21,27-28,33,35,37,
　42,50,76,230-231
ポリティカル・エコノミー …… 8-10,15-24-
　25,42,44,46,63,68,79-80,102,107-108,137,
　228,234
ポン＝タ＝ムソン製鉄・鋳造株式会社（PAM）
　………… 122-128,130-136,142,147,149,151,
　188,224,229

【マ】

ミュルーズ工業協会（SIM）…… 19-23,31-33-
　41,44,66,69-70,74-76,81,86,122,198-199,
　227,230-231
ミュルーズ庶民経済協会 ……………… 73
ミュルーズ労働者都市協会 ………… 70-71,93
民衆 ………… 7-9,15,20,25,42,53,60,68,78-
　79,85,95,97,107-108,131,138,228,234
民衆運動 ……………………… 10,131
民衆文化 ……………………… 77,82
無過失責任原則 ……………… 192,195,216
ムルト＝エ＝モーゼル県 ………… 123-124
ムルト＝エ＝モーゼル鉄鋼・鉱山協会（CFMM）
　………………………… 123-124,175-176
モノグラフィー ……… 90,105,115,150,155,
　157,162,164,167,180,182-185

モラル・エコノミー ……… 8-10, 15-16, 53-54, 59-63, 67-68, 77-79, 82, 121, 131, 146-147, 228-229
モラル化 ………… 7, 21, 24, 33-34, 41, 61-62, 70, 94-95, 97-100, 108, 120, 125, 129, 131-132, 136, 140, 143, 146-147, 174, 227, 229

【ヤ】

冶金・鉱山業連合 ………………………… 197
予見能力 …… 26, 34, 93, 97, 104, 140, 143-144, 206-207

【ラ】

ル・シャプリエ法 ………………………… 5-6, 220
ル・プレェ学派 ……… 6, 10, 16, 52-53, 87-88, 100, 107-108, 110, 113, 118, 143, 146, 150, 154, 180, 206, 229, 231-232, 235
連帯 ……… 6, 67, 125-127, 136, 144-145, 147, 155, 165-166, 179-180, 185, 191, 204-206, 222, 233
連帯主義 ………… 6, 10, 118, 125-127, 136, 142, 144-145, 147-148, 155, 165, 168, 180, 185, 190-191, 204, 206-207, 217, 229-230, 232-234
労災事故・社会保険国際会議（CIAT）…… 200, 208-210, 217, 223, 236
労災事故国際会議 ………………………… 167, 208
労災事故防止・工業衛生博物館 …… 200-201, 216
労災防止 ………… 10, 190-192, 198-204, 207, 216-217, 223

労災補償 ……… 10-11, 122, 189-198, 204, 207, 209, 212, 216-218, 220, 230
労災補償法 ………… 122, 128, 164, 166, 189-200, 202, 206, 208-209, 216-217, 224, 232-233
労使協調 …… 33, 42, 62, 77, 98, 105, 108, 124-127, 134, 140, 143, 147, 166, 196, 207, 229, 231
労働運動 ……… 7, 101, 108, 114, 118, 120-121, 123-124, 127, 146, 150, 229-230
労働科学 ………………………… 168, 186, 236
労働監督官 ………… 161, 168, 174, 176, 199-204, 210, 216, 232
労働監督局 ………… 161-162, 164, 169, 176, 181, 183, 187, 190-191, 199, 201-203, 216, 221, 232-233
労働局 ……… 10, 157-168, 170-171, 175, 180-183, 185, 189, 209-210, 230, 232-233, 236
労働組合 ……… 7, 101, 104, 121, 123, 125, 131, 142, 149-150, 160, 166, 171, 203
労働時間短縮（時短）………… 78, 159, 169, 171, 173, 181, 188, 212-213, 218, 233, 235
労働者家庭 ………… 23, 26, 34, 57, 70-71, 74, 81, 94, 98, 105, 107, 120, 127-128, 132-133, 140, 143, 147, 150, 172, 174, 182, 214
労働省 ………… 160-161, 167, 183, 214, 218
労働生理学 ………… 168, 190-192, 204, 210-215, 218, 233, 235-236
労働総同盟 ………………………… 131
労働取引所 ………………………… 101, 203
老齢年金金庫 ………………………… 75, 151
ロンウィ製鋼社 ………… 128, 132, 150-152

人 名

【ア】

アマール（J. Amar）………………… 214
アルトマン（Hartmann）………………69, 73
アンジェル（Engel）………………… 198
アンジェル＝ドルフュス（F. Engel-Dollfus）
 ………………………… 76, 85-86, 199
アンベール（A. Imbert）………… 168-171, 173-174, 181, 188, 210-215, 218
ヴィルヌーヴ＝バルジュモン（A. de Villeneuve-Bargemont）…… 24-25, 42, 46, 102, 137, 228

ヴィレルメ（L.-R. Villermé）……… 21-22, 27, 33, 44-45
ヴェベール（L. Weber）………………… 164

【カ】

カヴァリエ（C. Cavallier）……… 123-127, 129, 131-134, 136, 147, 150, 188
クゥフェール（A. Keufer）………………… 160
グリュネール（Grüner）………………… 199
グレゴワール（Grégoire）………………… 176-177
クレマンテル（E. Clémentel）………………… 235

索　引　263

ゲェ＝リュサック（Gay-Lussac） …………23
ケシュラン（I. Koechlin） …………30, 56
ケスネール（C. Kestner） ……………73
コクラン（C. Coquelin） …………137
コルヌ（Corne） ………………………26
コント（A. Comte） …………90, 110

【サ】

シーグフリード（J. Siegfried）……142, 144-145
シェ（Chaix） ……………………198
シェイソン（E. Cheysson）…… 6, 89, 100-109, 113-115, 139-144, 147-148, 154-155, 158-159, 165-167, 172-174, 180-181, 185-186, 191, 200, 204, 206-209, 217, 230, 232-233
シェフェル（G. Schaeffer） ……………73
ジェランド（J.-M. de Gérando）………24, 34, 41, 113
シェロン（H. Chéron） ……………214
ジゴ（A. Gigot） …………………224
ジッド（C. Gide） …………………145
シャンバール（Chambard） ………202
シャンブラン伯爵（Comte A. de Chambrun）………………………142
シュヴァリエ（Chevalier） ………176-177
シュヴァルツ（E. Schwartz） ……36
シュネーデル（J.-E. Schneider） …113
シュランベルジェ（N. Schlumberger）…… 34, 56, 69
ショヴォー（A. Chauveau） ………168, 214
ズィケル（Zickel） …………………21
スミス（A. Smith） ……………46, 110
ゼヴァエス（Zévaès） ……………171
セェ（J.-B. Say） ……………25, 46
セェ（L. Say） ………………138, 172

【タ】

テイラー（F. W. Taylor） …………170-171
テヴネ（Thévenet） ………195, 197
デュシェ（Duché） …………………193
デュノワイエ（C. Dunoyer） ……21, 137
デュパン（C. Dupin） ………23, 25-26
デュモン（Dumont） ………200-201, 224
デュルケム（E. Durkheim）……6, 166, 185, 204

テランディエ（Taillandier） ………26
ドゥラットル（Delattre） …………201
トマ（A. Thomas） ………214, 236
ドルフュス（E. Dollfus） …………69
ドルフュス（J. Dollfus） …………72

【ナ】

ナド（M. Nadaud） ………………192
ナポレオン三世（Napoléon III） …74

【ハ】

ピカール（A. Picard） …………138
ピノ（R. Pinot）………123-124, 150, 175-177, 181, 197, 232
ファヨール（Fayolle） ……………128
ファロ（Fallot） ……………………34
フイエ（A. Fouillée） ……………204
フォール（Faure） …………………193
フォンテーヌ（A. Fontaine）……158, 164-166, 169-170, 175-177, 180-181, 184, 200, 214, 232-233, 236
プノ（A. Penot） ………………70, 75
プラロン（Pralon） ………………123
ブランキ（A. Blanqui） …………27, 137
ブルカール（J.-J. Bourcart）…20-21, 34, 36, 38
ブルカール（J.-J. Bourcart fils）……63, 69, 73
ブルジョワ（L. Bourgeois）……125-126, 144-145, 148, 155, 184-185, 191, 204-207, 209, 217, 222, 230, 233
ブルトン（Breton） ………………171
プレヴェ（Prévet） ………172, 175
フレジエ（H.-A. Frégier） ………22, 45
ペリセ（Périssé） …………199-200
ヘルムホルツ（H. von Helmholtz）………168
ボナルド（L. de Bonald） ………90, 110
ポワリエ（Poirrier） ……172, 175, 195, 197
ポワンカレ（R. Poincaré） ………209

【マ】

マビヨ（L. Mabilleau） …………144-145
マミー（Mamy） ……………………200
マルッセム（P. du Maroussem）……162, 183
マレー（J. Marey） ………………168

ミュレール（E. Muller）　198
ミル（J. S. Mill）　102
メストル（J. de Maistre）　90, 110
メストル（Mestre）　168, 210-211
モッソ（A. Mosso）　168
モログ（B. de Morogues）　24
モンジェル（Mongel）　202
モンタランベール（C. de Montalembert）　24

【ラ】

ラフォン（Laffon）　219
ラプラス（Laplace）　27
ランデール（O. Linder）　208-209
リエボー（Liébaud）　200
リカール（Ricard）　194, 197
リトレ（E. Littré）　137

ル・グラン（D. Le Grand）　22
ル・シャトゥリエ（H. Le Chatelier）　214
ル・プレェ（F. Le Play）　6, 87, 89-98, 100-101, 103-105, 107-111, 121, 138, 140-141, 154-155, 158, 162, 166, 180, 182, 186, 229, 231
ルソー（J.-J. Rousseau）　222
ルヌアール（Renouard）　26
ルヌーヴィエ（C. Renouvier）　204
ルベ（E. Loubet）　201
ルルティ（Lourties）　199
ロジェ（X. Rogé）　133
ロッシ（P. Rossi）　102
ロッシュ（J. Roche）　160-161, 219
ロフェール（R. Laufer）　213
ロベール（C. Robert）　142

【著者略歴】

齊藤佳史（さいとう・よしふみ）

1968年　青森県に生まれる。
1991年　東京大学経済学部卒業。
1994-1996年　ストラスブール第二大学大学院在籍（フランス政府給費留学生）。
1998年　東京大学大学院経済学研究科博士課程単位取得退学。
現　在　専修大学経済学部准教授。

フランスにおける産業と福祉——1815-1914——

2012年11月20日　第1刷発行　　　　定価（本体4800円＋税）

著　者　齊　藤　佳　史
発行者　栗　原　哲　也
発行所　株式会社　日本経済評論社
〒101-0051　東京都千代田区神田神保町3-2
電話　03-3230-1661　FAX　03-3265-2993
info8188@nikkeihyo.co.jp
URL：http://www.nikkeihyo.co.jp

装幀＊渡辺美知子　　　　印刷＊文昇堂・製本＊高地製本所

乱丁・落丁本はお取替えいたします。　　　Printed in Japan
ⓒ SAITO Yoshifumi 2012　　　　ISBN978-4-8188-2232-0

・本書の複製権・翻訳権・上映権・譲渡権・公衆送信権（送信可能化権を含む）は、㈳日本経済評論社が保有します。
・JCOPY〈㈳出版者著作権管理機構　委託出版物〉
本書の無断複写は著作権法上での例外を除き禁じられています。複写される場合は、そのつど事前に、㈳出版者著作権管理機構（電話03-3513-6969、FAX03-3513-6979、e-mail: info@jcopy.or.jp）の許諾を得てください。

永岑三千輝・廣田 功編著

ヨーロッパ統合の社会史
―背景・論理・展望―

A5判　五八〇〇円

グローバリゼーションが進む中、独自の対応を志向するヨーロッパ統合について、その基礎にある「普通の人々」の相互接近の歴史から何を学べるか。

権上康男編著

新自由主義と戦後資本主義
―欧米における歴史的経験―

A5判　五七〇〇円

定義も起源も定かではない新自由主義誕生の歴史を明らかにし、アメリカ、ヨーロッパ大陸諸国、国際諸機関を対象に、理念と政策実践の両面から実相に迫る。

ティエリ・ジャンテ著／石塚秀雄訳

フランスの社会的経済

A5判　二八〇〇円

社会的経済と社会的企業は、新自由主義の失敗が明らかになった今、ますます世界的に注目されている。社会的経済発祥の地フランスにおける歴史、法制度、現在の挑戦を詳述。

石山幸彦著

ヨーロッパ統合とフランス鉄鋼業

A5判　五六〇〇円

欧州統合は、ヨーロッパ石炭鉄鋼共同体の結成によって現実のものとなった。そこに組み込まれたフランス鉄鋼業の分析を通して、初期の欧州統合の実態と意義を解明する。

柳澤　治著

資本主義史の連続と断絶
―西欧的発展とドイツ―

A5判　四五〇〇円

ヨーロッパ資本主義の展開過程における連続性と断続性の問題を比較経済史的に分析。日常的な経済活動を営む普通の人々の時代転換に関わる意識と行動の解明を試みる意欲作。

（価格は税抜）　　日本経済評論社